Fred MELLA

La « voix » des Compagnons

Mes maîtres enchanteurs

Flammarion

Nous nous sommes efforcés de créditer le plus fidèlement possible les œuvres photographiques de cet ouvrage. Si une ou plusieurs photographies créditées ou appartenant à la collection de l'auteur, a été reproduite sous un copyright erroné, c'est qu'aucun renseignement ne nous a permis de le faire correctement. Notre espoir est que cette édition rendant hommage à l'œuvre et à l'auteur nous révèlera le nom des héritiers auxquels d'ores et déjà sont réservés en notre comptabilité les droits usuels.

ISBN : 978-2-0806-8883-5

À Édith et à mes vieux complices,
les Compagnons de la Chanson.

Préface

Quand on parle de Fred Mella, on dit « la voix des Compagnons ». Il est vrai que, sans elle, les Compagnons n'étaient qu'un groupe, excellent au demeurant, mais un groupe ! La voix de Fred planait au-dessus de celles des autres en les épousant remarquablement. Tout comme elle se mariait joliment avec le timbre dramatique d'Édith Piaf. Ensemble, leurs envolées vocales faisaient frissonner le public et lui donnaient ce que l'on appelle la chair de poule...

Mais Fred n'est pas seulement cette voix, il est aussi un témoin, et probablement le meilleur témoin de la carrière étonnante et mondiale des Compagnons de la Chanson. Il porte aujourd'hui la mémoire de ce qui était au début une chorale – avant qu'ils ne se lancent dans des interprétations scéniques. La grande différence entre les chorales et les Compagnons de la Chanson réside dans les recherches harmoniques qui font de l'effet et trompent l'oreille, et dans la mise en scène des chansons à nulle autre pareille... Trouvailles du plus haut comique et gestes simples mais efficaces pour souligner la dramatique de certains textes !

En plus de sa voix, Fred a une autre corde à son arc : il a l'œil. L'œil infaillible de celui à qui rien n'échappe, l'œil du promeneur, je dirais presque l'œil du peintre, l'œil que durant toute sa carrière il a planté dans l'œilleton d'un appareil photographique. Il l'a fait avec précision, curiosité et infiniment de goût ! Je pense, j'espère, que ce don nous pourrons le découvrir un jour dans un ouvrage uniquement consacré à son talent secret.

Mais nous n'en sommes pas encore là ! Nous avons entre les mains un livre souvenirs, un livre anecdotes, un livre qu'il faut lire avec en mémoire la voix qui vous a touchés, comme si vous vous trouviez soudain dans son intimité et qu'il présentait tous ses amis acteurs, chanteurs, peintres, écrivains, simplement comme ça comme au coin du feu, non pas comme de l'écrivain au lecteur, mais comme le conteur à son voisin de palier. C'est ainsi que je l'ai reçu et je suis persuadé qu'il en sera de même pour vous.

Charles Aznavour

Avant-propos

Pourquoi ranimer tous ces souvenirs, au lieu de les laisser dormir ?

Après avoir eu le privilège de survoler une époque exceptionnelle qui a été marquée par le talent des monstres sacrés de la chanson française, je voudrais en toute modestie tenter de faire revivre quelques visages qui me semblent aujourd'hui si beaux et chaleureux.

Chroniqueur improvisé, j'ai pensé que mes enfants, mes petits-enfants et mes amis fidèles seraient peut-être intéressés d'entendre le récit de cette aventure unique où j'ai eu l'incroyable chance de côtoyer de fabuleux personnages, anonymes ou célèbres.

Pendant ces années qui furent roses ou noires, je n'oublierai jamais que toutes ces personnes m'ont donné de bien belles émotions.

Toutes mes pensées iront vers mon épouse Suzanne et vers mes chers vieux complices, les Compagnons de la Chanson, avec lesquels j'ai partagé ces années flamboyantes dont je ne peux garder égoïstement l'histoire pour moi seul, au fond de ma mémoire...

1

Mes origines

Mes grands-parents et mes parents étaient issus d'une vieille famille italienne du Piémont, des paysans modestes originaires d'un joli village, Valle San Nicolao (on disait alors *Provincia di Vercelli*), qui se situait à quelques kilomètres d'une grande ville nommée Biella, où l'on allait à pied une fois l'an. Pourtant je suis un bon petit Français, né en Ardèche à Annonay, le 10 mars 1924. Mais lorsque ma mère, Ada, fut sérieusement affaiblie par un pneumothorax, notre famille a été contrainte de revenir en Italie pour qu'elle retrouve un climat plus favorable à sa santé. Ce déménagement nous a transformes, moi et mes deux frères, Jean et René, en immigrés italiens, avant que le retour en France durant mon adolescence ne nous retransforme en étrangers car nous ne parlions absolument pas français.

En Italie, mon grand-père Innocenzo, un homme aux belles moustaches gauloises, était le propriétaire d'un champ un peu trop grand pour une seule vache. Il était donc obligé de travailler comme maçon pour joindre les deux bouts Dans sa jeunesse, il avait traversé les Alpes à pied avec son père qui s'était improvisé, lui aussi, maçon en ces temps difficiles. Les montagnards leur permettaient de voyager sur leurs terres et de dormir dans le foin de leur grange en contrepartie de petits travaux et de quelques sous. Ainsi, toujours levé avant le soleil, Innocenzo partait bravement à pied après son petit verre de *grappa*. Son faible pour le *barbera* le rendait joyeux et le poussait à des manifestations vocales qui obligeaient parfois mon frère Jean à le faire taire en lui mettant la main sur la bouche, tant il était effrayé par ces chansons grivoises barytonnées et accompagnées de nombreuses fausses notes... Je ne l'ai connu que sourd comme un pot, ce qui me fait augurer de vieux jours particulièrement calmes, au cas où ce serait une tare familiale ! Jamais malade, Innocenzo se coucha un soir, pour ne pas se relever le lendemain.

Ma grand-mère Luigia, aussi large que haute, était une habile couturière. Elle recevait régulièrement la visite des *signore* de la région qui venaient parfois de loin pour lui commander une jolie robe du dimanche, confectionnée dans un tissu réputé dans toute l'Italie, acquis au meilleur prix dans les usines de tissage de Vallemosso.

Avec mon frère aîné Jean, nous habitions dans la grande maison de Luigia et Innocenzo, tout près de l'église qui renfermait, paraît-il, les reliques de saint Tiburce et de sa sœur sainte Cécile. On ne peut guère rêver mieux comme introduction à une vie musicale ! Je n'ai connu Luigia que de bonne humeur. J'entends encore son rire tonitruant et les chants qu'elle fredonnait quand elle cousait, mais aussi sa voix de stentor à la messe du dimanche car elle n'acceptait pas d'être dominée par ces dames en mantille noire. Personne ne savait mieux qu'elle préparer le *baccalà* du vendredi – mis à dessaler le jeudi soir – et le *risotto* du dimanche, pendant que mon grand-père tournait la *polenta* dans un chaudron en cuivre étincelant. Le pain, rare et cher, n'apparaissait sur notre table qu'à Noël et à Pâques.

Il y avait un locataire du nom de Pirrone dans une petite chambre de la maison familiale. Ce chef de la fanfare communale était un personnage très colérique qui jouait au bal annuel, aux enterrements et dans l'église aux jours de fête. Les habitants du village murmuraient que Pirrone était un de ces mécréants du Sud de la Botte car il parlait un italien approximatif avec un accent napolitain témoignant de ses origines. Le Nord professait encore un certain mépris pour ces « gens de nulle part ».

Une autre petite chambre mansardée était le modeste domaine du chauffeur de la *corriera* qui faisait le service pour Biella et qui poussait une fois par mois jusqu'à Turin.

Ma grand-mère maternelle s'appelait Speranza. Elle ressemblait à une gentille sorcière de dessin animé, un véritable fétu de paille que le vent aurait eu cependant beaucoup de peine à emporter tant elle était énergique, ne craignant pas de porter bravement sur son dos dans la *cesta*, le foin que mon grand-père coupait à la *ranza*. Ce grand-père, Piero, avait de beaux yeux bleus et n'était jamais rasé, ce qui lui donnait un air de hérisson. Son métier consistait à faire des râteaux et des râteliers à foin avec le bois qu'il allait couper sur ses terres, ce qui lui faisait dire en riant qu'il aurait pu fournir tous les arracheurs de dents de Biella ! Il est mort d'une crise cardiaque quand un avion anglais abattu par la DCA est venu finir sa chute dans son champ, à ses pieds.

Il y avait aussi Ermelino, surnommé Milinn, le cordonnier qui prenait soin de mon jeune frère René, dont l'échoppe qui sentait le cuir était le rendez-vous des bourgeois et des docteurs de la région. Milinn avait perdu une jambe à la suite d'un accident stupide dans la cour de récréation de son enfance. Vieux sage, il connaissait tout Victor Hugo et chantait *Sous les ponts de Paris* dans un français imparfait. Mon cousin Walter baragouinait, lui aussi, quelques mots de français. Il aimait ça, mais cela sonnait horriblement faux :

La viléna sévra qui a manzé tout mon blé
Si ti récomança tou mé lé péra la sévra
Si ti récommança tou mé lé péra

Aux beaux jours, nous partions avec Jean à travers bois pour aller embrasser notre mère qui retrouvait la santé et le sourire dans le cocon familial. La maison maternelle, avec son balcon où séchaient les oignons et les épis de maïs, était située en haut d'une colline offrant une vue imprenable sur la plaine du Pô. Cette vieille bâtisse était encadrée par deux maisons moins anciennes qui abritaient une famille de Siciliens qui, malgré leurs longues années dans le Nord, avaient gardé un physique à faire peur au coin d'une rue et un dialecte barbare du Sud, audible par tout le voisinage quand ils donnaient bruyamment de la voix. Notre domaine avec mon frère Jean était la maison de nos grands-parents paternels, avec la spacieuse chambre qui sentait bon la peinture à la chaux et dont le plafond m'a longtemps fait rêver, car un grand-oncle parti en France y avait peint une fresque évoquant un paysage marin.

Toutes les semaines, il y avait la visite du fromager qui nous fournissait en *fontina*, fromage que j'adorais. On le voyait arriver de loin, juché sur son âne qui le ramenait directement au domicile les soirs de grande soûlerie. Je me réjouissais aussi de la venue du colporteur, qui ouvrait ses petits tiroirs magiques d'où sortaient toutes sortes de trésors : des cartes postales (dont certaines étaient naïvement coloriées), des aiguilles, des bobines, des fils de toutes les couleurs, des épingles et même des cafetières à pression. Il nous apportait *La Domenica del Corriere* dont la première page était immanquablement illustrée d'un dessin réaliste de Beltrame qui représentait en couleurs l'événement dramatique de la semaine. En famille, nous contemplions alors un monde dont nous pensions qu'il n'engendrait que des catastrophes : un enfant dévoré par un lion, un déraillement de train et, plus rarement, la chute d'un zeppelin ! Nous étions enfin visités de temps à autre par Tavio, un ami de mon oncle, qui ne connaissait que trois accords à l'accordéon, mais qui était cependant de toutes les fêtes. Il se déplaçait seul, de village en village, sa *fisarmonica* sur le dos

Complètement aveugle, il était capable de se diriger au bruit de ses pas.

Chaque année c'était la grande fête pour honorer saint Tiburce et sainte Cécile. Sur la place, des chaudrons faisaient bouillonner d'énormes quantités de *fagioli* distribués gratuitement, pendant que les musiciens du cru se rafraîchissaient à grand renfort de *chianti* et de *barbera*. Cela sous l'œil vigilant et glaçant du représentant du *fascio* – le parti national fasciste que tout le monde craignait – dont l'unique mission consistait à être là pour surveiller. Il était toujours vêtu de la réglementaire *camicia nera* sur laquelle brillait la rangée de médailles qu'il avait gagnées, Dieu seul sait où, si ce n'était dans d'illusoires combats. Ce n'était pas l'œil de Moscou, mais celui, qui ne valait guère mieux, de Benito.

La fête terminée, la vie reprenait son cours. Comme beaucoup de petits paysans, pour économiser les chaussures qui étaient réservées aux grandes occasions et à l'école, je marchais pieds nus, ce qui me valait souvent de rapporter quelques orteils ensanglantés parce que le bitume n'avait pas encore atteint les profondeurs de l'Italie. J'avais eu d'ailleurs un accès de jalousie envers Jean qui, lui seul, avait le droit de se tremper les pieds dans un petit ruisseau avec les copains de son âge. Cette injustice me poussa à revenir un jour dans le village en hurlant que les enfants se noyaient : j'ai vu alors avec gourmandise tous les *contadini* se précipiter au secours des pauvres baigneurs qui n'en crurent pas leurs yeux ! Tout cela me valut une mémorable raclée dont je garde un souvenir ému.

De mon enfance piémontaise, une foule d'images me remontent en mémoire, comme celle de ces veillées estivales, quand nous nous retrouvions sur la *Piazza Mella* où les vieux apportaient leurs chaises et commentaient l'événement du jour, cet éclair aperçu dans le ciel qui n'était autre que le passage tellement rare d'un avion. Il y avait même un *carabiniere* en retraite qui nous terrifiait avec ses histoires de bandits de Calabre qu'il avait affrontés dans ses jeunes années. Je pense qu'il aimait faire peur aux enfants, ce qu'il réussissait parfaitement puisque mes nuits étaient hantées de cauchemars.

À la fin des vacances, je redevenais comme dans les films de Fellini un petit écolier avec le costume obligatoire, c'est-à-dire un tablier noir avec un grand col de celluloïd blanc. C'était mon grand-père Innocenzo qui m'y emmenait malgré mes torrents de larmes. J'y appris cependant à lire et à écrire, mais selon la méthode italienne qui exigeait d'épeler chaque lettre. Cela m'a posé quelques problèmes lorsque je suis revenu en France. Dans ma ville d'Annonay, lorsque je traversais pour aller à l'école la place du Champ-de-Mars, il y avait une enseigne mystérieuse que je lisais en épelant chaque lettre : « co. i... ffé... our... » L'énigme fut résolue lorsque mon père m'a révélé qu'il s'agissait tout simplement de la boutique du coiffeur !

En grandissant (pas beaucoup) je menais de front des études de violon – qui se révélèrent loin d'être concluantes –, de chant dans une chorale, et même chef de patrouille chez les Scouts, tout cela en préparant mon baccalauréat par correspondance. Je ne pus en passer que la première partie et j'avoue que je rêve encore à mon âge d'en passer la seconde... Comme il me fallait travailler pour vivre, dès quatorze ans je me retrouvai manutentionnaire dans une mercerie en gros. Ma principale responsabilité consistait à tenir un registre sur le nombre de pelotes de laine et à faire des colis que je portais à la poste pour expédition. Cet apprentissage me permit de devenir un spécialiste du papier kraft, des ficelles et des nœuds ; en somme une sorte d'incontournable roi des colis auquel toute la famille fait encore aujourd'hui immanquablement appel pour envelopper tous les cadeaux. J'en fis tellement sous l'œil expert de ce cher M. Magistrini, un vieux monsieur pommadé qui, pour rien au monde, n'aurait oublié ses *leggings* beiges pour aller rejoindre d'autres vieux messieurs au cercle du commerce en me laissant seul pour répondre à la clientèle !

Par la suite je devins instituteur en remplaçant un titulaire qui était prisonnier en Allemagne. Ce qui me valut la surprise de cette visite d'un grand barbu d'un mètre quatre-vingt-dix à la fin d'un spectacle, père et grand-père de quatre enfants, professeur de faculté et à qui j'avais appris la lecture alors qu'il avait six ans.

2

Baptiste

Baptiste, mon père, était un jeune Italien naturalisé Français en 1936. Il travaillait depuis son enfance dans une usine textile du Piémont et il avait mis à contribution les deux heures de trajet quotidien pour apprendre à jouer de la guitare. Sa grand-mère, qui l'élevait, n'aurait en effet jamais accepté qu'il apprenne un autre instrument que l'orgue, ne l'imaginant pas autrement que jouant à la messe du dimanche.

Baptiste avait « l'oreille absolue » : il était capable de donner la note exacte d'un quelconque son, depuis la sirène de l'alerte pendant la guerre, au tintement d'un verre de cristal. Malgré son travail, il vivait en fonction de la musique et pratiquait comme un vrai professionnel le violon, la guitare, la clarinette et, en bon *rital*, la mandoline. Il connaissait parfaitement l'opéra italien, sa préférence allant pour Verdi. Incroyable, l'opéra français et allemand faisait également partie de son répertoire. Mon enfance s'est ainsi déroulée sur un air de *La Donna è mobile, La forza del destino, Manon, Les Walkyries* ou *Les Maîtres chanteurs de Nuremberg*. Régulièrement, Baptiste s'installait devant le poste de radio que nous venions d'acquérir d'occasion et dirigeait avec sérieux la retransmission des concerts classiques donnés à la radio italienne, sa partition orchestrale posée sur un pupitre bricolé en bois. J'ai donc rêvé en entendant le grand ténor Benjamino Gigli, le Pavarotti de l'époque, chanter sous la direction de Baptiste qui se joignait quelquefois à lui en un duo majestueux. C'était étrange d'entendre mon père répondre à la voix radiodiffusée de ce célèbre ténor, après lui avoir donné le départ comme un véritable chef d'orchestre, cela dans le silence religieux et admiratif de toute la famille qui croyait être à la Scala de Milan. D'ailleurs, on n'avait même pas le droit d'aller faire pipi ou d'éternuer !

La mairie de ma ville natale reçut un jour la visite du directeur d'un petit cirque affolé par un accident fâcheux : un de ses deux musiciens ne pouvait plus se produire le soir sous le chapiteau dressé sur la place du Champ-de-Mars ! Le secrétaire de la mairie, qui était un collègue de mon père et musicien comme lui à l'Union instrumentale, a tout de suite pensé à Baptiste car il le savait capable de déchiffrer rapidement n'importe quelle partition au pied levé.

— Il n'y en a qu'un qui peut vous dépanner. Vous ne pouvez pas trouver mieux que Baptiste Mella.

Le brave directeur – qui était aussi clown – se précipita à la maison à l'heure du déjeuner et surprit mon père à table. Celui-ci lui répondit que la perspective de cette aventure l'amusait. Ma mère, un personnage particulièrement timoré, hasarda timidement :

— Voyons, Papa, tu ne vas pas accepter ?

Mais Papa accepta, et, le soir, on retrouva aux places d'honneur une Mme Mella rougissante et ses trois enfants tous très fiers de voir leur père passer avec maestria d'un instrument à l'autre, au grand amusement des spectateurs peu étonnés de cette performance. Il faut préciser que Baptiste était, en plus du musicien et du peintre en bâtiment d'Annonay, un personnage local dont la silhouette « à la Charlot » faisait la joie de tous dans la revue annuelle du théâtre municipal.

Il eut ce soir-là un joli succès, à tel point que le directeur lui proposa de continuer la tournée jusqu'au rétablissement de l'accidenté. L'histoire n'a pas eu de suite car il fallut reprendre le pinceau le lendemain matin, au grand soulagement de ma mère et à la déception de ses trois enfants. Je le revois avec amusement, sa petite moustache et ses lunettes toujours constellées de minuscules taches multicolores de peinture. C'était un artisan hors pair car il avait gagné dans sa jeunesse en Belgique le premier prix d'une école de décoration dont le diplôme trônait dans notre salle à manger.

Dès notre petite enfance nous baignâmes, mes frères et moi, dans cette atmosphère musicale et, vu cet atavisme, je rêvais de chanter de l'opéra. J'eus la chance qu'une femme admirable, Mme Villet-Courbon, professeur de chant à Lyon, veuille bien m'offrir gratuitement des leçons. Elle me dit avec simplicité :

— Vous me paierez quand ça ira bien pour vous.

Pour ce qui était du voyage gratuit en train jusqu'à Lyon, j'avais résolu le problème en sautant à contre-voie à l'aller et au retour. Je ne peux pas passer aujourd'hui à la gare de Perrache sans penser notamment à mes ruses de Sioux pour ne pas me faire prendre sans billet.

Baptiste marqua une dernière fois les esprits quelques années plus tard, lorsque le président de la République, Vincent Auriol, vint inaugurer une statue des frères Montgolfier à Annonay. L'honneur revenait à mon père de diriger l'Union instrumentale et ses cinquante musiciens. Il faut savoir que Baptiste Mella était comme moi, de taille disons... plutôt moyenne. Ainsi, devant cette assemblée prestigieuse, on avait dû mettre debout sur une chaise notre peintre en bâtiment, mélomane à ses heures, sinon, ni le président ni les musiciens ni le public ne l'auraient vu battre la mesure !

3

Ada Riva

Ma mère, née en Italie le 31 décembre 1899 dans une famille paysanne orientée à gauche, fut prénommée Ada en souvenir d'une syndicaliste italienne qui avait été l'héroïne des luttes sociales à la fin du XIXe siècle. Toute jeune, à seize ans, elle travaillait, elle aussi, à l'usine de tissage, la principale richesse de la région. C'était dans sa jeunesse le sosie d'Alida Valli, star du cinéma de l'époque, blonde aux yeux d'un si beau bleu, avec un type germanique assez marqué. Elle fabriquait des étoffes pour l'armée italienne et pour l'armée allemande, alors que les deux pays étaient en guerre. Lors des manifestations ouvrières, Ada n'hésitait pas à faire le coup de poing durant les grèves contre la police qui n'avait rien à envier par sa violence à celle qui, quelques années plus tard, deviendrait la police fasciste. Ainsi la *celere* chargeait et tabassait les ouvriers avec des nerfs de bœuf appelés *manganello*.

Avec le mariage, la maturité et cette terrible maladie qui l'avait contrainte de retrouver la ferme de ses origines avec ses trois fils, elle s'était adoucie. Elle avait gardé une voix rauque avec un accent à couper au couteau et un vocabulaire dans lequel se mélangeaient du piémontais et quelques mots de français qui, traduits, donnaient : « Tu fais qu'est-ce que tu veux, pourquoi tu es le padron. » Elle lisait couramment le français, mais n'a jamais pu l'écrire, ce qui fait que notre correspondance a toujours été en italien.

Comme la vie était difficile, elle essayait de combler les trous du budget familial en s'usant la vue toutes les nuits à coudre des boutonnières pour des chemises de grandes maisons à la lumière vacillante d'une vieille ampoule. Les jours de marché, elle faisait plusieurs fois le tour de la place des Messieurs à la recherche des légumes et des fruits les moins chers, tout cela pour une économie de quatre sous. Le jour des quarante ans de mon père, je la vis pleurer de honte. Baptiste était légèrement éméché d'avoir bu un peu plus que de coutume au banquet annuel des conscrits de sa classe. Ils étaient bras dessus, bras dessous avec mon frère René, chantant à tue-tête sur le chemin du retour. Moi, j'accompagnais ma mère de quelques larmes.

Devenue très réservée, Ada suivait la tradition des paysannes piémontaises qui servaient debout leurs hommes à table. Particulièrement discrète, le dimanche elle assistait désormais à la messe de 5 heures, car elle s'était tournée vers la religion après sa jeunesse militante.

La maison était accueillante et Ada était la disponibilité même pour notre bande de copains. Il y avait toujours des petites choses pour les affamés malgré les restrictions de la guerre, des petits « tue-la-faim » pour lesquels elle n'hésitait pas à se priver. Souriante, elle sifflotait souvent pendant sa séance hebdomadaire de repassage, car elle ne chantait pas juste, ce qui me semblait surprenant puisque ses frères avaient de jolies voix et maniaient avec facilité différents instruments.

Elle nous quitta quand elle revint d'un passage des Alpes en 2 CV, avec mon neveu Guy. Ce dernier voyage lui permit un ultime regard sur la vieille maison familiale perchée dans les hauteurs, qui nous offrait quotidiennement cette vue superbe jusqu'à la plaine du Pô.

À sa disparition, nous retrouvâmes dans ses grandes armoires une quantité d'habits neufs, de foulards et de robes que nous lui avions offerts, auxquels elle n'avait jamais touché pour ne pas les user.

4

Vacances à quinze ans

J'eus la chance de vivre des vacances magnifiques chez le frère de ma mère, mon oncle Giuseppe, le mari de ma tante Artilla. Ils habitaient une petite ville non loin de Saint-Étienne, au pied du mont Pilat, à trente kilomètres qu'un autocar fatigué mettait plus de trois heures à parcourir après mille détours dans la montagne.

Ce grand voyage était précédé par ce qui nous semblait être, à mes frères et moi, un véritable événement : tous les trois nous suivions papa au petit café Décoppet, le seul établissement à posséder un téléphone dans la rue. Cérémonieusement, il tournait la manivelle et, après une attente interminable, annonçait dans le cornet d'ébonite noire mon arrivée au tonton de Pélussin. On était loin du portable que tous mes petits-enfants ont dans leur cartable !

Sur le portail d'entrée de l'atelier de mon oncle, peintre en bâtiment comme mon père, je garde le souvenir frappant d'une réclame pour un savon qui représentait une grosse tête de chat dont le regard me fascinait et me fixait où que je me trouve. Lors des promenades du dimanche, Giuseppe n'hésitait pas à chaparder quelques fruits en enjambant agilement le petit muret du verger. Je me régalais de ces belles pêches dont je ne retrouvai plus jamais le parfum.

Ma chambre avait été aménagée dans une petite partie du grenier. Celle-ci était coupée en deux par une cloison, derrière laquelle vivait un mystérieux locataire qui parlait dans un jargon italien mâtiné d'allemand. Mais l'homme n'était guère bavard. Lorsque j'osais timidement lui demander des nouvelles des siens à travers la paroi, il restait particulièrement vague dans ses réponses. Un jour il s'envola et ma tante me confia qu'il s'agissait en fait d'un docteur qui avait fui son pays quand les nazis étaient arrivés au pouvoir. Ce n'est que quelques années plus tard que je compris les raisons de son côté secret et taciturne.

Le 14 juillet, il y avait une fête régionale nommée *La Vogue*, avec son stand de tir et ses manèges dont l'un m'a terrifié. J'avais aperçu en soulevant une toile par curiosité des galériens à moitié nus, dégoulinants de sueur, qui faisaient tourner le parquet des montagnes russes en ramant de toutes leurs forces, à grands renforts de « ahan ahan » et de litrons de rouge.

J'étais chouchouté par ce couple sans enfants. Souvent, j'accompagnais Giuseppe chez ses clients, en poussant la voiture à bras qui contenait la peinture et tous ses pinceaux.

— Je vais t'amener chez M. Baty qui dirige, paraît-il, un théâtre à Paris. Tu verras, il est sympathique et très humble. Il a une belle maison pleine de livres.

Nous fûmes accueillis par un vieux monsieur qui nous pria d'entrer dans son salon où il y avait une bibliothèque impressionnante. Je n'avais jamais vu autant de livres dans une maison. Les ouvrages d'auteurs français, anglais, russes, grecs, envahissaient les moindres recoins de cette pièce magique. Comment un seul homme avait-il pu lire ces millions de pages ?

Sur la table, mon attention se fixa sur des véritables petites scènes en miniature au milieu de décors peints. Il interrompit alors mes rêves d'une question qui me laissa sans voix :

— Il paraît, me dit votre oncle, que vous aimeriez chanter. Je ne puis que vous y encourager.

Je me suis retrouvé devant ce monsieur qui était la simplicité même. Comment, à quinze ans, dans un tel cadre, ne pas être ébloui ? Voyant que je n'arrivais pas à lui répondre il eut la bienveillance de poursuivre la conversation.

— Si vous êtes un jour à Paris, venez me voir au Théâtre Montparnasse.

Quelques années plus tard, j'eus la chance entre les tournées d'assister à des mises en scène éclairées par ce magicien discret qui me subjugua avec des pièces comme *L'Alouette* dans laquelle jouait Suzanne Flon, *Le Bal des voleurs* ou la magnifique *Mégère apprivoisée.* Toutes ces pièces et tant d'autres, grâce à ce « tonton de Pélussin », le peintre attitré de M. Gaston Baty.

5

La rencontre

En 1942, ayant pour seul diplôme la première partie du baccalauréat, le directeur de l'école où j'avais fait mes études primaires me demanda de me charger d'une classe de jeunes élèves. J'avais pour mission de leur apprendre à lire, à écrire et à compter. Cette année passée avec ces enfants fut merveilleuse pour moi car j'avais ajouté aux activités scolaires quelques heures de musique ou plutôt de chant. Je m'accompagnais d'un violon qui, malgré mes cours intensifs, sonnait parfois désespérément comme un crincrin. Avant la fin de l'année scolaire, j'ai reçu la visite de M. Famechon, le directeur de Force et Lumière, l'ancêtre de notre EDF-GDF. C'était un brave homme qui s'occupait bénévolement d'œuvres sociales. Il avait accepté la charge d'une action visant à ce que les enfants subissent le moins possible les carences accompagnant les restrictions de la guerre, grâce à une distribution dans les écoles de lait fourni par une œuvre caritative américaine. Il venait me voir pour me proposer un emploi plus ou moins fictif de magasinier dans son entreprise, afin que je m'occupe de cette distribution de lait et également de l'organisation d'une colonie de vacances. Mon rôle consistait là-bas à faire chanter deux cents enfants, à leur faire faire des jeux dans la jolie campagne qui portait le nom à consonance ibérique de La Praz. Il m'avait donné le titre de « meneur de jeu en chef ». C'était évidemment plus gratifiant d'être en plein air à faire chanter et sourire ces mômes tout pâles que d'être enfermé au fond d'un magasin sinistre à distribuer des robinets, des joints et des prises de courant aux ouvriers de l'entreprise. J'ai donc accepté sans hésiter pour cette saison estivale de diriger cette chorale de colons affamés qui avait bon cœur à chanter tôt le matin quand nous partions :

Lundi matin, l'empereur, sa femme et le p'tit prince
Sont venus chez moi, pour me serrer la pince
Comm' j'n'étais pas là, le p'tit princ' a dit
Puisque c'est comm' ça nous reviendrons mardi
Mardi matin...

Les jours de la semaine de la famille impériale étaient insuffisants pour arriver à La Praz, mais le répertoire inépuisable des chansons de marche nous amenait toujours à bon port ! Les passants étaient gagnés par la bonne humeur de la troupe et ils nous saluaient, alors qu'ils étaient plutôt renfrognés d'habitude. La journée était animée par des jeux, des chants et même quelques petites saynètes improvisées qui avaient l'heur de faire rêver les enfants. À midi il y avait un repas chaud, qui était bienvenu pendant ces années de restrictions. Tout le monde se régalait et de grands éclats de rire qui faisaient du bien à entendre égayaient les tablées. La colonie rentrait dans la soirée, fourbue, toujours en compagnie de l'empereur et de sa petite famille.

Alors que je rentrais d'une journée épuisante, mon attention fut attirée par une affichette sur le perron du théâtre municipal. Elle représentait une petite lyre avec un nom étrange, fleurant bon le folklore : « Les Compagnons de la Musique ». C'est la curiosité qui m'a fait assister au spectacle enchanteur de cette bande de garçons et de filles qui passaient du comique le plus léger au ton le plus grave, comme avec ce chant originaire d'un camp de prisonniers politiques allemands d'avant-guerre, dont la version française anonyme a été recueillie à Ravensbrück.

Loin, dans l'infini s'étendent de grands prés marécageux
Pas un seul oiseau ne chante dans les arbres secs et creux
Ô terre de détresse où nous devons sans cesse
Piocher.

Dans ce camp morne et sauvage entouré de murs de fer
Il nous semble vivre en cage au milieu d'un grand désert
Ô terre de détresse où nous devons sans cesse
Piocher.

Bruit de chaînes, bruit des armes, sentinelles jour et nuit,
Des cris, des pleurs et des larmes, la mort pour celui qui fuit
Ô terre de détresse où nous devons sans cesse
Piocher.

Mais un jour, dans notre vie le printemps refleurira
Libre alors, ô ma patrie je dirai « tu es à moi »
Ô terre d'allégresse où nous pourrons sans cesse
Aimer, aimer.

Je me retrouvai soudainement plongé dans un monde inconnu car au fond de notre province, nous n'avions que de vagues informations que nous ne pouvions pas comprendre. J'avais pensé jusque-là que le monde était beau. Une seule chanson venait pourtant de jeter un trouble terrible en me faisant découvrir ces prisonniers dans des camps qu'il était impossible d'imaginer. Le public était angoissé, leurs yeux étaient rivés sur ces visages qui terminaient solennellement ce *Chant de la captivité.*

Et puis, le spectacle rebondissait avec un choral de Bach, et de la danse, et une guitare, et huit flûtes sorties d'on ne sait où ! Les garçons occupaient toute la scène, ils partaient sur une harmonie qui semblait improvisée, ils faisaient rire avec des mimiques cocasses et se retrouvaient tout à coup immobiles, en ligne, bras croisés, pour nous quitter après une chanson très douce, pleine de nostalgie, qui n'avait rien à voir avec le traditionnel « final par toute la troupe » concluant bruyamment un spectacle d'amateurs. J'étais ému aux larmes, comme le public devenu silencieux qui quittait sans bruit la salle dans cette douceur et cette nostalgie. Leur performance était bien supérieure à celle de la chorale dans laquelle j'avais fait mes premières armes. Elle était pourtant dirigée par un professeur de piano énergique et qualifié, Mlle Bomel, que l'on surnommait affectueusement Miss Bémol. Troublé, je ne savais plus où allait ma préférence : à l'opéra ou à ces chansons folkloriques parfaitement exécutées ? Malgré mes doutes, je me mis immédiatement à rêver de rejoindre cette phalange, la vie d'équipe m'ayant toujours semblé idéale. La rencontre qui fit basculer ma vie se passa l'année suivante, à Lamastre en Ardèche.

La première partie du spectacle en plein air des Compagnons de la Musique était assurée par... l'Union instrumentale dans laquelle mon père était également clarinettiste ! Alors que j'attendais avec impatience l'arrivée des Compagnons sur scène, à l'entracte, on entendit soudain de grands cris : « Au feu ! »

Les Compagnons en tenue de scène se précipitèrent alors vers une maison devant laquelle des badauds s'étaient regroupés. Une fumée noire s'échappait des fenêtres et des flammes léchaient la toiture. Les Compagnons en tenue de scène se joignirent à la chaîne des spectateurs et des riverains qui se passaient déjà de main en main les seaux remplis d'eau. Complètement inconscient, je suivis un pompier dans cette maison en feu sans entendre les avertissements derrière moi. M'efforçant de sauver ce qu'il était encore possible de soustraire aux flammes, je jetai par la fenêtre des chaises, des vêtements et un tiroir de commode qui faillit atterrir sur la tête du sous-préfet ! Celui-ci vint pourtant m'accueillir au bas de l'échelle pour me sermonner puis pour me féliciter. Je n'avais même pas eu le temps d'avoir peur !

Heureusement l'incendie fut rapidement maîtrisé et il n'y avait pas eu de blessés. Alors que la foule se dispersait et que je revenais vers la grand-place où était installée la scène, je fus invité à m'installer au premier rang pour assister à la représentation du spectacle pour lequel j'avais eu le coup de cœur au théâtre municipal ! On ne pouvait me faire un plus beau cadeau pour me remercier de mon imprudence. Il s'ensuivit un festival de chansons folkloriques, au jeu scénique dynamique, des visages évoquant des « grotesques », puis un duo garçon-fille accompagné par une guitare et une flûte douce. Tout cela sans aucun temps mort avec une aisance et une facilité que j'estimais parfaites, devant un public qui manifestait tour à tour sa joie ou son émotion. Ils pratiquaient une formule de « chaud-froid » très efficace en faisant en sorte que le calme s'installe directement après une chanson littéralement échevelée qui évoquait le petit trot de l'âne de *Marianne s'en va-t-au moulin.* Ensuite ils poursuivaient avec la séquence du *Chant de la captivité* qui m'avait tellement ému à notre première rencontre ; et ça repartait de plus belle avant de finir avec une mélodie, *Le jour décroît,* qui distillait une ambiance très douce grâce à une belle harmonie.

Tandis que les spectateurs repartaient dans la nuit, l'ami Frank Gaignaire – qui était venu me chercher à moto – me présenta au chef de troupe, Louis Liébard. J'étais tellement impressionné par celui qui pouvait décider de mon intronisation chez les Compagnons que j'en bafouillai !

— Il paraît que tu souhaites rejoindre l'équipe ?

— Ce serait mon rêve.

— Quel âge as-tu ?

— Dix-neuf ans.

— Quelles sont tes études musicales ?

— Euh ! Cinq ans de violon.

En sourdine, je n'osai pas lui dire que j'étais loin d'avoir la sonorité de Jacques Thibaud !

— Est-ce que tu chantes ?

— Oui, dans une chorale, et je prends des leçons avec un professeur.

— Alors, je t'écoute, monte-moi une gamme.

Comme ça, « au débotté », j'y allai de ma gamme.

— Bon, alors rendez-vous début septembre au Point du Jour, à Lyon.

C'était pour le moins expéditif. Pas un mot, pas un commentaire, aucune fioriture. Je ne savais pas grand-chose, sinon que le Chef me tutoyait, et c'était drôlement peu !

Avant de retrouver les Compagnons de la Musique, je mis à profit ce mois d'août 1943 pour partir à bicyclette sur les plateaux et la vallée de l'Ardèche en compagnie de trois amis. Ce petit groupe comptait dans ses membres Alice Saunier, la future ministre des Universités. J'avais connu Alice l'année précédente, lors d'un stage de formation qui avait été organisé pour les moniteurs des colonies de vacances. Il y avait tellement de gamins inoccupés qu'il fallait à tout prix les accueillir quelque part pour soulager leurs mères qui attendaient le retour inespéré de leurs maris, prisonniers en Allemagne... Ce stage avait réuni plus d'une centaine de jeunes, des scouts, des éclaireurs, des étudiants ainsi qu'un bon nombre d'institutrices et d'instituteurs en vacances. Il y avait même des jeunes cheminots, des fonctionnaires des PTT et des apprentis qui sacrifiaient leurs congés pour se rendre utiles. Cela donnait un joyeux mélange hétéroclite de tous les milieux, de toutes les couleurs de l'arc-en-ciel, depuis le bleu « enfant de Marie » jusqu'au rouge sang « enfant de Russie ». En plus des enfants, nous avions été réquisitionnés cet été-là pour accueillir les trains d'exilés espagnols fuyant la révolution qui nous rappelait que le fracas de Guernica n'était pas si loin. Sans distinction d'opinions religieuses ou politiques, nous avions tous répondu présents pour héberger dans notre petite gare ces ombres transbahutées cahin-caha dans des convois de fortune qui avaient souvent zigzagué entre les différentes municipalités, parfois indifférentes et refusant leur venue. Notre modeste contribution consistait à leur distribuer des cafés et des sandwiches fournis par des œuvres caritatives. Nous les aidions à descendre des wagons qui dégageaient une puanteur abominable. Ils se dirigeaient, fantomatiques, vers des cabanes en planches montées pour la circonstance, des abris de fortune heureusement provisoires. Quelques semaines plus tard, tous ces immigrés étaient merveilleusement entrés dans notre vie de tous les jours, les femmes et les hommes au travail, les enfants à l'école ou grossissant les rangs de nos colonies de vacances.

Alice, pensionnaire au lycée de Tournon où se tenait ce stage de formation, n'avait pas eu grand chemin à faire pour s'inscrire à ce séminaire. Il était facile de la remarquer avec son application aux diverses disciplines car elle prenait tout à cœur. Elle se lançait dans des débats très animés le plus souvent avec une grande fille superbe à la tignasse aussi rouge que ses opinions. Elles étaient devenues très complices et par la suite presque inséparables. Son rire et son éternel sourire irrésistible étaient ses meilleures armes. Nous avions rapidement sympathisé et nous nous étions promis de nous revoir après ce stage, pour continuer nos conversations absolument passionnantes. Elle avait déjà une culture artistique incroyable, alors que j'ignorais même le nom de Van Gogh, moi qui avais tout juste aperçu quelques reproductions de peintres classiques sur des calendriers de mon enfance italienne.

Nous avons toujours gardé le contact avec Alice par le biais de messages venus des quatre coins du monde ; elle partait régulièrement en missions d'études géographiques et aussi dans toute la France pour des postes universitaires. Quand je lui parlais des Compagnons de la Musique, je me souviens de son esprit taquin lorsqu'elle me chahutait en me demandant de lui fredonner une romance napolitaine, alors que nous canotions une nuit, avec deux de ses amis, sur l'Ardèche près du pont d'Arc.

6

La découverte des Compagnons de la Musique

Après avoir patiemment écouté pour la centième fois les recommandations d'usage de maman Ada, inquiète pour ce qu'elle considérait avec crainte comme l'aventure, je pris mon sac et quittai de très bon matin Annonay pour Lyon. Son rêve était de me voir fonctionnaire, derrière un bureau, ce qui aurait été pour elle une véritable promotion sociale. Qui aurait pu croire ce qui allait se passer !

Le petit tortillard qui visitait toutes les gares a mis un temps infini avant d'arriver à son terminus de Perrache. De là, un trolleybus faisait la liaison avec le Point du Jour qui était une banlieue calme de Lyon située derrière la basilique de Fourvière avec sa petite épicerie, son église et la salle paroissiale.

Au 10 chemin de Champvert où Louis Liébard m'avait fixé rendez-vous, je longeai un mur qui laissait deviner un joli parc d'où dépassaient de grands arbres. À travers la grille, j'aperçus une belle maison haussmannienne et des allées bien ratissées.

À mon coup de sonnette, la porte du perron s'ouvrit et on m'invita à monter. Louis Liébard – que j'appellerais longtemps comme tous les autres « Chef » – vint m'accueillir et me fit entrer dans la pièce qui servait de secrétariat et quelquefois de dortoir quand on manquait de lits. Il me mit succinctement au courant des usages et disciplines de la maison et appela un de ses assistants, Maurice Meyer, pour me faire visiter les lieux. Je me contentai d'une chambre mansardée vétuste, dans laquelle il y avait deux châlits et une armoire. Il m'annonça que mon colocataire serait Guy Bourguignon, un individu natif d'on ne sait où, c'est-à-dire certains jours de Boulogne-sur-Mer où son père était directeur de banque et d'autres de Périgueux, pays où sont restés en famille sa femme et son fils Jacky. Ce n'est que la semaine suivante qu'il intégra les lieux. Plus tard, il n'arrêtera jamais de plaisanter sur le fait que j'étais plus ancien que lui... d'une semaine !

Maurice Meyer me dit que le premier étage était réservé à la famille du Chef. Il vivait avec son épouse, ses cinq enfants et ses assistants, c'est-à-dire lui, Jean Verline et Roger Hermann qui faisaient office de répétiteurs et de professeurs de mime ou d'instruments. Le deuxième étage appartenait à l'équipe, enfin à ceux qui étaient logés sur place, car il y avait, comme dans les pensionnats, des externes qui « montaient » de Lyon par le trolleybus du matin et qui rentraient chez eux le soir. J'appris que la chambre des Alsaciens était un sanctuaire dans lequel on ne pouvait pas pénétrer. Louis Jacob, dit Lolo, et Marc Holtz – qui avait changé son nom pour Herrand – étaient tous les deux transfuges de la « zone Nono » comme on désignait à l'époque la zone nord non occupée. Lolo venait de Colmar et Marc de Strasbourg. Je découvris rapidement que Lolo était un amateur passionné de football et Marc un pianiste ainsi qu'un guitariste particulièrement talentueux qui avait été sélectionné par Jean Verline. Je m'aperçus très vite que ces garçons étaient deux personnages importants dans l'équipe. Marc avait fui l'Alsace après un grand périple à travers les Vosges, pour ne pas être embrigadé dans les jeunesses hitlériennes.

Les autres chambres étaient réparties entre trois autres personnes. Il y avait Albert et sa chevelure flamboyante qui était prestidigitateur et bon acrobate, Jean Vergniaud qui aurait pu tenir un second rôle dans une opérette, car il possédait un joli filet de voix et un physique élégant de mannequin, et enfin Paul Leblond, dit Popaul, qui jouait de la clarinette et avait une belle voix de basse.

Après ce tour du propriétaire, arriva l'épreuve de la « présentation » à l'équipe. Maurice me fit entrer dans le « saint des saints », la salle de répétition, un grand salon lumineux donnant sur le parc. Il n'y avait qu'un piano et son tabouret pour tout ameublement. Curieusement je n'aperçus pas d'autres sièges, ce qui laissait augurer que les séances de travail se passaient debout. Terriblement intimidé par les éclats de voix qu'on entendait déjà depuis le deuxième étage, je me trouvais devant une bande de garçons dont quelques visages aperçus à Lamastre m'étaient familiers. L'équipe était plus nombreuse que celle que j'avais vue au théâtre d'Annonay et au spectacle en plein air, car outre l'équipe de scène, il y avait des stagiaires qui espéraient un jour être acceptés sur scène dans l'équipe première. En somme, un genre de réserve de Compagnons ! D'autre part, il y avait des filles, comme Marianne Chassot, qui possédait une jolie voix de soprano, et Yvette Perche, qui, elle, avait une belle voix d'alto. Ces dernières étaient des « externes » car elles ne logeaient pas dans cette grande maison. Comme il était déjà l'heure de déjeuner, on se retrouva dans la cuisine autour d'une grande table avec des bancs, pour un repas frugal à base de rutabagas.

Et là, tout à coup, j'eus l'impression de me retrouver dans une classe de collégiens ! On s'apostrophait d'un bout à l'autre de la table, c'était à qui hurlait plus fort que le voisin : l'équipe n'avait plus rien en commun avec celle que j'avais vue dans la salle de répétition où tout était discipliné. C'était l'exutoire !

7

La première répétition

Comme je m'étonnai de l'absence de Jean Verline – je savais qu'il avait une part prépondérante dans la marche du spectacle avec sa belle voix claire de soliste –, on me raconta une histoire extravagante. L'été avant mon arrivée, la troupe avait joué une semaine en Savoie et, au retour en gare de Chambéry, Jean Verline jeta nonchalamment par la fenêtre du wagon un noyau de pêche qui eut le mauvais esprit d'atterrir sur la tête d'un officier italien en « occupation ». Vexé et convaincu que c'était un geste volontaire et insultant, l'officier fit arrêter ce pauvre garçon qu'il envoya moisir à la prison des Baumettes à Marseille après un court séjour dans une forteresse près de Chambéry. Mais c'était heureusement la fin du cauchemar car l'affaire était close et le retour de Jean était annoncé pour les jours prochains.

La sieste me permit de me familiariser avec ma chambre et de caser dans l'armoire le peu de chose que contenait mon sac. J'avais simplement un peu de linge de rechange et quelques sous que ma mère m'avait donnés en cachette. Mais je n'eus pas le temps de rêver longtemps car c'était déjà l'appel pour la première séance de travail. Je fus alors ébahi par la précision et la densité de toute cette technique qui expliquait la qualité vocale de cette équipe. Louis Liébard était un sorcier, avec une perception fine du détail, certainement un des plus grands spécialistes de chant choral. Il avait une oreille musicale sans défaut, alors que, fait troublant, il chantait faux à un point inimaginable ! Je découvrais avec lui le travail au *comma* près, ce qui me permettait de me familiariser dès le premier jour avec une étrange bizarrerie vocale. J'appris que le ton se divisait en 9 *commas* et qu'en montant d'un demi-ton ou en descendant également d'un demi-ton, la voix devait faire percevoir une différence, ce qui se traduisait par un *do* dièse qui était plus haut que le *ré* bémol (qui est pourtant la même touche noire sur le piano). Cela donnait cette addition surréaliste de 5 plus 5 égalent 9, nuance que devait transmettre la voix, et non le piano, instrument dit tempéré. Le ton se compose ainsi effectivement de 9 *commas*. Voilà un des exemples de la minutie de travail que Liébard nous inculquait chaque jour, tellement rébarbative et ennuyeuse à expliquer et à assimiler, mais qui fut à la base de la « couleur » des Compagnons, c'est-à-dire de notre personnalité, même après des années de routine. Nous travaillions la justesse pendant des heures, uniquement sur deux ou trois intervalles. La première journée se révéla être absolument épuisante. On répétait debout, concentré, sans faire une pause. Après un souper aussi rudimentaire que le déjeuner, je revins dans ma chambre, heureux de ma journée. C'était tout à fait ce que j'aimais ; je n'aurais jamais pu rêver mieux. Durant cette première nuit, je n'eus aucun mal à m'endormir. Le lendemain matin, après un ersatz de café avec une tranche de pain tirant plutôt sur le gris, on attaqua les exercices pour se mettre en voix toujours sur la justesse, la respiration alternée, et les tenues vocales qui permettaient d'avoir cette harmonie constante donnant une sonorité orchestrale. On continuait avec les « 141 », qui consistaient en tenues de son partant du *dolce*, du très doux, pour monter au *forte* et redescendre au *dolce*. Puis le Chef proposait un exercice qui demandait la montée graduelle d'une octave, évoquant une sirène ; mais curieusement, toujours pas de paroles. Je commençais à comprendre ma passion pour cette équipe et sa façon unique de chanter qui possédait le meilleur accompagnement vocal possible car le relais respiratoire alterné et l'harmonie aboutissaient à un effet de tenue d'orgue. Je réalisais aussi que mon rêve était d'être accompagné un jour par ce merveilleux instrument.

Après quelques jours, Liébard a fait chanter aux vingt-cinq postulants une phrase d'une complainte du Moyen Âge.

Las j'ai rêvé l'autre nuit
Las j'ai rêvé l'autre nuit
Que ma mie était morte lanlère
Que ma mie était morte lanla

Quand arriva mon tour, Lolo commenta admirativement : « Il chante bien Mella. » Je décrochais là mon premier compliment et mon premier solo... Une seule phrase !

Je découvris la manière d'attaquer une chanson, car l'harmonie éclatait sans l'intervention du moindre instrument qui devait normalement donner la tonalité ou le rythme. C'était un véritable mystère musical. Comment font ces garçons pour partir comme un seul homme, sans signal de départ, sans une « intro » donnant le ton ? Il revenait à Marc de fredonner discrètement l'accord pendant que Jean-Louis parlait au public. Dès la fin de l'annonce, sur une simple respiration de Marc, ténors, barytons et basses partaient sans le moindre signal visible. Quand il nous quitta, c'est à moi que fut dévolue cette responsabilité. Il faut reconnaître que cet effet spectaculaire surprenait et épatait nombre de mélomanes et de musiciens en France. Bien plus tard, à l'étranger, je fus le témoin de l'enthousiasme de Kay Thompson, la directrice musicale de Judy Garland à la MGM d'Hollywood, qui pourtant était orfèvre en la matière... Mais ceci est une autre histoire.

C'était magnifique cette cohésion qui nous permettait, même sans nous voir, de partir en parfaite harmonie, exactement ensemble, aux quatre coins de la scène. Cette cohésion, nous en sommes redevables au Chef Liébard et à ce travail exceptionnel.

8

Le Point du Jour

Au Point du Jour, nous vivions comme une communauté spartiate, mais l'enthousiasme et la gaîté de mes dix-neuf ans me faisaient oublier le froid glacial de cette belle maison où nous avions l'impression – on n'était pourtant qu'en automne 1943 – d'être transformés en stalagmites les jours de grand froid.

Je partageais ma chambre avec Guy, un garçon dégingandé, maigre à faire peur, avec un regard noir tempéré toutefois par un sourire amical et armé d'une dentition proéminente. Lolo l'avait connu lorsqu'il était animateur à Jeunesse et Montagne, organisme qui, avec les Chantiers de Jeunesse, prenait en charge les jeunes en âge de partir au service militaire. Guy était passionné de théâtre et sortait d'un stage chez Yves Joly, l'un des Comédiens Routiers de Léon Chancerel. Yves, un manipulateur de génie, avait été le créateur d'une compagnie de marionnettes, les bien nommées « Les Mains Jolies ». Chez les Comédiens Routiers, il s'était trouvé le condisciple d'Olivier Hussenot et Jean-Pierre Grenier, fondateur plus tard de la compagnie qui portera leur nom et qui offrira au théâtre quelques superbes réalisations comme *Liliom* de Molnár, *Les Gueux au paradis*, *La Parade*. Là-bas défilèrent des personnalités telles qu'Yves Robert ou Jean Rochefort. Il faut dire qu'ils avaient été formés à bonne école puisque Léon Chancerel était lui-même un disciple de Jacques Copeau chez qui, en compagnie de Louis Jouvet, Charles Dullin et bien d'autres grands noms, il avait appris son métier d'homme de scène.

Guy faisait partie des basses. Sa voix peu timbrée ne pouvait guère rivaliser avec celle de Chaliapine qui avait une profondeur saisissante. Mais il n'empêche que j'ai encore dans l'oreille cette « non-voix » car en plus comme il était « grand fumeur », il était par conséquent « grand tousseur ». Nous fûmes rapidement tous les deux intégrés à l'équipe de scène en même temps qu'Hubert qui n'avait finalement pas rejoint les Chantiers de Jeunesse et qui retrouvait donc sa place dans l'équipe.

Puis vint le branle-bas du premier spectacle, une sorte de répétition générale qui devait se passer dans la salle du patronage, près de l'église du Point du Jour. Tous les habitants endimanchés s'étaient donné rendez-vous sur quelques bancs inconfortables bien insuffisants pour accueillir tout le monde. Les parents s'installaient comme ils pouvaient et les enfants à croupetons dans l'allée envahissaient presque la petite scène. J'eus un léger picotement au cœur en passant pour la première fois la chemise blanche marquée de la lyre et le pantalon en gros velours marron. Pourtant, je n'avais d'autre responsabilité que de m'intégrer au chœur et de bien synchroniser mes mouvements dans les chansons animées, nos « chansons de gestes ».

Le répertoire de base des Compagnons de la Musique donnait la part belle au folklore, telle cette chanson, recensée par Claude Duneton en 1724, qui raconte l'histoire de *Martin avec sa serpe*. Il s'était coupé le nez et celui-ci était devenu un glaçon pour cause de « grand froidure ». Ramassé sur le bord de la route par « trois pauvres moines qui passaient par là », ils transformèrent cet appendice en cierge. J'ai toujours soupçonné qu'il s'agissait d'une version édulcorée dans laquelle l'appendice nasal en remplaçait un autre, plus... viril.

Ah quel dommage, quel dommage Martin
Martin quel dommage.

Une des chansons les plus spectaculaires se nommait *Perrine était servante.* Elle raconte l'histoire d'une pauvre bonne qui a peur d'être surprise en compagnie de son amant par le curé. Terrorisée, elle cache son homme dans la huche à pain et l'oublie. Elle ne le découvre que six semaines plus tard, à moitié dévoré par les rats. Avec les restes du squelette, là encore, on retrouvait la transformation d'une partie du corps en accessoire religieux. Le crâne devenait un bénitier et les jambes, ou plutôt ce qu'il en restait, des chandeliers.

Voilà la triste histoire d'un jeune homme à marier
Qu'allait trop voir les filles le soir, après l'dîner.

Il y avait aussi cette chanson, gaillarde, un brin cocardière :

Vive le vieux vin de vigne
Le vieux vin gaulois...

Elle se terminait par l'évocation de la *Victoire de Samothrace*, que l'on voit sculptée sur l'arc de triomphe de l'Étoile. Albert, l'acrobate, était monté sur nos épaules et brandissait un sabre de bois – lequel a un jour crevé l'écran d'un petit cinéma où nous nous produisions, aux cris de joie des rares spectateurs et aux hurlements du propriétaire fou de colère qui assistait à l'événement au fond de la salle... « Mon écran ! Mon écran ! » criait-il. Et puis, tout à coup, c'était le contraste avec un choral de Bach aux sonorités d'orgue, bien qu'exécuté *a capella.* Nos petites comptines permettaient d'animer notre spectacle et ressemblaient à un véritable ballet tant la synchronisation de nos mouvements était poussée à la perfection, ce qui faisait naître ces personnages semblant sortir de la nuit des temps, qui ressemblaient aux gargouilles des cathédrales, magnifiés par les arrangements écrits et mis en scène par Louis Liébard.

En fait, les journées passaient à une vitesse incroyable. Le travail technique du chant, les cours de mime, la danse, la mise au point des chansons du répertoire avec lequel nous allions bientôt partir sur les routes et les travaux extérieurs indispensables pour l'entretien de cette belle maison et du petit parc, ne nous laissaient pas le temps de nous ennuyer ! Surchargés de tâches à accomplir, nous n'étions cependant pas dispensés d'éplucher les topinambours et les rutabagas qui composaient nos maigres repas le plus clair du temps. La préparation du déjeuner et du dîner ainsi que nos « festins » se déroulaient dans un chahut infernal, notre défoulement étant impensable hors de cette cuisine. On lâchait la vapeur. C'était à qui arrivait à se faire entendre au-dessus de la mêlée !

Même cette séance de pluches était utilement mise à contribution pour apporter des idées nouvelles hors du travail avec Liébard, ce qui nous donnait l'impression d'apporter un souffle d'air frais, secouant un répertoire trop exclusivement orienté à notre goût vers la chanson ancienne. Sans en faire part au Chef Liébard, nous avions mis au point une chanson complètement différente de l'esprit folklorique que nous illustrions. Elle était animée par quatre personnages qui utilisaient uniquement comme accessoire un chapeau claque. On aurait pu très bien imaginer cette mise en scène chez les Frères Jacques, qui n'existaient pas encore.

Dieu que les mères d'à présent
Ont du souci, avec leurs filles.
Elles prennent toutes un amant
Surtout, lorsqu'elles sont gentilles.
Pour un amoureux, jeune et vigoureux
Elles démoliraient la Bastille.

Lolo, un inconditionnel de Ray Ventura, était inspiré par ses façons de « détourner » une chanson en la « faisant voyager autour du monde ». Cette idée sera au départ de nos variations sur le thème d'*Au clair de la lune.* Dire que c'est pendant ces séances de corvées culinaires que sont nés ces intermèdes musicaux !

— On pourrait utiliser une voix de fausset pour imiter les enfants, a lancé Jean-Louis.

C'est comme cela qu'est née cette fantaisie utilisée dans, *Au clair de la lune* « à la manière » des Petits Chanteurs à la Croix de Bois. Sur des voix de haute-contre, le groupe arrivait sagement en rang, formant un chœur angélique sous la direction de Marc qui faisait partir les *soli* d'un simple geste du doigt, comme nous l'avions observé auparavant chez Mgr Maillet qui dirigeait les Petits Chanteurs.

Par la suite vinrent s'ajouter différentes versions. Nous chantions « à la manière » d'un quatuor de jazz américain en imitant le groupe des Modernaires avec un faux micro puis nous enchaînions « à la manière » des chœurs des Cosaques du Don, avec bonnets russes et moustaches « à la Staline ». Et, pour finir, « à la manière » du Grand Orchestre du Conservatoire, sous la direction de Guy en queue-de-pie, qui se retournait pour fusiller du regard les rieurs de la salle. Nous utilisions deux violons, une clarinette, un ténor italien parodique, Lolo qui faisait rouler les timbales et Marc en pianiste fou, qui terminait son concerto couvert de talc en ayant à moitié démoli le piano de concert.

Du matin au soir, la maison des Compagnons était une petite ruche. En dehors des répétitions techniques, du solfège, de la danse, du chant, de la pratique des instruments et du mime, chacun agissait en fonction de ses responsabilités. Chargé de l'entretien du petit parc, un matin, je ratissais consciencieusement les allées et ramassais les feuilles mortes lorsque deux étranges visiteurs en manteau de cuir noir sonnèrent à la grille et demandèrent à parler à Louis Jacob. Lolo vint leur répondre très vite avec un flegme incroyable qu'on ignorait où il était parti... S'il n'avait pas eu ce réflexe, son aventure et la nôtre se seraient dramatiquement arrêtées ce jour-là. Je tremble encore à l'idée de ce que j'aurais pu leur dire, par ignorance, puisque je n'étais pas encore au courant de sa véritable identité.

Quand nous partions en tournée, les « grandes salles » où nous nous produisions n'étaient que les modestes patronages du Sud-Est, qui allaient de Dijon à Grenoble en passant par le Beaujolais et l'Ardèche. Nous faisions même quelquefois les places publiques ou les granges ! Ces voyages nous semblaient longs et s'effectuaient le plus souvent dans des autocars d'un autre siècle ou dans des wagons de 3e classe. Parfois, ces wagons étaient tellement bondés qu'il fallait se contenter des wagons de marchandises et de bestiaux malodorants, marqués par le terrible « 40 hommes, 8 chevaux en long ». C'étaient mes premiers spectacles, dans une triste France occupée.

En 1944, lors d'un retour à Lyon des Compagnons de la Musique après une petite tournée, tous les voyageurs furent bloqués dans le passage souterrain de la gare Perrache. On murmurait qu'Allemands et miliciens vérifiaient les identités et les bagages. Après une attente angoissante de plusieurs heures nous revînmes à la lumière. Nous devions passer un par un dans une chicane et déballer nos bagages sur une table. À l'époque, nous transportions individuellement tous nos éléments de scène. Il y avait notamment les phares d'auto qui nous servaient d'éclairage, les espadrilles blanches ainsi que les chemises à l'allure moyenâgeuse avec leurs manches bouffantes et leur lyre sur la poitrine. Pour ma part, j'étais dévolu avec Popaul à la caisse contenant les pantalons de velours marron. Je savais qu'il avait changé son identité de Lévy en Leblond. J'étais moi-même sous une fausse identité pour éviter le Service du travail obligatoire, qui vidait la France des jeunes pour les mettre au travail en Allemagne en remplacement des bras manquants.

Popaul me confia complètement terrifié : « S'ils me demandent de me déculotter, je suis fichu à cause de ma circoncision... »

Arrivés à la hauteur de l'Allemand qui vérifiait les papiers, il regarda sans lever la tête ce qu'il y avait dans notre caisse. En l'ouvrant, le soldat éclata de rire à la vue d'un masque noir caricatural dont Popaul s'affublait en entrant en scène pour la parodie de jazz américain.

— Théâtre...

— Raus... fit-il avec un geste libérateur.

C'était une terrible rafle tout près de l'hôtel où sévissait Klaus Barbie. Il m'est difficile aujourd'hui de passer à la gare Perrache sans me souvenir de cet épisode tragique.

9

Le début de l'aventure

En 1944, nous fûmes invités au Pathé Palace de Lyon pour la Nuit du cinéma, un gala auquel participaient des danseurs classiques et des comédiens comme Charles Moulin, le berger du film de Marcel Pagnol, ou Aimos, un personnage du cinéma très populaire qui revenait tout juste de son tour des bordels de Lyon, chose qu'il faisait en habitué. Maurice Baquet, monsieur nous ayant tant fait rire dans un film où il dévalait un escalier d'hôtel chaussé de skis, était accompagné ce soir-là de son violoncelle, partenaire avec qui il faisait un numéro hilarant tout en utilisant dans le *Menuet* de Boccherini la qualité musicale acquise avec son premier prix du Conservatoire. Était présent également Louis Seigner de la Comédie-Française, venu spécialement de Paris pour lire des poèmes.

Dans ce cinéma-théâtre impressionnant, nous qui n'avions connu jusque-là que des salles modestes, nous nous étions tous offert un trac fou. Lorsque nous attaquâmes *Perrine était servante* devant ce public blasé, la réaction, sans être délirante, se révéla plutôt sympathique. Nous réussîmes à dérider ces Lyonnais que l'on disait un peu coincés quand nous commençâmes notre parodie d'*Au clair de la lune* « à la manière » des chœurs des Cosaques du Don suivie par celle de la Société des Concerts du Conservatoire. À la fin de la représentation, le régisseur de scène nous poussa pour saluer devant le rideau et nous ne voulions pas croire, tout éberlués, que les applaudissements étaient pour nous. Notre spectacle se terminait d'ordinaire dans une atmosphère douce, par un chant très calme sur une ambiance de veillée, sans le moindre applaudissement.

En sortant de scène, Charles Moulin, Aimos et Maurice Baquet nous attendaient :

— Bravo, les gars, vous les avez conquis !

Louis Seigner vint nous féliciter :

— Votre spectacle est remarquable ! Il faut absolument que vous montiez à Paris où vous aurez du succès, je vous l'assure.

Monter à Paris... Du succès ! On peut toujours rêver ! En attendant, c'était le retour au Point du Jour, où nous retrouvions la stricte discipline de travail, les gammes, la danse, le mime, la justesse, l'ar-ti-cu-la-tion, sans oublier les travaux extérieurs... et les pluches ! La vie continuait, toujours plus passionnante.

Quelques jours plus tard, après le matinal « salut aux couleurs » qui était une cérémonie journalière chez les Compagnons, une surprise incroyable nous attendait. La journée commençait d'habitude invariablement par les remarques du Chef sur des manquements et des consignes sur le plan de travail. Mais, le Chef nous annonça :

— Je vais vous lire une lettre que je viens de recevoir de Paris, de Mme Marie Bell de la Comédie-Française : « La Comédie-Française serait très heureuse de votre présence à l'occasion d'un gala spécial donné au profit des Œuvres sociales des cheminots. Nous serions honorés de votre réponse... »

Ce fut d'abord la stupéfaction. Nous sommes restés sans voix, puis l'enthousiasme bruyant prit vite le dessus. Tout le monde parlait en même temps. « Paris... et, en plus, la Comédie-Française ! » C'était inimaginable.

Mais Liébard, toujours le « Chef », jeta un grand froid sur notre allégresse :

— Mes bons amis (c'était toujours ainsi que ses conférences débutaient), nous ne nous attarderons pas à Paris. Tant de choses intéressantes nous attendent ici. Ce ne sera qu'un aller et retour. Considérez cela comme quelques jours de vacances. Ne vous imaginez surtout pas que nous allons rester là-bas. Il y a tant de choses à faire. Ce n'est qu'une étape parmi d'autres.

C'était la douche glacée ! « Embarqués pour un jour, pour un seul spectacle » dixit Louis Liébard, alors que ce rêve impossible pour nous de connaître Paris était en train de naître, et que nous étions là, en train d'écouter ce Chef qui nous parlait de retour avant même d'être partis.

Le soir du gala à la Comédie-Française, nous nous trouvions complètement dépaysés et éblouis dans cette salle fabuleuse où l'on se sentait tellement étrangers devant ces ors, ces lumières, ces coulisses où régnait une agitation fébrile et ce décor, déjà en place, du *Soulier de satin* dont un acte était représenté au cours du gala. On ne savait plus où poser son regard. Le régisseur de scène en personne vint nous faire découvrir la loge pour revêtir notre tenue de scène. Cette loge était pour nous un véritable appartement car elle aurait pu nous servir de salle de répétition ! Liébard en profita d'ailleurs pour nous demander une petite séance de « décrassage vocal » vraisemblablement un peu bruyante, puisqu'un assistant du même régisseur nous demanda gentiment de « mettre la pédale douce ».

Quand notre tour arriva, nous fûmes stupéfaits par ces comédiens en smoking qui nous aidèrent avec gentillesse et simplicité à pousser le piano sur la scène avant l'ouverture du rideau. Eux étaient si élégants et nous... nous n'étions seulement chaussés que d'espadrilles de corde.

Marie Bell nous présenta avec chaleur comme de vieilles connaissances. Après l'accueil poli de l'entrée, le public eut l'air de nous accepter bien qu'il fût sans aucun doute étonné par cette équipe provinciale qui allait jouer devant des spectateurs particulièrement snobs.

Après cela, dans les coulisses, nous assistions à un ballet de comédiens prestigieux et nous avons eu même droit au regard assassin d'un Œdipe roi pourtant aveugle, lorsqu'un des pauvres Compagnons marcha par mégarde sur sa traîne. Puis c'est Raimu, engagé dans l'illustre maison pour *Le*

Bourgeois gentilhomme, qui, entendant l'un de nous murmurer le titre de son dernier film *L'Inconnu dans la maison*, se retourna et, avec sa voix et son accent inimitables, lança à la cantonade un sonore « Idiot ! ». Quelle honte ! Et pourtant, le Compagnon fautif n'avait émis que de l'admiration, mal interprétée par ce grand comédien qui semblait d'ailleurs avoir eu quelques frictions avec la maison de Molière, ce qui expliquait peut-être son humeur. Il y eut même, venant de notre groupe, un bruit incongru qui a provoqué un fou rire inextinguible, dont le souvenir hilarant est demeuré un classique chez les Compagnons, « le pet de la Comédie-Française » ! Nos rires n'avaient pas réveillé Paul Claudel, qui avait présenté un acte du *Soulier de satin*, et qui s'était endormi à poings fermés entre deux portants.

La fin du spectacle fut gâchée par la sirène de l'alerte, « à cause du bombardement de Billancourt » comme on le murmurait sur scène. Le public évacua la salle pour descendre aux abris. Jean-Louis Barrault et Jacques Charon proposèrent de continuer la fête « entre nous », une fois que le rideau de fer serait baissé. Nous formâmes alors un grand cercle sur la scène, nous mêlant à de belles comédiennes, à des sociétaires en tenue de soirée, à des machinistes, aux pompiers de service et à quelques artistes de variétés, improvisant un cocktail très convivial. Jean-Louis Barrault suggéra une intervention de chacun, et tout le monde y alla de son petit numéro. C'est lui qui ouvrit le bal, nous éblouissant avec son numéro de mime équestre. Andrex, le partenaire préféré de Fernandel, un complice récurrent dans ses films, nous fit revivre un de ses personnages un peu voyou. Puis apparut devant moi, dans sa petite robe noire, celle dont je connaissais la voix pour l'avoir si souvent entendue dans notre maison de Lyon. Édith Piaf, qui semblait avoir beaucoup d'énergie à revendre malgré sa silhouette chétive, chanta avec pour seul accompagnateur son accordéoniste. Elle attaqua une valse populaire. C'était la rue sur la première scène française, et quelle rue, avec ce public en rond qui l'applaudissait à tout rompre ! Après cela on nous demanda une de nos chansons animées, l'histoire du *Duel*, puis *Perrine était servante*, aventure qui avait fait sourire la salle avant l'alerte. À la fin de cette soirée inoubliable, nous étions tous surpris de la visite d'Édith. Elle venait nous féliciter.

— Les garçons, vous êtes formidables. C'est vraiment très chouette et, en plus, vous chantez bien !

En toute simplicité, elle nous proposa d'assurer la première partie de ses futurs spectacles.

— Madame, nous ne pouvons pas accepter votre proposition, notre participation à ce spectacle est tout à fait inhabituelle. Nous chantons surtout dans la région lyonnaise. D'ailleurs, nous devons rentrer très vite à Lyon.

— Quel dommage, j'aurais été heureuse de partir en tournée avec vous. Si un jour l'occasion se présente, n'oubliez pas de me faire signe.

Il faut avouer que nous avions joyeusement déjà trahi la consigne (un seul jour, un seul spectacle) en acceptant notre participation à la Nuit du cinéma la semaine suivante. Cependant avant cela Mitty Goldin, directeur de l'ABC, l'ancêtre de l'Olympia, avait eu vent de notre gentil succès à la Comédie-Française. Il nous invita à une audition car il souhaitait nous inclure dans un de ses prochains programmes. On avait l'impression qu'une foule de choses commençaient bizarrement à se dessiner pour nous, nous qui n'avions d'autre objectif que cette participation incroyablement miraculeuse à la Comédie-Française. Nous commencions à vivre un rêve éveillé. Paris, le plus prestigieux théâtre au monde, et puis l'ABC… On ne touchait plus terre !

L'après-midi suivant à l'ABC, nous chantâmes notre infatigable *Perrine était servante* suivie de deux autres chansons devant une salle complètement noire, dont la scène était chichement éclairée par le « service ». Notre seul public était un monsieur sans réaction. On enfila nos costumes de scène dans une loge qui sentait le tabac froid. C'était démoralisant et d'une tristesse infinie après ce qui s'était passé la veille. Alors que nous étions absolument handicapés par un trac plus qu'envahissant, le verdict nous étonna car Mitty Goldin, caché dans l'ombre, donna son accord pour « deux semaines ».

— Trois chansons au début du spectacle.

On appelle ça « lever le torchon », selon la formule consacrée qui nous fut vite familière. Il paraissait que c'était toujours comme ça qu'on débutait dans le « métier ».

Notre première aventure parisienne sur scène après la Comédie-Française se passa au Gaumont Palace, place de Clichy, à ce moment-là le plus grand cinéma d'Europe. La Nuit du cinéma était un véritable marathon, auquel participaient toutes les gloires du spectacle, du cinéma, de la chanson, de la danse, des chansonniers ; de Fernandel à Madeleine Sologne qui venait de triompher dans *L'Éternel Retour* avec Jean Marais. Et puis Alain Cuny avec cette voix inoubliable dans *Les Visiteurs du soir.* Quel spectacle !

Le défilé des artistes commençait à 21 heures et il allait jusqu'à l'heure du premier métro. Personne ne pouvait quitter la salle à cause du couvre-feu. Vers 4 heures du matin, tout le public ronflait de fatigue et d'ennui. L'organisateur eut l'idée géniale de nous confier la mission de réveiller les spectateurs endormis :

— Vous les jeunes, vous allez nous réveiller tout ça !

Confiants et ne doutant de rien, nous étions entrés en scène, accueillis d'une bordée de lazzi « au jus là-dedans » des spectateurs qui ne voulaient visiblement pas être troublés dans leur sommeil. Ce fut le plus gros « bide » de notre jeune carrière : notre petite troupe se fit virer comme des malpropres, et nous envisageâmes avec dépit le retour en province.

Dans le premier métro, Popaul et moi, nous portions à l'envers la caisse des pantalons de scène pour qu'on ne puisse pas lire le nom des Compagnons soigneusement peint sur le couvercle. Cela n'empêcha pas quelques sourires goguenards de spectateurs témoins de notre pénible intervention, qui nous avaient reconnus malgré le kilomètre de distance de la scène à la salle.

10

Tournée des music-halls

Quelques jours plus tard, Mitty Goldin tremblait comme nous tous en coulisse. Il avait eu l'imprudence de persister à nous engager malgré l'audition calamiteuse au Gaumont de la semaine précédente et avait programmé les Compagnons de la Musique en première partie d'Andrex. Il fallut l'accueil chaleureux du public pour le rassurer.

— Je vous avais bien dit que vous feriez un joli succès ! nous déclara-t-il avec son merveilleux accent roumain que Francis Blanche a bien souvent parodié.

Les critiques avaient écrit, suite à cette première partie, des articles flatteurs à quelques nuances près, dont je voudrais citer quelques courts extraits : « Une variété, une précision digne d'un ballet... L'unanimité du succès du public dangereusement panachée des soirées de "générale" de l'ABC... La troupe la plus extraordinaire qu'il nous ait été donné d'applaudir depuis les Comedian Harmonists... » Il y en a même qui nous ont égratignés, avec bonne humeur, toutefois : « Ils ne sont pas beaux, à deux exceptions près, on peut même dire qu'ils sont laids... mais chacun d'eux porte un masque expressif, tour à tour grimaçant, marqué, par instants, au coin de l'humour ! » « Allez vite les applaudir », conseillait Max Favalelli. « Une réussite complète », constatait Pierre Barlatier.

J'arrête là ce panégyrique, en me demandant toutefois si je faisais partie des « vilains » ou des « deux exceptions », sans que cette question m'ait jamais ôté le sommeil ! Cependant une ombre au tableau persistait. Certains critiques n'étaient pas convaincus par la présence des filles, l'équipe étant mixte dans la formation folklorique. Ils ont écrit qu'elles n'amenaient rien et que le spectacle prendrait davantage de force sans elles. « Vous devez renvoyer les femmes à leur tricot », a même froidement écrit l'un d'eux. Il nous fallait résoudre ce cruel dilemme.

De ce jour, tous les music-halls de Paris nous firent les yeux doux et ils étaient nombreux à l'époque : outre les grandes pointures comme l'ABC ou Bobino, chaque quartier avait une salle. L'Excelsior, place d'Italie, l'Européen, place de Clichy, les Concerts Pacra – la plus petite salle de Paris –, et les Folies Belleville où la vedette de notre spectacle était Reda Caire. Je me rappelle que Reda Caire perdit un jour sa moumoute en saluant et que les spectateurs du premier rang l'entendirent murmurer : « Ah jeunesse ! » Je garde aussi le souvenir de cette jeune fille du café d'à côté qui venait nous écouter au promenoir. Elle allait plus tard devenir Régine. Toutes ces péripéties pour un cachet de misère, mais qui, pour nous, semblait faramineux après nos maigres recettes de province !

Nous allions d'un théâtre à l'autre, transportant nos accessoires de scène en camionnette couverte les jours ensoleillés et découverte les jours de pluie ! En fin de semaine, c'était un véritable marathon, avec une matinée et une soirée dans deux salles différentes, aux antipodes de Paris, tandis que les dimanches nous avions deux matinées par salle et deux soirées pour conclure le week-end. Du jour au lendemain, nous eûmes le tournis avec tous ces spectacles. Au Bœuf sur le toit, nous ouvrions le spectacle dans le programme de Georges Ulmer, une vedette prometteuse qui chantait déjà une chanson de Charles Aznavour et Pierre Roche, *J'ai bu*, qui a obtenu le Grand prix du disque de l'académie Charles Cros. Dans le programme, il y avait aussi Django Reinhardt et son frère Joseph, Hubert Rostaing, Jacques Hélian et André Ekyan qui allaient former le « Hot Club de France ». On enchaînait avec le Moulin-Rouge et le Casino Montparnasse dont je connaissais bien les coulisses pour y aller chercher Yolande, une jeune personne accorte qui dansait dans l'opérette de Luis Mariano, *La Belle de Cadix*. Luis m'accueillait avec son bel accent sonore par « Ah voilà le petit chanteur ! » Lui, le grand ténor qui, du temps où je rêvais de faire de l'opéra, m'avait émerveillé au Théâtre des Variétés dans une œuvre de Donizetti, *L'Élixir d'amour,* me saluait avec amitié ! Il y a aussi eu Bobino dans le programme de Georges Guétary, la coqueluche de ces dames. La sortie des artistes passait par la cour, remplie de filles hystériques, toutes amoureuses de Georges et refusant de quitter les lieux, si bien que le régisseur était forcé de les chasser à la lance à incendie. Nous, lorsque nous sortions et que les filles nous reconnaissaient, on entendait leurs commentaires peu avenants : « Qu'est-ce qu'ils sont vilains ! » On se souvenait qu'un journaliste observateur avait écrit que nous avions « des têtes de marrons sculptés ». Pour couronner le tout, dans le hall d'entrée, il y avait des vitrines pleines de photos. Les grandes de Georges étaient couvertes de rouge à lèvres, mais sur la nôtre, toute petite, il n'y avait jamais rien !

Les beaux jours arrivaient et à cause des restrictions d'électricité nous étions chichement éclairés en matinée par un énorme trou dans le toit, avec des miroirs à l'avant-scène. Les jours sans soleil, les spectateurs devaient faire preuve d'imagination pour nous apercevoir dans cette lumière incertaine. Certains directeurs avaient même engagé des cyclistes qui pédalaient en coulisse pour faire tourner une dynamo donnant très peu d'électricité.

Il nous est régulièrement arrivé de remplir les soirées de relâche en participant à des galas de bienfaisance. Nous sommes devenus les champions de la spécialité, chantant le soir au Pré Catelan, à minuit au Moulin-Rouge, le lendemain à l'Excelsior, puis au Palace, sans compter les salles parisiennes les plus invraisemblables. Notre participation était gratuite. Pas un centime ! Il faut reconnaître que nous n'étions pas les seuls et qu'un grand vent de générosité soufflait sur Paris. On émergeait d'une telle nuit...

Nous sommes allés un jour participer à un de ces spectacles au cirque de Rouen, alors que la ville sortait juste du cauchemar des incendies causés par les bombardements. Le voyage s'est fait dans un « panier à salade » de police grillagé, en plein hiver. Il faisait tellement froid que je m'étais fabriqué un bouclier de journaux qui, glissés entre la chemise et la veste, me permettaient de garder un peu de voix. Comme compensation, j'ai eu la chance de faire la connaissance des Fratellini, cette grande famille de clowns légendaires qui, pendant vingt-cinq ans, avaient enchanté l'Europe en faisant rire et pleurer grands et petits. Quel bonheur de rencontrer ces merveilleux « petits frères », comme le dit leur nom d'origine italienne. Ils n'étaient malheureusement plus au complet, Albert nous ayant déjà quittés. Je restai bouche bée quand ils passèrent en début de spectacle : leur sketch dans lequel un seau d'eau baladeur finissait évidemment sur une perruque tournante remplissait de bonheur une ville pourtant meurtrie...

11

Boulevard Magenta

Le séjour d'hôtel en hôtel et de chambre en chambre fut de plus en plus difficile. Nous avions donc décidé de jeter notre dévolu sur un grand appartement poussiéreux mais sympathique du boulevard Magenta, près de la République. Il devint notre lieu de répétition et même d'habitation pour certains comme moi. L'entretien et la cuisine étaient assurés par chacun de nous à tour de rôle. Nos modestes premiers cachets nous permettaient peu de fantaisies concernant l'approvisionnement, les tickets de rationnement ne nous aidant guère. C'étaient quelquefois des repas agréables quand arrivait le tour de Guy ou d'Hubert qui pratiquaient l'art de faire des miracles avec très peu de chose. Mais lorsque j'étais de service, mon expérience culinaire et gastronomique rendait la semaine d'une tristesse inimaginable car le seul plat qui était dans mes cordes était la sauce béchamel. Alors c'était béchamel à midi et béchamel le soir, ce qui m'a valu longtemps de la part de mes camarades le surnom de « Béchamella ». La bonne humeur était toujours au rendez-vous, car nous nous étions fait une bande d'amis dans le métier comme Jean Parédès, Francis Blanche, les sœurs Étienne ou Bernard Blier. Celui-ci, au cours d'un de nos modestes repas, nous fredonna ce refrain que nous n'adoptâmes pas, mais qui fut chanté par Yves Montand :

Quand j'ai croisé la mâtine
C'était par un beau matin
Elle avait mis ses bottines
Je lui trouvais très beau teint...

Fidèle à nos dîners, Bernard garda toujours le souvenir de ces repas fantaisistes. Il nous témoigna souvent son amitié, n'hésitant pas à revêtir notre tenue « bleu et blanc », pour venir chanter et mimer en notre compagnie *Perrine était servante,* par exemple au cours d'une émission de télévision d'Henri Spade. Il aurait pu faire un bon Compagnon !

Venaient également nous voir pour une visite amicale les Frères Jacques que j'avais eu le plaisir de voir dans *Liliom*, alors qu'ils ne portaient pas encore le célèbre costume dessiné par Jean-Denis Malclès. La rencontre fut des plus chaleureuses et je suis vite devenu un admirateur de leur spectacle. Parmi les invités, on recevait aussi la visite de Suzy Delair qui à l'époque avait du succès avec une chanson tirée d'un film, *Lady Paname,* de Henri-Georges Clouzot (avec qui elle avait déjà tourné *L'assassin habite au 21*). On disait d'elle que c'était une « vedette pétulante », avec une jolie voix de chanteuse classique qu'il lui arrivait d'utiliser parfois dans un répertoire plus léger.

Avec son tralala
Son petit tralala
et
Mon cul sur la commode

12

Juin 1944

Le matin du 6 juin 1944, nous fûmes réveillés par la tonitruante nouvelle du débarquement américain en Normandie. Nous attendions depuis des lustres ce fabuleux événement. Nous écoutions en effet en toute imprudence avec nos fenêtres ouvertes « les Français parlent aux Français » de Radio Londres où officiait Pierre Dac avec son célèbre : « Radio Paris ment, Radio Paris ment, Radio Paris est allemand. »

— Les gars, ça y est, les Américains sont en Normandie, nous annonce Popaul en nous montrant les gros titres de la première page du journal.

— Ils n'en ont pas pour longtemps avant d'être à Paris.

— Soyons optimistes ! Mais il y aura certainement beaucoup de grabuge avant...

Devant ces événements, nous prîmes un peu de recul avec nos spectacles en partant quelques jours en vacances pour visiter nos familles et en attendant une hypothétique rentrée, programmée si tout se passait bien pour septembre au Moulin-Rouge. Avec Marc et Hubert, nous arrivâmes par chance à nous caser dans un des rares trains partant pour Lyon où, place Bellecour, je fus le témoin avec horreur du spectacle tragique des otages fusillés. Les Allemands les avaient laissés là « pour l'exemple » au coin de la rue Gasparin où un monument rappelle maintenant ces assassinats.

Ces morts, cette place, cette foule silencieuse, cela reste une image qui revient régulièrement me hanter dans mes cauchemars. C'était insoutenable.

Arrivé avec peine à Saint-Rambert-d'Albon dans un wagon à bestiaux, je traversai à pied le pont du Rhône, après être passé devant les sentinelles allemandes, pour atterrir côté Ardèche où je fus pris en charge par un camionneur qui allait livrer du charbon de bois destiné aux gazogènes du maquis. J'ai ainsi été accueilli par les rires de ma famille car j'étais noir des pieds à la tête.

J'avais décidé de rejoindre mes frères Jean et René au maquis de Vanosc où nous restâmes jusqu'après la libération de Paris en août 1944. Mon père apportait aussi son modeste tribut à la Résistance en peignant les grandes étoiles sur les tractions des maquisards pour qu'elles ne soient pas mitraillées par les avions anglais qui attaquaient les convois allemands.

Les chants qui permettaient de distraire et d'apporter l'oubli à mes camarades furent mes seuls actes héroïques dans le maquis. Comme le disait mon lieutenant et ami Paul Daurelle : « C'est pour le moral. » Mon frère René prenait quant à lui part à l'attaque de trains détournés depuis la vallée du Rhône, des convois transportant des Juifs en route pour l'Allemagne. Ils furent libérés en gare d'Annonay après une fusillade qui dura toute une nuit. René avait ramené à la maison un prisonnier affamé auquel ma mère donnait à manger. Ce pauvre diable d'Italien réquisitionné par les Allemands pour conduire un camion chargé de cigarettes fut intercepté sur la route du Grand Bois, vers Saint-Étienne, après une embuscade qui avait fait un mort et quelques blessés chez les maquisards et les Allemands.

Le retour à Paris me prit deux jours. Notre tortillard faisait étape à chaque petite gare : c'était la course effrénée pour récupérer de l'eau. Le train était bondé à ras bord de toutes sortes de gens, des résistants avec leur mitraillette, des vieillards, des petits commerçants, des mères de famille avec leurs enfants, des prostituées et même quelques personnages à la mine patibulaire dont on devinait facilement qu'ils avaient beaucoup de choses à se faire pardonner. J'aperçus même une pauvre fille essayant de cacher pudiquement sa honte sous un fichu qui modelait un crâne visiblement tondu...

Qu'il était bon de retrouver les copains, boulevard Magenta, après ces événements dramatiques et ces rencontres... Étrangement, Guy et Albert n'étaient pas au rendez-vous, chose impensable avec la discipline qui régnait dans notre équipe. Jean-Louis vint alors nous rejoindre au restaurant pour nous raconter l'histoire invraisemblable arrivée à Albert. Guy venait de lui téléphoner, depuis son hôtel à Azerat en Dordogne. Albert s'était rendu dans la ferme dont ses parents étaient les métayers. Arrêté à cause de sa ressemblance frappante avec un chef milicien, rouquin comme lui, il était sur le point d'être fusillé sur-le-champ quand Guy, qui se trouvait par miracle en Dordogne, a pu prendre les choses en main et prouver l'erreur qu'il y avait sur la personne. Il leur donna la liste des spectacles auxquels Albert avait participé avec nous, ce qui prouvait qu'il n'avait donc rien à voir avec ce sosie. On peut dire que ce pauvre garçon avait eu chaud car à l'époque on était plutôt expéditif.

Il régnait dans Paris un air de fête. Lorsque nous sortions de nos répétitions, les boulevards étaient bondés, le temps magnifique et les filles à bicyclette, avec leurs jupes légères volant au vent, belles comme jamais. L'équipe, avec le retour de Guy et Albert, devenus amis à la vie à la mort, était au complet.

J'avais essayé de me faufiler au Rex, tout près de chez nous, car on y projetait le premier film américain à Paris depuis l'Occupation. Mais il y avait une telle foule avide de ce spectacle qu'une ruée insensée a projeté les premiers arrivants contre les portes vitrées qui ont volé en éclats. J'arrivai par chance à me caser dans la salle pour assister à un film que des centaines de personnes présentes à l'extérieur depuis des heures n'eurent pas la possibilité de voir. Il s'agissait d'*Eve a commencé,* dans lequel Deanna Durbin, dirigée par Koster, chantait. C'était loin d'être un chef-d'œuvre, mais les Parisiens, sevrés de cinéma américain depuis quatre ans, lui firent un accueil triomphal.

Le lendemain, Popaul me racontait « leur » résistance en « occupant » l'ABC. Ils avaient essuyé, avec Hubert qui avait pu rejoindre Paris, des tirs sur le boulevard Poissonnière. Il me raconta la dernière histoire qui courait dans le métier : des Allemands qui essayaient de fuir à dix dans une décapotable déglinguée avaient été interpellés par un titi parisien. « Alors, on déménage ! » Popaul éclatait alors de son gros rire en nous montrant le titre du *Canard enchaîné* : « ILS SONT À TUE ET À TOIT », pour parler des miliciens qui, perchés sur les toits, tiraient leurs derniers coups de feu. Popaul reste pour moi la version française de Woody Allen pour l'esprit, et Groucho Marx pour le physique, avec lequel je lui trouvais une réelle ressemblance.

J'avais quelquefois l'occasion de rendre visite à mon cousin Raoul Mella, le seul membre de ma famille vivant à Paris. Il avait des velléités artistiques, suivant l'exemple de son père Clément, celui qui avait peint avec talent le plafond de la chambre de mes grands-parents. Raoul avait fait mille métiers et sa vie paraissait à toute la famille pleine de mystère car il surgissait à l'improviste dans ma petite ville toujours tiré à quatre épingles au volant du dernier modèle de voiture. Il racontait les personnages hauts en couleurs qu'il rencontrait dans des milieux artistiques, car il s'occupait d'un théâtre, le Jeune Colombier Humour – où je pus assister plus tard à mon premier Shakespeare, *Beaucoup de bruit pour rien,* mis en scène par Edward Gordon Craig, un personnage qui me fit une longue diatribe sur le *Hamlet* monté par lui à Londres à laquelle je ne compris goutte. Je ne conserve de cette rencontre qu'une belle photo dédicacée par un vieux monsieur qui me paraissait centenaire. C'était, paraît-il, un shakespearien important. Raoul avait même organisé une tournée avec Joséphine Baker qui avait délaissé sa célèbre ceinture de bananes lui servant de costume dans la *Revue nègre* de 1925, pour un uniforme militaire. Dans le dossier qu'il me laissa, il était en photo, à l'époque de la Roulotte, avec Jean Vilar, qui faisait dans cette troupe itinérante ses premières armes avant l'aventure inoubliable du TNP. Pour le moment, Raoul tenait un bar rue Pergolèse, La Cabane où, fin cuisinier, il m'invitait souvent à déjeuner, lui qui avait des accointances avec des fournisseurs faisant fi des tickets d'alimentation. Il se rendait bien compte, à ma mine, que ce n'était pas souvent bombance pour moi dans ces moments de disette !

Un jour où nous étions à table avec Henri Vidal, toutes fenêtres ouvertes, une odeur pestilentielle de brûlé est venue nous tirer des haut-le-cœur. Très vite, la rue a été envahie par une foule de policiers et de badauds. C'était un voisin, un certain Dr Petiot, dont on venait de découvrir dans le calorifère de son hôtel particulier de la rue Lesueur, les preuves inimaginables de ses méfaits ; les restes de ces pauvres gens qui croyaient partir en voyage, alors qu'ils partaient en fumée.

13

Les Américains de Versailles

Après la libération de Paris, nous participâmes à des spectacles offerts aux troupes américaines dans les écuries du palais de Versailles. Nous étions transportés depuis Paris dans des camions militaires bâchés conduits par des chauffeurs noirs, toujours accompagnés de malabars musclés aux brassards marqués MP, noirs eux aussi. Nos restes d'anglais ne nous permettaient guère d'échanges, alors nous nous contentions de leur sourire. Ils souriaient à leur tour avec des dentitions éclatantes, qui rappelaient certaines publicités pour le dentifrice. Tout ce beau monde avait l'air heureux de se trouver à Paris. Pour le trajet, il était hors de question de prendre le tunnel de Saint-Cloud que la rumeur parisienne déclarait rempli à ras bord de torpilles allemandes. De chaque côté étaient disposés des bancs sur lesquels, faute de place, les hommes assis prenaient les femmes sur les genoux. Pour ma part, j'avais droit d'un côté à la fesse gauche de Madeleine Renaud et de l'autre à une d'Édith Piaf, Yves Montand ayant droit à la seconde. C'était là ma première rencontre avec Yves qui devait se renouveler quelques années plus tard à l'ABC, quand il viendrait prendre la place d'Édith malade, et fumerait pendant l'entracte les cigarettes canadiennes de ma future épouse Suzanne, à laquelle il avait donné le surnom de Pervenche à cause du bleu de ses yeux.

Je me demande ce qu'un GI du fond de l'Arkansas pouvait bien trouver à *Perrine était servante*, à un poème dit par Madeleine Renaud, à une chanson d'Édith ou d'Yves et son *Battling Joe*. Il y avait dans le spectacle un numéro de clown et un cracheur de feu qui semblaient d'ailleurs les intéresser davantage. Il est certain que les filles du Crazy Horse auraient certainement mieux comblé leurs attentes. Après notre prestation, nous étions invités à une gabegie de sandwiches au pain de mie blanc arrosé de café crème. Pour les affamés que nous étions, c'était étonnant, mais tellement bienvenu ! Nous ne regrettions pas cet étrange voyage et ce curieux public.

Notre petite renommée était arrivée jusqu'à la Côte d'Azur, ce qui avait provoqué un contrat que nous avions failli manquer à cause de ce spectacle à Versailles. En rentrant boulevard Magenta, la veille du départ pour le Sud, j'eus droit à une vérification d'identité, chose qui était fréquente à ce moment-là. Or, j'avais le tort de me promener sans papiers et malgré mes récriminations, je me suis retrouvé au poste où j'ai passé la nuit en compagnie de prostituées et de quelques personnages qui avaient probablement des petits larcins ou d'autres méfaits un peu plus sérieux sur la conscience. J'avais beau essayer de crier mon innocence et de traiter de tous les noms les officiers de police, seules les filles m'écoutaient d'une oreille compréhensive :

— T'en fais pas, tu l'auras, ton train. Tu la verras ta Côte d'Azur. En tout cas, donne-nous le numéro de téléphone de tes copains ! On les appellera, si on nous relâche avant toi.

Elles rirent lorsque je leur avouai que je ne connaissais pas le numéro de téléphone. Le lendemain matin, je respirai lorsque le commissaire de police, à qui on avait fait part de mes protestations, me dit : « Merci d'avoir chanté pour les œuvres de la police. » Il était venu s'excuser car il avait assisté à un de ces nombreux galas gratuits pour lesquels nous nous étions toujours portés volontaires.

Mes amis trouvèrent l'aventure amusante, bien plus que moi, et tout fut vite oublié quand je me retrouvai le lendemain devant une mer « à la Charles Trénet ». Je pus voir là-bas pour la première fois de véritables oranges sur les arbres des rues de Monte-Carlo tout en restant ébahi de découvrir *Mare Nostrum* : je n'avais jamais vu la mer.

Quant au spectacle pour lequel nous étions engagés, c'était tout simplement le gala du Sporting d'Hiver. À la fin de notre passage, dans une salle surchauffée, irrespirable, le directeur artistique responsable de notre engagement, Henri Astric, surnommé *Riquet*, sortit sa pochette pour s'essuyer le front. Ce geste déclencha immédiatement le feu d'artifice en avance, cette pochette devant donner le signal pour que les techniciens passent à l'action ! Le feu d'artifice sur la mer, visible à travers les immenses baies vitrées, devait être le couronnement de la soirée. Il arriva un peu prématurément, mais cela nous offrit un petit entracte.

Il faut croire que les Compagnons étaient allergiques à l'art pyrotechnique, puisque quelques années plus tard, dans un gala en plein air cette fois, au *Palm Beach* de Cannes, une autre pochette blanche malicieuse dut donner le même signal en plein milieu de notre tour de chant. Une splendide muraille de feu s'éleva sur la plage depuis les radeaux d'où partaient les fusées. Mais les fusées étaient poussées par le vent du large vers les terrasses : je revois ces soupeurs élégants courant comiquement leur assiette de dessert à la main qui, dans l'affolement le plus total, se réfugiaient sous les tables pour se mettre à l'abri tandis que cette pauvre Martine Carol, la magnifique star blonde du cinéma français, essayait d'éteindre une flammèche qui avait atterri dans sa splendide coiffure !

14

Lanslebourg

— Mes bons amis...

Un matin, pendant une de nos répétitions, nous avons reçu la visite surprise de Liébard qui était de moins en moins présent depuis quelque temps.

— Je vous annonce notre engagement par la XIVe région militaire de Lyon, au titre du Théâtre aux Armées.

Dans l'euphorie de notre réussite naissante, nous avions complètement oublié que nous étions tous susceptibles d'être mobilisés dans l'armée. Le chemin parcouru depuis l'aventure parisienne ne servirait donc peut-être plus à rien. Tous nos spectacles signés allaient se trouver annulés. C'était la consternation dans la troupe.

— Mais nous aurons le privilège de vivre au Point du Jour et de pouvoir profiter du mess des officiers de la place Bellecour. J'aurai officiellement le grade de lieutenant, tandis que Guy aura celui de sous-lieutenant.

Comme on nous octroya d'office le grade de sergent-chef, nous avons décidé dès le premier jour de ne pas entrer dans le mess des officiers avec nos galons. L'arrivée d'une bande de sous-offs à l'air plutôt gamin aurait semblé complètement incongrue à tous ces véritables militaires. Aussi, nous fixâmes les « sardines » à nos manches d'uniformes par des boutons-pression. Les officiers présents n'en crurent pas leurs yeux, étonnés de voir arriver cette bande de très jeunes généraux avec des étoiles brillantes, qui n'étaient autres que nos fameux boutons-pression. Il y eut même un général qui nous demanda à partir de quel grade nous commencions à saluer, la discipline militaire n'étant vraiment pas notre fort.

C'est à ce moment-là que Frank Gaignaire, auquel je devais ma présence chez les Compagnons de la Musique, nous soumit la candidature de Jacques Bodoin dont j'avais eu l'occasion d'admirer le professionnalisme au cours d'une revue sur la scène de mon beau théâtre « à l'italienne » d'Annonay. Son passage chez nous fut bref, mais il participa cependant à deux tournées, la première dans les Alpes qui nous mena jusqu'à la frontière italienne. J'ai encore en mémoire cette représentation à Lanslebourg et à Modane, où les éclaireurs-skieurs allemands et autrichiens, camouflés en tenue blanche, tiraient, sans conviction, sur les troupes françaises pendant que nous chantions pour les militaires dans l'école du village !

De mon côté, je présentai à Liébard la candidature de Jo Frachon, que je connaissais car il venait régulièrement chercher son neveu dans ma classe du temps où j'étais devenu instituteur remplaçant. Jo souhaitait me rejoindre chez les Compagnons. Il m'avait donné rendez-vous dans un bistrot : « Venez chez La Gonfle, c'est là qu'il y a le meilleur vin blanc d'Annonay. » Moi qui, à l'époque, ne buvais que de l'eau ! Lorsque je mentionnai la taille de cent quatre-vingt-dix centimètres de Jo, le Chef avait dit : « Impossible. » Mais je plaidai sa cause avec conviction en parlant de sa belle voix de basse noble – ce qu'il était, et même doublement, puisque sa famille était descendante des Montgolfier et de Marc Seguin. J'avançai aussi l'argument supplémentaire de son agréable « toucher » au piano. Liébard finit par céder et accepta de le prendre à l'essai et comme on dit en termes de rugby, « l'essai avait été transformé ». Il prit sa place chez nous pour le plus grand plaisir de tous car, en fait, sa grande taille devait servir à tant de gags et d'effets scéniques qu'il devint rapidement indispensable. De plus, sa voix, ses textes de chansons, son apport musical plus tard à la basse électrique et son humour à l'anglaise faisaient de lui une très belle recrue.

Ce séjour dans les Alpes, après un crochet pour distraire les malades des saunas du plateau d'Assy, me donna l'occasion de rencontrer un nouveau personnage passionnant, un montagnard de la plus belle sorte, Roger Frison-Roche. Avec *Premier de cordée,* il avait eu un immense succès en librairie, on en avait d'ailleurs fait un film, présenté au Pathé Palace de Lyon au cours d'un gala auquel nous avions participé. J'eus la surprise de parler avec lui le dialecte piémontais qu'il possédait parfaitement, étant l'ami des guides italiens de l'autre versant des Alpes. Il nous avait même chanté un refrain des maquisards italiens communistes sur une musique russe, reprise plus tard par Rika Zaraï pour devenir une danse à la mode, chose que j'eus beaucoup de mal à digérer :

Urla l'vento, fischia la bufera
Scarpe rotte e pur bisogna n'dar
À conquistar la rossa primavera
Dove sorge l'sol dell' avvenir.

Évidemment la version dansante *Casatchok* n'avait que bien peu de choses à voir avec « le printemps rouge d'où surgira le soleil de l'avenir » !

Après cette halte dans le Sud, c'était le retour à la case départ, au Point du Jour. Nous étions un peu tristes de nous retrouver dans cette maison pourtant bien agréable. Pour tous, le moral n'était pas toujours là. Pour ma part, je mis à profit quelques jours de relâche accordés par le Chef. Il fallait que je me retrouve au calme car je me sentais sérieusement éprouvé par tous ces drames : ces morts de la place Bellecour, ces copains de jeunesse ne répondant plus à l'appel du soir au maquis de Vanosc, disparus dans des « coups de main » contre les patrouilles allemandes. Un ami d'école, entré dans les ordres, me conseilla une retraite dans un monastère de capucins à Saint-Étienne où j'eus le privilège de pratiquer le silence entre des séquences de *plain-chant*, cette belle musique mystique. Comme les moines étaient au courant de ma vie « à côté », ils me demandèrent de les faire chanter. J'éprouvai alors une jouissance incroyable à leur apprendre en VO la chanson du maquis communiste italien, ce qui les amusait beaucoup.

De retour, je retrouvai mes petits camarades pour partir vers l'Alsace où nous fûmes accueillis par les cloches annonçant l'armistice.

15

Première tournée en Allemagne

Jean-Louis l'Alsacien, qui n'était pas revenu dans son pays depuis son départ en catimini pour Lyon, était particulièrement ému par l'idée de donner un concert à Colmar. J'ai son image en mémoire, au bord des larmes, complètement bouleversé, montant dans une charrette paysanne. Malgré son émotion, il était tout de même en bonne compagnie, encadré par deux jolies Alsaciennes avec la coiffe régionale.

Au théâtre municipal, Liébard, venu à l'avant-scène pour présenter notre spectacle, aveuglé par les spots, fit un pas de trop et tomba dans le trou du souffleur, à la grande joie de l'auditoire militaire et des parents de Jean-Louis installés fièrement à la place d'honneur. Sans oublier nos ricanements, évidemment !

Le général de Lattre de Tassigny, qui avait eu vent de notre incorporation dans le service du Théâtre aux Armées, nous avait fait savoir par un émissaire qu'il désirait notre présence en Allemagne où il se trouvait actuellement. C'est ainsi que nous sommes partis de Colmar dans notre vieux car déglingué pour le lac de Constance, avec un arrêt dans une cave bombardée qui contenait, ô surprise, une quantité invraisemblable de bouteilles d'un mauvais champagne, volées par les troupes allemandes. Nous les avions évidemment récupérées pour notre usage personnel et, pendant longtemps, l'eau ne fit plus guère partie de notre ordinaire !

Il y eut, pendant l'interminable voyage à travers la Forêt-Noire, l'épisode amusant d'Albert qui n'arrêtait pas d'écrire des poèmes sur un petit carnet. Curieux, nous lui avons demandé la source de son inspiration. Comme il ne voulait pas nous en faire profiter, Jean-Louis et Marc, éternels chahuteurs facétieux, l'ont ceinturé et nous avons découvert le pot aux roses :

3 paires de chaussettes... 17 francs.
2 caleçons... 12 francs.

Ce n'était que son petit carnet de comptes dans lequel il notait méticuleusement ses menues dépenses. Nous qui nous attendions à découvrir une œuvre poétique ! Ces gamineries nous permettaient de trouver le temps moins long. Notre vieux gazogène traversait sur des routes défoncées des paysages et des forêts superbes. Puis le décor alternait avec le spectacle des villages en ruine, complètement calcinés, et des grandes villes comme Fribourg-en-Brisgau où il ne restait plus deux pierres l'une sur l'autre. Le contraste fut saisissant à l'arrivée à Lindau : il offrait un panorama magnifique sur le lac de Constance où nous eûmes la chance incroyable d'être accueillis par le général de Lattre de Tassigny en personne. Tout juste débarqués de notre vieil autobus, le général nous reçut entouré de sa garde personnelle de *tabors* marocains – impressionnants par leur taille et leur magnifique uniforme –, nous qui n'étions que sergents-chefs. Il était facile de comprendre pourquoi ses hommes lui donnaient le titre de « Roi Jean », avec sa silhouette et son port de grand seigneur. On nous logea avec l'état-major et les invités de choix au château de la famille royale Hohenzollern. Quel choc de se trouver transporté du jour au lendemain de la petite « carrée » d'une caserne anonyme à une cérémonieuse chambre, certes un peu vieillotte, mais qui était dans une demeure dont les murs furent les témoins de la vie intime de personnages historiques. Il y avait de quoi être étonné et se sentir tout petit. En plein roman, j'avais tout à coup accès à un monde que j'aurais été absolument incapable même d'imaginer.

J'ai le souvenir surréaliste d'un déjeuner somptueux à table avec l'ambassadeur des États-Unis William Bullitt, alors que nos deux « Compagnonnes », Marianne et Mimi, encadraient notre hôte le général qui était d'une galanterie tout à fait « vieille France » à leur égard. William Bullitt, brillant orateur, racontait à la cantonade dans un français parfait, une anecdote de son passage quand il était en poste à Moscou. Un soir de concert, comme il s'étonnait de la profondeur exceptionnelle des voix des Cosaques, il lui avait été affirmé que le chef de chœur permettait, dans certaines circonstances, un supplément de vodka aux basses, ce qui donnait une tierce plus grave à ces étonnants chanteurs. Un des mystères de la scène s'éclaircissait ! Le soir, il y eut un grand gala à Constance, la première manifestation internationale offerte par la France, qui ouvrait par le ballet du Covent Garden, se poursuivait avec une chanteuse d'opéra et se terminait par notre participation, devant un public de diplomates, d'ambassadeurs et de hauts gradés. Malgré nos craintes, nous tirâmes notre épingle du jeu et le général qui donnait le signal des applaudissements vint nous féliciter et nous dire tout le plaisir qu'il avait de nous recevoir.

Après une réception au Kursaal, on nous avait demandé le *Chant des prisonniers*, qui fut écouté dans un silence religieux. Le lendemain, notre hôte nous fit vivre un des événements les plus émouvants de ma vie.

— Je vous emmène rencontrer les déportés des camps de la mort, en transit ici, en attendant leur rapatriement.

Une courte traversée en bateau depuis Lindau en sa compagnie et nous débarquâmes sur l'île de Reichenau dans un monde irréel, inimaginable pour tout être normal.

— C'est le lieu de transit des rescapés des camps de Buchenwald et de Dachau avant leur retour dans leur pays d'origine.

Les services médicaux, la Croix-Rouge, les ambulanciers faisaient tout leur possible pour ramener ces morts vivants dans notre univers, les installant dans des draps immaculés, essayant de les nourrir doucement avec des choses légères, des purées, pour que le « choc » ne soit pas trop brutal. Nous débarquions sur une planète à laquelle nous ne comprenions rien. Ils allaient regagner Paris par un convoi spécial dès que les services sanitaires donneraient le feu vert. Notre seule manifestation fut une *Marseillaise*, la gorge serrée avec quelques voix en écho, pour cette assemblée de fin du monde. L'un de ces déportés, encore vêtu de son terrible costume rayé, est venu nous déclarer en pleurant qu'il avait été cueilli en sortant d'un de nos spectacles à l'ABC et que nous étions les premiers Français qu'il retrouvait avec la liberté. Quelques mois plus tard, je devais retrouver ces silhouettes grises déambulant dans le hall de l'hôtel Lutetia où j'avais accompagné Popaul à la recherche de parents disparus. Ils avaient toujours ces regards vides, comme absents. Nous avons fait escale à Donaueschingen, aux sources du Danube, puis à Baden-Baden où Jean-Louis et moi fûmes logés dans une superbe maison bourgeoise dont les propriétaires nous affirmaient « n'être au courant de rien », avec un accent de sincérité auquel il était bien difficile de faire confiance après tout ce que nous avions vu.

Notre devoir accompli nous revînmes pour une dernière fois au Point du Jour, dans ce havre de paix qui possédait un si beau petit parc, et nous invitâmes nos amis pour une petite fête d'adieu, à laquelle nous avions ajouté, pour le plaisir, le reste de notre pauvre champagne récupéré en Allemagne. Nous revenions à Paris, ou plutôt à Ville-d'Avray, dans une belle maison louée par Liébard, alors que Jacques Bodoin nous annonçait sa décision de continuer seul la route qui devait le conduire au succès. Jacques, un ami fidèle que nous aurons souvent l'occasion de revoir au cours de nos pérégrinations, et qui fera même la première partie d'un de nos programmes parisiens.

La vie reprit son cours : chant, mimes, danse, instruments, le tout sous la gouverne de Maurice Meyer et Jean Verline. De nouveaux visages venaient de faire leur apparition dans l'équipe chorale, en somme l'équipe B, comme Roger Mansuy, un magnifique gaillard à la solide voix de basse. La maison comptait une belle série de chambres, ce qui nous permettait même d'accueillir la fiancée d'Hubert, Mireille, notre Mimi. Elle régnait à la cuisine, assistée par la brave Mme Aubry. Gérard, qui nous avait suivis depuis le Point du Jour et brûlait d'entrer dans l'équipe de scène, l'aidait à mettre de l'ordre dans la maison. Ah Mimi, la petite fée du logis ! Toujours de bonne humeur, un joli sourire dans ce monde de garçons, avec en plus une belle voix de soprano.

La maison avait appartenu au peintre Jean-Baptiste Camille Corot, considéré comme un des grands maîtres du XIXe siècle. On m'avait attribué une chambre minuscule au sous-sol avec une ouverture sur le petit parc. Au fond il y avait l'étang de Ville-d'Avray, très esthétique en peinture. Ce bel étang m'apportait toute l'humidité et le brouillard du monde que j'essayais de chasser en brûlant dans la cheminée de grosses branches ramassées dans le parc. Mais, au lieu de me réchauffer, elles faisaient une fumée et une vapeur telles que ma chambre était transformée en véritable hammam.

16

La rupture

Depuis quelque temps déjà, un petit air de fronde commençait à planer sur l'équipe. Il y avait une réelle envie d'évasion et de découverte d'autres horizons que nous avions entrevus pendant notre première aventure parisienne. Nous commencions à en parler en catimini. L'autorité contraignante du Chef devenait, à notre âge, de plus en plus difficile à supporter, même si nous reconnaissions la qualité du travail qu'il avait dirigé efficacement d'une main de fer. Il nous avait forgés à l'image musicale qu'il souhaitait, qui avait d'ailleurs fait ses preuves remarquées par les critiques unanimes et, surtout, du public qui semblait nous avoir adoptés.

Notre deuxième passage à l'ABC était présenté par un famélique Francis Blanche, « à l'aspect d'un enfant qui n'a pas fini de grandir », notait Pierre Barlatier, le critique de *Ce Soir*, qui ajoutait sur nous : « On se demande pourquoi les Compagnons de la Musique sont condamnés à une si brève apparition, alors que nous leur devons sans conteste un des meilleurs moments de la soirée, d'une irrésistible drôlerie, avec une précision de pendule. »

Max Favalelli ajoutait : « Un numéro tout à fait excellent qui devrait occuper toute la soirée. »

Le journal *Gavroche* concluait : « Une poignée de garçons qui ne ressemblent pas à des vedettes. »

Même notre sévère « bide » de la Nuit du cinéma qui avait semblé condamner nos débuts à Paris avait trouvé un défenseur qui ne s'était manifestement pas endormi à notre entrée en scène : « À propos du Gaumont, ils passent au petit matin et ce qui pourrait être l'enterrement définitif est, au contraire, la porte ouverte vers la consécration. Miracle de la jeunesse. »

Forts de tous ces encouragements, nous nous étions donc décidés à chercher autre chose, à aller de l'avant ; ce qu'avait senti Liébard et l'avait visiblement inquiété. C'est ce moment-là qu'il choisit pour noyer notre euphorie, subodorant nos désirs d'évasion.

— Notre présence parisienne vient de prendre fin. Il est grand temps de retrouver le Point du Jour où plusieurs spectacles nous attendent.

C'était à nouveau la douche froide. Nous sommes restés abasourdis par cette mise en demeure. Comment imaginer ce qui avait tout d'un retour en arrière, alors que, malgré le couac du Gaumont, le démarrage se révélait au-dessus de toutes les espérances. Même notre absence pour l'épisode du Théâtre aux Armées n'était pas arrivée à nous faire oublier du public et le Chef venait nous ordonner de tout quitter pour une vie qui ne nous souriait plus.

Jean-Louis, notre porte-parole, répliqua à Liébard qu'il n'était pas possible de quitter Paris où de nombreux contrats n'attendaient que notre aval.

— D'ailleurs, deux accords sont signés, les Folies Belleville et le Forum de Liège.

Mais Liébard resta ferme :

— Il n'en est pas question. Je suis le directeur, ne l'oubliez pas. C'est moi et moi seul qui suis le propriétaire du nom des Compagnons de la Musique dont l'on ne peut pas disposer sans mon accord. Je ne permets donc pas qu'on discute mes ordres. J'attends votre retour à Lyon sans discussion.

— Mais nous avons des projets, des promesses de contrat...

Guy prit le relais :

— Nous aimerions voir d'autres choses. Le music-hall a été une réussite pour nous en nous acceptant et nous n'avons pas l'intention d'abandonner ce qui commence à porter des fruits.

Liébard se mit en colère et nous refusa l'éventualité d'aller vers ce qu'il considérait comme une formule péjorative de spectacle

— Comment, péjorative ? Il y a de grands artistes qui honorent ce public que nous ne connaissions pas avant de venir à Paris. En tout cas, j'ai signé des spectacles au nom des Compagnons et nous nous devons de les assumer, dit Jean-Louis.

— Eh bien, faites ces spectacles et rejoignez ensuite le Point du Jour, je vous parlerai de mes projets quand vous serez de retour.

La discussion prit un ton violent et autoritaire, insupportable :

— C'est à prendre ou à laisser. Lolo, quelle est ta décision ?

— Je ne peux pas vous répondre comme cela. Il nous faut en parler en équipe.

Liébard resta ferme sur ses positions, convaincu que nous allions faire marche arrière :

— J'attends votre réponse, demain au Casino de Belleville

C'était dit

Il fallait que nous en discutions entre nous tous. Mais où ? Ce n'était pas dans les coulisses que l'on pouvait prendre une décision de cette importance. Jo nous proposa le calme de l'appartement de ses parents. Nous nous retrouvâmes le lendemain au 195 rue de l'Université. Jean-Louis présida le « conseil d'équipe » pendant lequel nous avions l'habitude de mettre sur la table toutes les questions en suspens. Y participèrent Jean-Louis, Guy, Hubert, Albert, Jo, Marc, moi et même Gérard qui ne faisait partie que de l'équipe chorale mais qui vint cependant se joindre à nous.

Jean-Louis ouvrit le débat :

— Qui est décidé à tenter l'aventure, en refusant de rentrer ?

Toutes les mains se levèrent.

— Mais nous ne pouvons pas garder le nom de « Compagnons de la Musique » comme nous l'a fait remarquer Liébard, puisqu'il en est le propriétaire. Il serait bon du coup de le changer.

Après une longue discussion, nous tombâmes d'accord, pour garder le nom de « compagnons ».

— C'est un nom tout à fait évident, d'abord parce qu'il est dans l'oreille des gens.

Et le mot « chanson » s'imposa, plus près peut-être de ce que nous représentions en réalité.

— En tout cas, c'est un joli nom, il faudra s'y habituer et surtout le faire adopter par le public.

— Bienvenue au nom des Compagnons de la Chanson qui vient de naître !

Il nous fallait cependant décider des responsabilités de chacun, puisque nous n'avions plus de chef mais seulement des Indiens, comme nous dira quelques années plus tard avec humour un douanier canadien à notre arrivée à Montréal. Jean-Louis fut nommé aux relations avec la presse et avec les directeurs de théâtres. Il avait tout à fait le charme et le profil pour les « contacts », surtout si c'étaient des directrices ! Guy dirigeait les mises en scène, bien que les idées soient communautaires. Marc, c'était l'évidence même, fut désigné aux arrangements des nouvelles chansons et à la direction musicale. Il était formidablement doué dans ce domaine, car de nombreux auteurs et compositeurs commençaient déjà à frapper à notre porte. Albert s'occupait du matériel, Hubert du secrétariat, Jo serait le parolier de nouvelles chansons, et pour ma part, je fus élu ministre des finances, qui étaient tellement inexistantes à ce moment-là que je dus faire appel à la générosité de mon père Baptiste afin qu'il m'avançât un prêt de 10 000 francs... de l'époque. Baptiste, premier actionnaire des Compagnons de la Chanson !

Avec Gérard nous allâmes récupérer, en cachette comme des conspirateurs, le matériel nous appartenant à Ville-d'Avray Le lendemain, au Casino de Belleville, Liébard nous posa la question fatidique :

— Lolo, que décides-tu ?

— Je pars.

— Tu as bien réfléchi ?

— Oui.

— Guy ?

— Je pars aussi.

C'était la stupéfaction.

Marc, Hubert, Albert, Jo et moi, nous partions aussi, ainsi que Mimi, solidaire d'Hubert et même Gérard, le petit nouveau du Point du Jour, qui rêvait de faire partie de l'équipe de scène.

Restaient avec Liébard seulement ses assistants, Jean Verline et Maurice Meyer, ainsi que Roger Mansuy qui se proposa comme « conciliateur », quelques stagiaires de l'équipe chorale et Paul Catrain, qui s'en mordit les doigts toute sa vie et regretta cette décision comme il me l'avoua après plusieurs décennies.

C'est la petite mise de fonds de mon père (quelques misérables euros d'aujourd'hui !) qui nous permit de nous acquitter des billets pour notre premier concert à Liège, la semaine qui suivait cette entrevue.

En ce qui concernait les règles intérieures, les responsabilités de chacun étant définies, nous gardions le principe de notre « conseil d'équipe » pendant lequel furent prises les décisions importantes, à la majorité, sans contrat, sans signature, en toute confiance.

Il faut croire que la méthode avait du bon puisque, malgré les coups de tempête, les démissions vite reprises, les départs et même les disparitions, quarante-deux ans donnèrent raison à ce premier « conseil des ministres ».

Paul Catrain nous ayant abandonnés, il nous fallait trouver un neuvième pour avoir une majorité en cas de vote.

Un charmant garçon à la coiffure bouclée, Jean Driant, atterrit dans l'équipe je ne sais pas trop comment, mais il abandonna très vite la partie à cause du rythme effréné de notre nouvelle vie boulimique. Nous eûmes plus tard l'heureuse surprise de le retrouver à Londres, car il faisait là-bas des émissions en langue française à la BBC.

Parmi les passages rapides dans le groupe, il y eut celui de René Lamoureux, un homme à la belle tignasse blonde. Il ne fit qu'un court séjour chez nous, reprenant sa liberté pour retrouver son métier de graphiste qu'il reprit après nous avoir présenté, pour le remplacer, un copain de la place d'Italie, un certain Paul Buissonneau, qui devint en fait le seul Parisien de la bande, un véritable titi qui allait passer quelques années dans l'équipe. Il nous quitta plus tard pour le Québec où il fit une magnifique carrière d'homme de théâtre, de radio et de télévision. Il est resté un de mes meilleurs amis.

Pour les répétitions, Paul nous proposa une salle de son patronage de la place d'Italie. Par une étrange coïncidence, c'est dans cette même salle, avec ces mêmes pupitres d'écolier que trois décennies plus tard, ma fille Laurence ira prendre des cours de dessin pour son baccalauréat !

17

Les trois cloches

Édith ne manquait pas une occasion de nous rappeler son invitation amicale de nous joindre à elle pour assurer la première partie de ses tournées. Après la Comédie-Française, nous l'avions croisée à Versailles à l'occasion des spectacles pour les Américains.

— On se retrouvera. Je vous le promets !

Jean-Louis avait toujours gardé contact avec elle. De passage un jour à Lyon, il était allé la saluer à Villeurbanne où elle chantait.

— Jean-Louis, j'attends un signe de vous !

Mais l'imprudence nous avait fait accepter une revue à l'ABC. Celle-ci était vite apparue ennuyeuse et inintéressante, avec, par exemple, une scène insensée dans laquelle on parodiait les nains de Blanche-Neige. Guy avec son mètre quatre-vingt-dix n'était pas tout à fait le genre d'homme pour incarner un de ces petits personnages... Mais il faut avouer que « les petits du premier rang » dont j'étais, avaient peut-être le physique de l'emploi !

J'avais cependant le plaisir de chanter seul *Je tire ma révérence* de Sablon, avec l'accompagnement de mes camarades. Mais ce n'était qu'une très modeste satisfaction...

Édith nous offrait de temps en temps l'agréable surprise d'une visite impromptue. Elle arrivait sans préavis dans les coulisses à l'ABC, toujours souriante, alors que nous étions si tristes dans cette *Folle Revue* écrite pourtant par deux chansonniers de talent, Robert Rocca et Pierre Destailles.

— On partira ensemble en tournée, lançait-elle à la cantonade.

Mais on n'y croyait guère. Pendant ce temps, on s'ennuyait ferme. Rien ne pointait à l'horizon et la revue nous semblait de plus en plus somnifère. Un jour, Marc fit exploser en coulisse par erreur un pétard préparé pour son numéro burlesque au piano, pendant que, sur scène, Mady Berry et Lucien Baroux étaient aux prises avec un passage dramatique de *Crainquebille* d'Anatole France. Furieux, ce pauvre Lucien Baroux nous reprocha notre gaminerie, pensant que c'était pour provoquer le départ que nous souhaitions tant. Nous devions retrouver plus tard ce brave comédien lors du tournage du film *Neuf garçons... un cœur* avec Édith. On rit en pensant à ces petites misères que nous faisions subir sans méchanceté au reste de la troupe, dont personne ne nous avait gardé rigueur, alors que nous nous comportions vraiment comme des jeunes chiens lâchés dans un jeu de quilles.

Il est vrai que Mitty Goldin sentait depuis longtemps que nous étions mal à l'aise, mais il refusait de nous donner le feu vert pour le départ.

— Édith, nous sommes tenus par ce contrat.

— Votre contrat, je m'en charge.

Montrant son caractère décidé, elle n'y est pas allée par quatre chemins.

— Loulou, prenez tout de suite contact avec Vogel et Muller et demandez-leur de rajouter les Compagnons en première partie de la tournée *La Fontaine*.

Louis Barrier, Loulou, s'occupait depuis peu de l'agencement de ses spectacles. Ce qui fut dit fut fait, illico ! Grâce aux requêtes insistantes de Loulou, Mitty Goldin nous accorda la rupture de notre contrat, avec la promesse de revenir à l'ABC avec Édith. Ce que nous fîmes par deux fois, fidèles à la parole donnée.

— Les enfants, ça y est, on part en tournée avec Édith pour les troupes d'occupation en Allemagne, nous déclara tout heureux Jean-Louis qui déclencha une belle pagaille à la fin de notre « conseil d'équipe ».

Chacun y avait été de son petit commentaire :

— On n'y croyait plus, on pensait que c'était du vent, lança Guy le sceptique.

— Eh bien, moi, j'y croyais. C'est fantastique, Édith n'a pas bluffé. Elle tient parole, dit notre grand Jo.

— Elle est vraiment formidable, ajouta Hubert. On a eu raison de croire à sa promesse.

J'ajoutai mon petit grain de sel, un peu prémonitoire, bien que je fusse loin d'être un « inconditionnel » des chansons d'Édith :

— On pourra peut-être participer à une de ses chansons, sait-on jamais.

Ce jour-là les « affaires courantes » furent vite expédiées, remplacées par un énorme chahut qui dut faire trembler les murs de toute la rue de l'Université et étonner l'occupante du deuxième étage, Mme Françoise Rosay, qui appréciait d'autre part les flots d'harmonie qui lui arrivaient aux beaux jours quand nous laissions les fenêtres ouvertes.

Strasbourg était la première ville de cette tournée et la première salle, la Maison du Peuple, nous promettait une bonne acoustique. Édith arriva du fond de la salle, impressionnante, avec toute sa suite : Loulou l'impresario, Faou la femme de compagnie, les musiciens, le pianiste Robert Chauvigny et l'accordéoniste Marc Bonel. La tournée était produite par deux Alsaciens charmants et charmeurs qui se nommaient Vogel et Muller, deux joyeux drilles qui auraient tué père et mère pour un bon mot ! Ils fondèrent par la suite une troupe de théâtre, le Barabli, qui donna pendant plusieurs décennies des spectacles en dialecte alsacien. Ils enthousiasmèrent les publics lorrain, belge, suisse, allemand, sans compter les Alsaciens pour lesquels ils étaient les miroirs de la vie.

Notre spectacle était présenté par Roger Lanzac, bonhomme dégingandé qui fit plus tard une belle carrière en personnifiant le Monsieur Loyal du cirque à la télévision. Il y avait aussi dans le programme Odette Laure qui racontait de sa petite voix flûtée, inimitable, *Le Lapin et le Chameau* de Prévert. Elle allait s'affirmer comme une grande comédienne et faire pleurer la France avec la chanson de Francis Blanche :

Ça tourn' pas rond
Dans ma p'tit' tête
Parfois j'ai des drôl' d'idées...

Elle était toujours amusante, avec ce sourire au bord des lèvres. Édith l'avait appelée Zoupinette et ça lui allait bien.

Le soir de ce premier spectacle, je suis allé écouter Édith au fond de la salle. Mon sentiment sur ses chansons était curieusement en train de changer à l'écoute de ses deux admirateurs et même adorateurs, Jean-Louis et Marc, qui ne juraient que par elle, lui attribuant tous les qualificatifs. Moi qui, sectaire, n'étais fasciné jusque-là que par l'opéra et les mélodies classiques ou anciennes comme celles de notre répertoire, je rejetais généralement ces chansons qui parlaient de marins et de péripatéticiennes en perdition. Mais à cet instant, je réalisai tout à coup qu'Édith avait de grands auteurs qui écrivaient des textes magnifiques, inconnus pour moi jusqu'à ce jour. Michel Emer, Henri Contet, Raymond Asso et la plus talentueuse des compositrices Marguerite Monnot avec ses extraordinaires mélodies, elle qui était promise à une grande carrière classique... Sans oublier qu'Édith avait même prouvé ses talents de comédienne, en jouant avec Paul Meurisse un acte de Jean Cocteau, *Le Bel Indifférent*. Je compris que je manquais de simplicité, et que je m'étais encombré d'œillères pendant des années.

Ce soir-là, dans l'ombre de la salle, je reçus une immense leçon de modestie, de talent, un grand coup dans l'estomac. Le coup de foudre ! L'amour !

Depuis ce jour, je ne manquai plus un seul des spectacles de celle qui n'était plus « la Môme », mais « la Grande Dame ».

Elle pousse jusqu'au fond des cours
La rengaine au cœur lourd
Et l'accordéon valse et la gamme égrène des « je t'aime »
Une môme de Paname, c'est vrai comme l'amour
C'est notre amie pour toujours
La Grande Dame...

C'est ce qu'écrivit plus tard mon fils Michel, un inconditionnel d'Édith.

Je pris conscience devant ce public strasbourgeois, qui l'écoutait religieusement, de ce qu'elle pouvait apporter par une chanson, un geste, une phrase à laquelle elle donnait une couleur magique par une diction et une voix uniques. Je ne retrouvai, par exemple, chez presque personne cette image qu'elle suggérait avec le mot « merveilleux » : tout s'éclairait vraiment, comme si le soleil arrivait sur la scène. Plus tard, seul Charles Aznavour me fera un effet identique, car il est, lui aussi, un de ces rares magiciens de la musique des mots et des sentiments.

Un beau jour sur un rafiot craquant
de la coque au pont
Pour partir, je voyagerai dans
la soute à charbon...

La musique des mots... Mais j'anticipe ! La tournée *La Fontaine* fut une suite de rires et de chahuts. Les deux musiciens qui accompagnaient Édith étaient tout à fait dans la note, si je puis dire sans jeu de mots. Ils entrèrent sans effort dans notre petite famille : car c'était ce que nous devenions, avec Édith dans le rôle de la grande sœur !

Robert Chauvigny, le pianiste, un virtuose soit dit en passant, avait fait des concerts et des récitals aux États-Unis alors qu'il était un enfant prodige. Il était toujours de bonne humeur, élégantissime et capable de jouer avec une incroyable douceur ou de dégager une énergie digne d'un lyrisme wagnérien, suivant ainsi avec attention l'évolution des sentiments d'Édith. Dans la vie d'une générosité et d'une gentillesse incroyables, il faisait travailler accord après accord, note après note, pendant des heures, l'accordéoniste Marc Bonel. Marc était un instrumentiste d'instinct. N'ayant jamais fait d'études musicales, incapable de déchiffrer une partition, il ne jouait qu'« à la feuille » comme on le disait chez les musiciens. Les leçons amicales de Robert se révélèrent bénéfiques et aucun autre accompagnateur que Marc Bonel n'aurait pu apporter ce « petit plus » et cette couleur qu'il ajoutait à l'accompagnement de Robert, un véritable orchestre à lui tout seul, avec son *Cavagnolo*, un accordéon aux touches en or massif, un « biniou » qui pesait 25 kg, qu'il ne confiait jamais à personne, le transportant à pied jusqu'à Levallois-Perret où il habitait quand Édith se produisait à Paris. Pour lui, le jour « se levait et se couchait sur elle ». C'était le dévouement complet, économisant sou par sou pour s'offrir une maison à son image, où tous les bois étaient massifs, les poignées de portes en bronze, dans laquelle il avait aménagé un pigeonnier, prêt à accueillir Édith « au cas où ». Avec sa femme Danièle, la confidente d'Édith, ils étaient deux merveilles de dévouement. Ils l'ont accompagnée fidèlement jusqu'au bout de la route.

Pendant les longs voyages, nous reprenions en chœur avec Édith un refrain que nous avions concocté avec nos organisateurs et qui était devenu notre hymne :

Y en a marr' de cett' tournée
On peut jamais s' reposer
On n'arrêt' pas d'mal bouffer
Et la cause de nos peines
C'est la tournée La Fontaine

Nous étions véhiculés dans un autobus bringuebalant, conduit par un Stéphanois à l'accent de Fernand Raynaud, qui adorait Édith et qui, un jour, vint la chercher dans le mess des officiers où nous étions invités. Lui serrant la main, il rajouta pour nous à la cantonade :

— Les gars, je ne vous la serre pas. Je sors de mon moteur : j'ai du cambouis sur les mains.

Ce qui avait provoqué une crise d'hilarité de toute l'assistance militaire et un « quel con » d'Édith, auquel elle rajouta en prime son rire « hénaurme », en embrassant tout de même le gaffeur... Elle aimait nous surprendre, nous étonner. Dans notre répertoire folklorique, pas toujours rose il faut l'avouer, Édith avait un petit faible pour l'aventure de ce garçon qui, parti à la guerre, s'ennuyait de sa maîtresse, la plus belle de tous les environs.

Ci le soldat s'en va trouver son capitaine
Bonjour mon capitaine, donnez-moi mon congé
Pour aller voir Céline qui ne fait que pleurer.

Le capitaine, très compréhensif, lui accorde son congé et le brave soldat apprend, en arrivant, de la bouche du père, que Céline est morte de tristesse en l'attendant. Notre garçon s'en va pleurer sur sa tombe :

Céline, ma Céline ô parle, parle-moi
Mon cœur se désespère de ne jamais plus te voir

Et là... surprise : au lieu de la voix de Mimi qui incarnait joliment Céline, c'est celle d'Édith qui prit sa place, depuis les coulisses, sans nous avoir prévenus :

Ma bouche est pleine de terre
Ma bouche est pleine de terre
La tienne est pleine d'amour
Retourne dans ton service, tu y finiras tes jours
Je garde l'espérance de te revoir un jour.

Quelle émotion, cette voix unique qui venait du ciel... Édith nous avait fait ce somptueux cadeau, qui se renouvela pendant tous nos spectacles communs. Chaque jour apportait dans cette tournée son lot de surprises étonnantes, comme ce spectacle à Sarrebruck, lorsque l'aide de camp du général commandant la place militaire était venu demander à Édith, en plein milieu de son tour de chant, de recommencer au début car le général en retard venait d'apparaître, figeant la salle au garde-à-vous, toutes lumières rallumées. Édith avait alors piqué une colère terrible et avait refusé d'interrompre son tour de chant :

— Monsieur, vous direz à votre général malappris qu'il devait arriver à l'heure.

Cette réplique avait provoqué le départ du coupable, vexé, et notre admiration pour l'intransigeance d'Édith. Il faut dire que nous avions retardé le spectacle et que le général faisait preuve de sans-gêne et d'un manque total de galanterie.

— Je ne me permets pas d'impolitesse avec le public, que je respecte, monsieur.

Nous étions sidérés par ce petit bout de femme qui donnait une leçon de rigueur et d'honnêteté à ce personnage important. Je venais à peine de réaliser la force qui l'animait, le respect sans concession du public, suivant la voie qu'elle s'était tracée déjà, on le devinait, lorsqu'elle chantait dans la rue. Comment ne pas être en admiration devant un tel caractère, une telle détermination, comment ne pas être amoureux de cette personnalité ? Quelle chance d'avoir rencontré cette *grande*, dont je venais de découvrir une autre facette du caractère.

Ce général, nous le retrouvâmes plus tard à un gala après qu'il se fut excusé et « raccommodé » avec Édith.

Un petit crochet par la Suisse nous conduisit à Lausanne où, le soir, nous étions quelques-uns à accompagner Édith au Coup de Soleil, un cabaret où se produisait Jean Villard qui avait pris le nom de Gilles. C'était un personnage important dans la chanson française lorsque, faisant équipe avec Julien, ils étaient devenus les précurseurs de nombreux duos célèbres : Charles et Johnny, Pills et Tabet, Patrice et Mario, Roche et Aznavour. Son partenaire de l'époque, Julien, devait être nommé directeur de l'opéra de Paris à la fin de leur collaboration. Gilles, accompagné au piano par une belle rousse nommée elle aussi Édith, nous régala avec son répertoire qui allait de l'*Auberge de la fille sans cœur* aux *Trois Cloches*, dont il était également l'auteur-compositeur. Ce fut une soirée inoubliable.

Le lendemain, Édith, la nôtre, attaqua en douceur, avec une petite idée en tête :

— Vous savez tout le plaisir que j'ai à écouter vos chansons très agréables, pleines de fraîcheur, mais il est certain que personne n'aura l'idée de les chanter dans la rue ou à la fin d'un repas de famille.

— Mais, Édith, ce n'est pas ce que nous recherchons. Nous aimons ce style de chansons. D'ailleurs, le public a l'air d'être de notre avis et de nous suivre.

— C'est vrai que le public apprécie. Vous avez remarqué que j'aime aussi, mais un jour ou l'autre vous serez appelés à faire des disques, et ce n'est pas avec *La Chanson de la chèvre* ou *Perrine était servante* que vous allez en vendre. Il vous faut des chansons d'aujourd'hui, composées pour vous. Il y a tant de bons compositeurs qui seraient heureux de vous écrire de beaux refrains, tenez par exemple cette chanson que Gilles nous a chantée hier soir, *Les Trois Cloches*. On dirait qu'elle a été écrite à votre intention.

Jean-Louis se fit avec humour notre interprète, encouragé par la moue des Compagnons :

— Édith, si le public nous identifie à ces cloches, ce n'est pas trois, mais huit que les spectateurs verront sur scène.

Tout le monde éclata de rire avec Édith, mais c'était mal connaître sa détermination. Quelques jours après, elle revint à la charge :

— Pensez aux *Trois Cloches.* Marc, faites-nous un bel arrangement.

Il n'y avait pas un enthousiasme délirant dans l'équipe, mais nous pouvions toujours essayer.

— Après tout, elle a peut-être raison.

— Pourquoi ne pas faire un essai. On a travaillé bien d'autres choses qui n'ont pas abouti.

— Édith a prouvé qu'elle avait un flair incroyable, avec ses « faiseurs de chansons ».

— Alors, pourquoi pas...

Son obstination commençait à faire effet sur notre indécision.

— Au fond, vous savez que j'ai raison.

De son côté, Marc avait réfléchi à l'harmonie qu'il pouvait tirer de cette musique et de ces paroles. En répétition, il nous avait fait travailler des effets qui, jour après jour, semblaient rappeler des sonorités de cloches. On avait de plus en plus l'impression d'en entendre une volée tombant d'un clocher. Quel magicien ! Marc à la recherche de la couleur qu'il voulait trouver fit « arrondir » les voix. On sentait qu'à chaque répétition nous approchions doucement de cette sonorité qu'il imaginait et qui commençait à s'entendre. On répéta alors sans arrêt avec de plus en plus d'enthousiasme. Édith venait écouter, séduite par la trouvaille de ces cloches. Le résultat était proche de ce qu'on cherchait, mais il manquait un je-ne-sais-quoi.

Un jour, elle nous déclara tout de go :

— J'ai une envie folle de chanter avec vous !

Nous restâmes tous médusés. Non seulement elle nous imposait dans sa tournée, mais elle nous proposait généreusement de participer à une chanson, une chanson hors de son répertoire en plus ! Ce n'était plus de l'obstination, c'était une preuve d'amour.

— Au travail ! Je pense ne devoir intervenir que dans les refrains. Vous, Fred, qui chantez un peu mieux que les autres, prenez les couplets.

Je restais abasourdi : un solo et quel solo ! C'était tout simplement la moitié de la chanson, l'exposition des thèmes de la vie, avec, en réponse, la voix la plus émouvante et un chœur... un cœur qui me conquit le jour où je l'entendis. Chaque jour de cette tournée nous retrouvait tout heureux d'entendre encore cette chanson naissante qui nous enthousiasmait de plus en plus. Comme en répétition, nous la chantions à la fin de notre première partie, avec une Édith venue se joindre à nous tout simplement, sans protocole, devant le public qui était prévenu par une annonce de Jean-Louis. Ce test était bénéfique. Il nous permettait de trouver le rythme désiré et les petites modifications d'harmonie nécessaires. Ce contact avec la salle était notre nouvelle méthode car sa réaction valait souvent toutes les heures de travail.

Au retour à Paris, la secrétaire d'Édith, Mme Bigard, vint lui confirmer qu'elle pouvait entrer dans son nouvel appartement, rue de Berri, où Montand n'était plus souhaité pour le moment, Jean-Louis étant devenu pendant la tournée le nouvel élu du cœur d'Édith.

— Eh bien, les garçons, je vous attends dès demain pour finir de mettre au point nos *Trois Cloches* !

Le lendemain, nous fûmes accueillis rue de Berri par son nouveau cuisinier chinois, Tchang, et la répétition a repris comme en tournée, avec le même sérieux, la même envie. La chanson prenait forme, elle « sonnait » de mieux en mieux.

— J'attends la visite d'un grand ami à qui j'aimerais bien offrir la première audition.

La surprise fut de taille ; c'était difficile de le croire. Le « grand ami » était tout simplement M. Jean Cocteau ! Il était là, devant nous, en personne, mince et élégant, ressemblant à la silhouette publiée dans les journaux à l'occasion de la sortie récente de son film *La Belle et la Bête* avec Jean Marais. Il avait l'air d'un jeune homme avec ses amusants « poignets mousquetaires », ramenés en revers sur le bas de ses manches de veste, comme il aimait les porter. Nous allions chanter pour lui ! Une audition, ce n'était déjà pas facile, mais quand c'était devant un personnage aussi fabuleux, on essayait de garder nos moyens ! Nous y mîmes tout notre cœur. À la fin, il y eut un grand silence. Cocteau, les larmes aux yeux, prit Édith dans ses bras et nous déclara toute son émotion. Dans l'après-midi, sans attendre, il fit déposer par porteur un texte que lui avait inspiré notre interprétation :

Je viens d'assister à la grande procession du Saint Sang de Bruges
Son cortège solennel où le sang du Christ traverse la ville porté par les évêques
Se déroule entre les maisons en dentelles de brique
Et des échafauds chargés de grappes humaines.
Le spectacle prend alors son véritable sens,
Le sens qu'il devrait toujours avoir
Le sens religieux.
Et j'étais triste
Je me disais que cette richesse ne pouvait plus se produire chez nous.
C'est alors qu'il m'arriva au retour,
D'entendre les Compagnons de la Chanson.
Je ne vous parlerai pas des numéros comiques qu'ils exécutent.
Je n'imaginerai pas qu'un seul spectateur y résiste.
Les trouvailles s'y accumulent.
Le désordre de la jeunesse y devient l'ordre sans rien perdre de son feu.
Les Compagnons chantent.
Leur chant résulte d'un acharnement contre la mauvaise chance,
Contre la surdité cruelle du monde, contre le trafic, contre la mode.
C'est-à-dire qu'ils se plantent, qu'ils s'enracinent en face de nous

Et qu'ils semblent attendre que la poésie du sol
Monte à travers eux et la métamorphose.
En quoi ?
En arbre de musique.
Écoutez leurs voix s'allumer l'une à l'autre
Pareilles aux feux de la Saint-Jean
Qui se communiquent de colline en colline.
Écoutez-les se taire et se répondre.
Écoutez-les s'éparpiller et se regrouper comme le mercure
Et répétez qu'il est ridicule de plaindre la France
Alors qu'elle nous donne sans cesse et à l'improviste
Les preuves inoubliables de ses secrets et de son pouvoir.

Comme un signe du destin, à partir de ce jour, tout s'enchaîna très vite. Jamais satisfaits, nous répétions sans arrêt. Édith ne se lassait pas de nous faire recommencer certains « enchaînements » pour accentuer les effets du texte, depuis la naissance jusqu'à la mort dramatique, avec la note d'espoir suggérée par l'envolée de toutes les voix. Il nous arrivait même de continuer, en sourdine, dans le métro où elle s'amusait à nous accompagner, au grand étonnement des passagers qui n'en croyaient pas leurs yeux et leurs oreilles en la reconnaissant. Dans notre hâte de faire entendre notre chanson mascotte, nous avions opté avec Édith pour le Club des Cinq où nous passions très tard le soir devant un public d'amateurs de sport. Les propriétaires du Club étaient cinq managers de boxe, ce qui nous donnait l'occasion de lier connaissance avec les as du *ring*, comme Robert Charron, Laurent Dauthuille, ou Marcel Cerdan qui venaient les soirs de combat fêter leur victoire ou même leur défaite. On voyait du beau linge. C'était devenu le lieu où il était de bon ton de s'afficher, où le snobisme exigeait qu'on soit remarqué. Mais Édith devait payer la fatigue des heures de répétition pour les chansons de son nouveau répertoire et, il faut le reconnaître, de l'énergie dépensée pour vaincre notre réticence. Un jour, ce fut le drame.

— J'en ai marre ! Je ne supporte plus les colères de Marc qui exige que vous appreniez le solfège.

Il est vrai que les connaissances musicales chez certains étaient assez primaires. Marc devait donc faire apprendre d'oreille les partitions aux ténors, aux barytons et aux basses, provoquant de belles engueulades pendant les séances de travail, ce qui avait fait « craquer » Édith. Tout penauds, nous avions pris la porte, en reconnaissant tout de même *in petto* que Marc avait raison mais qu'il y avait beaucoup d'électricité dans l'air. Pourtant, le soir, comme si rien ne s'était passé, nous avions retrouvé au Club une Édith fidèle à elle-même avec ses embrassades et son rire tonitruant. À la fin de notre passage, elle vint nous rejoindre sur la petite scène, et dit à l'adresse du public :

— Nous avons le plaisir de vous offrir ce petit cadeau ; une chanson inédite.

Je dois reconnaître que nous avons eu un trac inimaginable. Au deuxième couplet, je faillis même faire mourir notre héros Jean-François Nicot le jour de son mariage, ce qui aurait gâché la suite des événements ! Mais le sourire encourageant d'Édith et un accord un peu prolongé des Compagnons m'avaient fait retrouver le fil de l'histoire. Le tonnerre des applaudissements du public fut la preuve de la réussite de l'expérience que nous avions failli refuser. La ténacité d'Édith avait été plus forte, elle qui n'avait jamais douté.

Quelques jours après, à la fin de son tour de chant au palais de Chaillot, devant un public digne de celui que nous avions connu à notre arrivée à Paris, elle s'avança :

— Mesdames, messieurs, je suis très fière de vous présenter mes amis les Compagnons de la Chanson.

Apparut Maurice Escande, le doyen de la Comédie-Française, qui donna lecture du texte de Jean Cocteau. Une fois de plus, la gorge serrée, j'attaquai :

Village au fond de la vallée
Comme égaré, presque ignoré
Voici qu'en la nuit étoilée
Un nouveau-né nous est donné...

Ce jour-là, la magie descendit sur cette belle scène. Que de souvenirs sur cette chanson devenue un classique que beaucoup de « grands » adoptèrent, tels que Sinatra ou Ray Charles, sans compter les modestes chorales au fond du Canada et même de Russie.

Pour nous, elle reste gravée dans nos mémoires comme la chanson fétiche que nous avons portée dans tous les azimuts, en français, en italien, en anglais et moins bien en allemand, je le concède. Elle nous permit d'obtenir l'attention d'une belle partie du monde.

Quant à moi, le public ne me pardonnerait pas de quitter la scène sans la chanter, ce dont je ne me lasse pas puisque j'ai la chance d'entendre en imagination toutes ces voix que j'ai tant aimées.

Merci Édith.

18

Et c'est reparti

En septembre, après le Moulin-Rouge, nous sommes repartis, seuls, en enchaînant spectacle sur spectacle.

En Belgique, le Forum de Liège, une des grandes salles d'Europe, nous permit de nous gaver de chocolat, de milk-shakes et de cinéma américain, dont nous étions privés. Je pus voir et entendre une semaine durant, Deanna Durbin chanter l'*Ave Maria* de Schubert à Charles Laughton... Je logeais près de l'entrée des coulisses chez la bonne Maria, une copine de Brel, qui prêtait quelquefois mon lit à un « petit couple », comme elle disait avec son bel accent, alors que nous allions nous produire à Charleroi ou à Anvers.

Notre radio nationale, ainsi que Radio Luxembourg qui n'était pas encore RTL, faisait souvent appel à nous pour des émissions dans lesquelles se mélangeaient chanteurs et poètes comme celle, inoubliable pour moi, mise en ondes par Manuel Poulet au palais de Chaillot. À la demande spéciale de Blaise Cendrars nous avions mis au point *La Complainte de Mandrin*, l'histoire véridique de ce chef d'une bande de contrebandiers qui, bien que chéri du peuple, devait finir roué vif sur une place de Valence. J'eus le bonheur de saluer cet immense poète et écrivain qui nous avait généreusement fait bourlinguer en nous emmenant jusqu'au bout du monde. Serrant sa main valide, je n'étais pas peu fier. Il me reste le souvenir de sa merveilleuse trogne, illuminée. Il était là avec son compère Mac Orlan, nous écoutant, visiblement ravis.

Nous étions vingt ou trente brigands dans une bande
Tous habillés de blanc à la mod' des, vous m'entendez
Tous habillés de blanc à la mod' des marchands

La premièr' volerie que je fis dans ma vie
C'est d'avoir goupillé la bourse d'un, vous m'entendez
C'est d'avoir goupillé la bourse d'un curé

J'entrai dedans sa chambre, mon Dieu qu'elle était grande
J'y trouvai mille écus, j'y mis la main, vous m'entendez
J'y trouvai mille écus, j'y mis la main dessus

J'entrai dedans une autre, mon Dieu qu'elle était haute,
De robes et de manteaux, j'en chargeai trois, vous m'entendez
De robes et de manteaux j'en chargeai trois chariots

M'en suis allé les vendre à la foire en Hollande
Les vendis bon marché, ils n'm'avaient rien, vous m'entendez
Les vendis bon marché, ils n' m'avaient rien coûté

Ces messieurs de Grenoble avec leurs longues robes
Et leurs bonnets carrés m'eurent bientôt, vous m'entendez
Et leurs bonnets carrés m'eurent bientôt jugé

Ils m'ont jugé à pendre, ah ! C'est dur à entendre
À pendre et étrangler sur la plac' du, vous m'entendez
À pendre et étrangler sur la place du marché

Monté sur la potence, je regarde la France
J'y vis mes compagnons à l'ombre d'un, vous m'entendez
J'y vis mes compagnons à l'ombre d'un buisson

Compagnons de misère allez dire à ma mère
Qu'ell' ne me reverra plus, j'suis un enfant, vous m'entendez
Qu'ell' ne me reverra plus, j' suis un enfant perdu

Je regrette vraiment que cette belle complainte n'ait été chantée que pour cette circonstance à la demande spéciale de ce grand poète...

19

Première tournée en Suisse

Enfin une journée de relâche ! C'était devenu assez rare avec nos activités parisiennes, et ce soir-là nous nous étions rassemblés pour écouter une émission de Pierre Cour et Francis Blanche dans laquelle allait chanter Édith. Une surprise nous attendait.

L'émission commençait avec une chanson interprétée par des duettistes absolument inconnus de nous, au nom étrange de Roche et Aznavour. Il y avait dans leur texte et leur musique un rythme complètement différent de ce que nous avions l'habitude d'entendre dans les music-halls que nous fréquentions.

Il portait un feutre taupé
Il parlait par onomatopées
Il buvait des cafés frappés
Avec des pâââilles...

C'était jeune, c'était nouveau, c'était un peu dans l'esprit des chansons américaines qu'on entendait dans lesquelles la rythmique des paroles avait une place plus importante que dans nos chansons françaises. C'était étonnant et c'était même très intéressant ! Bref, nous eûmes tous la même idée : ce serait sympathique de les connaître. Édith dut nous entendre car elle arriva le lendemain en nous annonçant que, séduite, elle les avait engagés pour la tournée en Suisse où nous allions partir la semaine suivante. Ils seraient du voyage et ouvriraient la première partie. Pierre était le pianiste, un homme grand et dégingandé. Charles, c'était le plus petit, le chanteur. C'était ainsi qu'elle nous les avait décrits.

— Vous verrez, ils sont sympathiques. On va faire une tournée agréable !

La Suisse, où jamais nous n'étions entrés, représentait jusqu'à ce jour un pays interdit pour nous, car il était l'image de la richesse, des comptes numérotés, des belles montres et même des choses superflues qui nous ont tant manqué durant cette période de vaches maigres. C'étaient un beau voyage et un rêve de plus qui nous attendaient !

Cependant le premier accroc est vite arrivé. Lors du passage de la douane, les autorités helvétiques refusent l'entrée à Édith et à Charles qui avaient, paraît-il, « mauvaise mine ». Ils se sont trouvés dans l'obligation de passer une radio des poumons pour prouver leur « bonne santé ». Mais heureusement tout s'est arrangé rapidement. Ce n'était, en fait, qu'une fausse alerte. Édith et Charles étaient en pleine forme !

Nous voilà donc partis pour une tournée dans la Suisse profonde, avec des salles rarement pleines. J'ai le souvenir d'un Vendredi saint à Bienne je crois, où nous étions plus nombreux sur la scène que dans le petit théâtre ! Mais cela n'affectait pas notre plaisir d'être ensemble, de chanter et de chahuter. C'est au cours d'un intermède musical en coulisse, que Charles nous a fait connaître *La Fille de Londres* de Léo Ferré, un auteur inconnu de nous tous. À ce moment-là, je compris qu'il y avait vraiment quelque chose de plus, chez lui, sans toutefois deviner qu'il deviendrait le plus grand de la chanson.

La tournée allait cahin-caha, faite de jours fastes et d'autres jours où l'audience nous désertait. Notre défraiement journalier, généreusement distribué par Édith avec un cérémonial amusant après le spectacle, qui consistait à aligner en rang toute la troupe, variait au gré du nombre de spectateurs. Mais les sandwiches ne nous faisaient pas peur !

En arrivant « sur » Genève, comme on dit là-bas, Édith nous avait fait la surprise d'inviter toute la troupe pour nous faire connaître un certain restaurant dont la spécialité était une sauce, assortie de frites « comme s'il en pleuvait ». C'était un joyeux festin, qui fut vite refroidi par une douche froide, car Édith nous laissa le soin de régler la note à son départ. Tout se termina néanmoins par une belle partie de rigolade : la brave Helvète qui nous avait servis, d'abord inquiète pour son addition, fut rassurée en nous voyant vider le fond de nos poches. Elle se joignit à notre hilarité car, par chance, la recette de la veille avait été correcte, sinon nous aurions tous été invités à la plonge !

Édith pouvait à la fois être d'une radinerie étonnante et d'une incroyable générosité. De plus, elle possédait une méconnaissance complète de la valeur de la monnaie !

Je revois parfaitement ce lieu, ce coin de restaurant où une grande vitre nous séparait des clients sérieux qui ne pipaient mot à l'écoute de nos bruyantes discussions. Il faut avouer que Charles et Pierre étaient des joyeux lurons qui se distinguaient radicalement de notre côté boy-scout, parfois un peu coincés. Mais leur compagnie était tout à fait ce que nous avait annoncé Édith : des complices toujours en goguette. Il y eut par exemple cette soirée entre copains de chambrée où avec Pierre, Charles et Hubert, nous nous étions bagarrés à grands coups de polochons. Ils s'éclipsèrent, compréhensifs, pour me laisser en compagnie d'une jeune et jolie femme de chambre qui m'avait aidé à froisser des draps, alors qu'elle était payée pour les repasser. À notre discret départ, quelques plumes voletaient encore dans la chambre.

C'est au retour de cette tournée avec Édith, qu'un ami de Jo, Michel Angel, vint nous présenter la première affiche des Compagnons de la Chanson. Il avait eu la bonne idée de cette trouvaille : les têtes étaient transformées en notes sur une portée musicale. Michel était marié à Virginia, une des Peters Sisters, trois sœurs américaines noires qui chantaient divinement et avaient beaucoup de succès, alternant répertoire de *negro-spiritual* et de chansons françaises, n'hésitant pas à ironiser sur leur physique avec humour, comme cette interprétation de la chanson de Jean Sablon *Vous qui passez sans me voir,* chose inconcevable, vu leur tour de taille impressionnant. Un joli couple avec Michel, et une belle affiche !

20

Enregistrement des *Trois Cloches*

J'ai eu l'occasion, chez Georges Brassens, de parler un jour de cette séance mémorable d'enregistrement avec le père Tavernier. Il avait réalisé la plupart des prises de son de Georges et de Jacques Brel. C'est lui qui dirigea celle des *Trois Cloches*, ainsi que deux des chansons du folklore sur lesquelles Édith avait joint sa voix à la nôtre : *Le roi a fait battre tambour* et *Dans les prisons de Nantes*. Nous nous sommes souvenus de ce hangar de la rue Albert dans le 13e arrondissement. Il ne ressemblait en aucune façon aux studios d'aujourd'hui avec toute leur technique, leurs boutons, leurs curseurs, leurs écrans, leur insonorisation et surtout leurs gigantesques *baffles* pour l'écoute témoin. Le studio en question était situé au fond d'une cour. Quand une voiture passait dans la rue ou un avion dans le ciel, il fallait s'arrêter et attendre le retour du silence. L'enregistrement se faisait sur deux galettes de cire tournant simultanément, mues par un contrepoids, avec une aiguille qui traçait des sillons. On écoutait une des deux épreuves en prenant bien soin de ne pas utiliser l'autre. Si ce n'était pas satisfaisant, on recommençait, tout simplement. Quand tout le monde jugeait que c'était bon, on gardait précieusement l'épreuve jumelle, qui était donc vierge d'écoute. C'est elle qui servait de matrice pour les tirages. J'ai l'impression d'évoquer le

Moyen Âge, mais c'est ainsi que se passaient les enregistrements, même pour la plus importante maison de disques, ce qui était notre cas. Il fallut recourir à une mise en place spéciale pour l'enregistrement, car nous étions écrasés, Édith et moi, par le chœur de mes camarades. Aussi, pour être plus « présents », l'ingénieur en blouse blanche nous percha tous les deux sur une petite estrade et les Compagnons étaient en demi-cercle derrière nous. Toute la troupe, solistes et chœur, chantait cependant sur un même micro. C'est difficile à imaginer, mais c'était la technique de l'époque !

Cela n'empêcha pas le disque dès sa sortie d'avoir un gros succès et même d'être n° 1 pendant longtemps. Il passe encore parfois sur les ondes et, étrangement, le côté un peu « fané » de l'enregistrement n'empêche pas le public d'être toujours ému par cette chanson qui semble ne plus avoir d'âge. Mon timbre était beaucoup plus aigu et léger à l'époque, ce qui faisait d'ailleurs dire à mon fils dans son enfance que je chantais avec ma voix de jeune homme. Quant à la voix d'Édith, éclatante dans les refrains, elle me donne encore la chair de poule, comme lors de l'enregistrement dans ce hangar vétuste qui avait davantage l'air d'un garage que d'un studio professionnel. Et pourtant, cette chanson est devenue aujourd'hui, sans exagérer, une chanson culte puisqu'elle a même servi de référence à une certaine chanteuse australienne, séduite par l'ambiance, qui en a d'ailleurs repris exactement le phrasé.

Pour la petite histoire, le père Tavernier était le filleul du grand peintre issu du fauvisme, Albert Marquet, un ami de Matisse. Lorsqu'il était enfant, la femme de Marquet le gardait quelquefois le soir, car ils habitaient un appartement sur le même palier. Cela nous donna l'occasion, quelques années après l'enregistrement des *Trois Cloches*, d'une extraordinaire visite chez la veuve du grand peintre, en compagnie de Georges Brassens, sa compagne Püppchen, mon épouse Suzanne et sous la conduite, évidemment, du Père Tavernier. Nous contemplâmes une merveilleuse collection de toiles du maître, parmi lesquelles celle du *Quai des Grands-Augustins* qu'il avait souvent peints, ainsi que de la Samaritaine, dont nous apercevions la façade par la fenêtre.

21

La tournée ABC

Mitty Goldin ne fut aucunement rancunier et ne nous a pas tenu rigueur des misères que nous lui avons causées pendant la triste *Folle Revue.* Il vint un jour nous proposer une série de spectacles sous l'étiquette de « Tournée ABC ». Terminant la première partie en « vedette américaine » comme on disait alors, il avait engagé Yvette Giraud à la suite de son grand succès avec la chanson *Cerisiers roses et pommiers blancs.* C'est durant cette tournée qu'Yvette éprouva ses premiers sentiments pour Marc. Comme le voulait la tradition du music-hall, le spectacle commençait par des numéros visuels, des acrobates et des illusionnistes. Entrait en scène alors Fernand Sardou lequel – outre qu'il était un comédien souvent présent dans les films de Marcel Pagnol – avait à son répertoire un refrain que toute la salle reprenait en chœur :

Aujourd'hui peut-être
Ou alors demain...

Quelques heures avant le début du spectacle, nous fûmes navrés d'apprendre que le pianiste qui accompagnait cette première partie devait nous faire faux bond à cause d'un accident de voiture sans gravité. Il fallut le remplacer au pied levé et ce fut un garçon tout maigre et timide qui prit le relais. Paul Mauriat, devenu par la suite l'accompagnateur, l'arrangeur, et le chef d'orchestre de Charles Aznavour, fit une brillante carrière en France et au Japon. C'était un remarquable musicien et en outre un bon camarade. Avec son accent méridional, il remplaçait le soleil les jours où il n'y en avait pas. Avec René, nous devînmes rapidement complices avec lui.

Cette tournée dans le Midi fut bien agréable. Avignon, Marseille, Béziers, Perpignan, Carcassonne, Bayonne, Bordeaux, tant de belles routes bordées de platanes qui nous donnaient l'impression d'avancer dans d'immenses cathédrales ! Tout se passa bien et le retour à Paris quelques mois plus tard se fit dans la bonne humeur.

Nous avons eu le plaisir, Suzanne et moi, de retrouver Fernand et son épouse Jacky bien des années plus tard à une première de Jacques Brel à l'Olympia.

— Comment va la « Vedette » ?

En fait, il s'agissait de la voiture dont Fernand était très fier.

— Ne m'en parle pas ! En rentrant d'un spectacle, j'ai pris un auto-stoppeur en pleine nuit, qui s'est installé près de moi sans un mot. J'ai voulu lui dire quelques politesses du genre : « Vous n'êtes pas causant. » Et en réponse, le gars bien silencieux a attrapé mon volant et nous nous sommes retrouvés dans le décor. Il venait de s'évader d'un asile d'aliénés.

Jacky enchaîna rapidement avec la véhémence qu'on lui connaissait à propos de son fils :

— C'est un petit bon à rien. S'il continue, il se retrouvera à l'École des mousses !

Je plaidai sa cause et je leur indiquai l'école du Moncel, près de Versailles, où était pensionnaire mon fils.

— Ils ne l'accepteront jamais.

— On peut toujours essayer.

Par la suite, au début de l'extraordinaire réussite de Michel, invités pour son premier passage à l'Olympia en

« tête d'affiche », Jacky et Fernand nous rappelèrent cet épisode qui avait marqué leur fils. Ils l'avaient accepté et souvent, le dimanche, nous étions parmi les parents qui allaient rendre visite à notre bande de « collés » dont le cercle s'était agrandi avec, entre autres, les fils de Jeanne Moreau, Marc Chagall, Me Henri Torrès, et mon copain Paul Tourenne des Frères Jacques. Il en a même fait une chanson, *Le Surveillant général*, qui a pour cadre ses années de pensionnat.

Quelle chance pour le spectacle que l'École des mousses ait été remise aux calendes grecques !

22

La Scandinavie

Détailler tous les théâtres français et européens hantés en compagnie d'Édith nécessiterait une bien trop longue liste. Mais si je dois prendre un exemple, il y eut une très belle tournée en Scandinavie.

Le voyage pour la Norvège dura trois jours. Nous nous retrouvions au complet, Édith et les Compagnons, dans un confortable wagon-salon à l'ancienne, un Pullmann, tapissé d'acajou. Mais il nous fallut changer de train en entrant en Allemagne, les voies étant détruites sur plusieurs kilomètres : nous fûmes dans l'obligation de faire une bonne marche à pied, chargés comme des mulets, avec nos bagages personnels et les effets de scène sur le dos, sans compter les instruments de musique heureusement rares, puisque nous étions encore dans la période *a capella* ! Édith prit comme nous tous son mal en patience, alors que ce pauvre Marc Bonel était obligé de se coltiner une lourde valise, sans compter les 25 kg de son accordéon ! Il égayait notre attente en faisait preuve d'humour, regrettant de ne pas avoir choisi de faire carrière avec un harmonica !

Un jour plus tard, le passage du Skagerrak pris par les glaces nous donna l'illusion d'un bateau qui ressemblait davantage à un brise-glace qu'à un traversier, bien que nous ne soyons qu'au printemps. À Oslo, le spectacle se passait dans un joli petit théâtre, *Edderkoppen*, le « Théâtre de l'Araignée », dont le beau directeur, un magnifique Viking venu nous accueillir à la gare, tapa tout de suite dans l'œil connaisseur d'Édith. Je partageais ma chambre avec Marc Bonel. Il m'empêchait de dormir en travaillant dès l'aube *La Marche lorraine* sur son énorme et sonore biniou, moi qui avais besoin de récupérer les forces que je dépensais après le spectacle avec une choriste d'Édith, Mary, qui venait de se découvrir une vocation de chanteuse d'opéra, alors qu'en fait, elle était moins douée pour le chant que pour le patinage artistique dont elle portait le titre de championne de Norvège. Mais elle voulait absolument chanter ! Question tourisme, je me suis retrouvé à Holmenkollen face au gigantesque sautoir de ski qui était le témoin des Jeux olympiques d'hiver. C'était une étape obligée en Norvège où le saut est une véritable religion. Il fallut aussi aller contempler sans conviction les énormes statues datant des mêmes Jeux, ornant un pont, qui rappelaient fort dans leur gigantisme le style germanique d'Arno Breker. Quant aux restaurants, les menus rédigés en norvégien ne facilitaient pas le choix. J'avais résolu la question lorsque Mary, qui me servait d'interprète, ne m'accompagnait pas. Je pointais mon index au hasard, et c'était la surprise toujours renouvelée, ce qui fait que je pus connaître toutes les spécialités possibles de poisson sans savoir leur nom, la langue locale étant pour moi absolument imprononçable ! Mais je dus faire un gros effort pour en apprécier le goût sucré qui ne faisait pas encore partie de ma philosophie culinaire. Par contre, il y avait sur toutes les tables une motte de beurre au goût étrange, dont j'ai appris seulement le jour du départ qu'en fait c'était de la graisse de baleine.

À Oslo, ma charmante Norvégienne voulut me faire plaisir en me faisant visiter un musée poussiéreux. Au moment de sortir, je reçus un des plus grands chocs de ma vie en entrant par hasard dans une salle que Mary déclarait inintéressante. J'ai découvert là, en 1947, un des plus grands peintres. Une salle entière de chefs-d'œuvre était consacrée à l'œuvre d'Edvard Munch. Le célèbre *Cri*, le superbe portrait de femme, *La Madone*, ainsi que les trois femmes dans un ciel rouge et noir trônaient dans cette salle fantastique. Quelle émotion n'ai-je pas ressentie face à ces peintures magistrales ! Le lendemain, dimanche, en sortant avec Paul d'une église, nous avons été félicités par un homme qui nous avait vus la veille au théâtre. Invités chez lui, il possédait plusieurs toiles de Munch, car son père avait été son ami jusqu'à sa disparition. Entre deux considérations esthétiques sur ces toiles, il nous déclara que les dimanches, bien que juif, il allait à l'église catholique car c'était là qu'il y avait, disait-il, les plus belles filles d'Oslo !

Il fallait s'habituer à ce « jour éternel » qui commençait à 4 heures du matin et que nous retrouvions en sortant de notre soirée au théâtre. Les Scandinaves ont un tel amour de la lumière, dont ils sont frustrés pendant de longs mois, qu'ils en profitent au maximum et il n'est pas rare de les voir essayer de rendre hommage au moindre rayon de soleil pendant la pause-déjeuner ou à la sortie de l'école.

Puis ce fut la Suède avec le grand violoniste de jazz Svend Asmussen entouré de son quintette ! Il devait donner plus tard la réplique aux plus grands solistes, Stéphane Grappelli, Didier Lockwood et même l'américain Stuff Smith que j'ai eu le privilège d'entendre plus tard à New York. Il avait une telle fougue qu'il lui arrivait de briser son archet. Svend jouait dans la première partie au China Theater Royal de Stockholm où nous étions présentés, Édith et nous, par une sculpturale beauté suédoise qui racontait le thème de nos différentes chansons. Nous avons eu un soir la surprise de recevoir la visite, sympathique et en toute simplicité, de la famille royale. Le prince Gustaf Adolf était un homme d'une cinquantaine d'années et son épouse, la princesse Sibylle de Saxe-Cobourg, accompagnée d'une ravissante jeune fille d'une quinzaine d'années, Margaretha. Peu de temps après nous devions apprendre la disparition de Gustaf Adolf dans un accident d'avion.

Un jour de relâche nous permit d'aller applaudir Grock, le clown fabuleux qui faisait une fausse note sur son minuscule violon, note qui devenait curieusement juste chaque fois qu'il jouait derrière un paravent. Il rythmait ses sketches par un inénarrable « saaans blaaague » caractéristique car il possédait un accent suisse traînard inimitable. Le public était bon enfant et toujours prêt à s'enthousiasmer, comme, en fait, tous les publics nordiques qui ont cette faculté du rire facile.

Édith avait décidé que la cuisine locale n'était pas de son goût, ni par là même du nôtre. Ainsi elle nous préparait des orgies de pâtes dans sa salle de bains, les assaisonnant avec une tonne de beurre. Par contre, les jours de beau temps, on partait en bande pique-niquer à Saltsjöbaden avec Mimi et aussi Ginou, la compagne dont Guy nous avait caché la présence pendant le voyage dans le train. Jour après jour, elle était devenue la complice d'Édith qui retrouvait chez elle la « môme » des rues, la « Parigote » qu'elle avait été il y a peu.

Svend Asmussen nous avait dit le plus grand bien du Liseberg de Göteborg, qui était notre dernière ville de Suède. Au premier coup d'œil, il était pourtant visible que nous nous trouvions tout simplement dans un traquenard : c'était un immense parc d'attractions avec des restaurants, des manèges, des cafés et des stands de tir à la carabine. Le *Hallen* où nous devions nous produire était plus près du « beuglant » que de la salle de spectacle avec ces serveuses qui maniaient des énormes chopes de bière. Et puis, quel boucan ! On avait du mal à dominer tout ce bruit. Il est vrai que nous avions l'excuse de chanter sans micro. Je reste convaincu qu'il y eut des spectateurs échoués par hasard dans la salle qui ne se rendirent même pas compte de notre passage. Édith était dans une telle rage qu'elle parla de repartir le lendemain à Paris. La direction, affolée, se rendit compte de sa méprise et le deuxième jour nous nous retrouvâmes dans une salle minuscule mais confortable, une bonbonnière où le spectacle put se passer devant un public tout différent qui ne serait d'ailleurs jamais venu nous voir dans la salle de café. Là, tout rentra dans l'ordre.

Nous sommes repartis de Scandinavie le jour de la Saint-Jean, alors que des feux de joie illuminaient notre chemin de retour. Quelques jours plus tard, c'était le *Bal des petits lits blancs* au Cirque d'Hiver, l'événement de la saison théâtrale parisienne donné au bénéfice d'une œuvre caritative. Les artistes, grands et petits, rivalisaient d'invention sur la scène en accomplissant une chose différente de leurs compétences. C'était à qui, armé d'une chambrière, se transformait en dresseur de chevaux, réussissait le mieux un numéro de trapèze volant ou de clown ! Nous étions cette fois dans la loge d'honneur. Le comédien Fernand Gravey, maître de cérémonie, demanda notre participation avec une chanson, ce qui provoqua cette photo d'Édith dans une robe de soirée très élégante accompagnée par tous les Compagnons en smoking de location (alors que notre grand Jo, ne trouvant pas de costume à sa taille, avait été obligé d'utiliser les services de Mimi pour lui coudre des revers de satin sur sa veste). Mais le groupe faisait bel effet, paraît-il. On était loin des tenues de scène avec des espadrilles aux pieds !

Bref, le succès n'attendait plus que nous !

En septembre, nous investîmes le Théâtre de l'Étoile avec Édith en vedette et les Compagnons en fin de première partie, précédés par nos deux amis Roche et Aznavour. Le spectacle était encore présenté par l'inévitable Francis Blanche, le complice de beaucoup d'aventures. Le Tout-Paris défilait dans les coulisses pour nous féliciter selon la tradition, c'est-à-dire avec force embrassades. On se serait cru à la place de la Bastille envahie par la foule des grands jours ! Simone Signoret, Yves Montand, Sacha Guitry, Fernandel, Raimu, Jean Cocteau en compagnie de Jean Marais, Madeleine Renaud et Jean-Louis Barrault et Jean Gabin, tombé dans les bras de Marlène Dietrich, qui n'aurait pour rien loupé une première de sa grande amie Édith. Dans la cohue, Georges Freedland vint alors nous proposer de tourner avec Édith un film, *Neuf garçons... un cœur.* Chose que nous ne pûmes pas refuser !

En franchissant le seuil des studios de Boulogne situés sur le quai du *Point du Jour*, il y avait de quoi être impressionné par ces hangars et les parfums de ces noms inoubliables : Carné, Prévert, l'extraordinaire décorateur Trauner, Gabin, Jouvet, Michel Simon, Jules Berry... Nous savions bien que nous n'étions pas près de leur faire de l'ombre !

L'histoire du film, assez anodine, se passait la nuit de Noël, une triste nuit de réveillon pour cette bande de garçons attablés devant des assiettes vides. La bohème, quoi ! Notre bonne fée, Édith, se rendait chez son oncle qui était portier d'une boîte de nuit à l'enseigne du Paradis, dont le patron, Lucien Nat qui personnifiait le Bon Dieu, ne pouvait pas moins faire que d'inviter les pauvres protégés d'Édith à un réveillon paradisiaque, comme le suggère son nom. C'était très naïf et ce n'est pas un chef-d'œuvre, mais ce film eut le mérite de faire entendre de belles chansons, *C'est pour ça* de Marguerite Monnot et Henri Contet et *Les Amants de Paris* de Léo Ferré et Eddy Marnay. Je n'eus pas le temps de voir défiler les six semaines de tournage. Il y avait tellement de choses nouvelles à découvrir dans cet univers que nous ne connaissions pas. Croiser dans les couloirs ou à la cantine des comédiens aperçus aux premières pages des magazines était toujours un sujet d'étonnement, le cinéma étant pour nous un domaine mystérieux. Le film nous donna le plaisir de retrouver Lucien Baroux, le portier du Paradis à qui nous avions fait des misères à l'ABC, oubliées maintenant, mises sous le compte de l'inconscience de la jeunesse. Il est vrai que nous nous comportions souvent à l'époque comme un troupeau de jeunes bisons en liberté. Dans le scénario, Hubert, le beau garçon, devait déclarer sa flamme à la jeune première avec une tirade qui contenait, versés par le dialoguiste, tous les « S » de la terre, chose difficile pour lui qui avait un cheveu sur la langue. Une réplique est restée célèbre chez les Compagnons : « C'est exactement comme ça que je m'étais imaginé un ange ! »

Nous en avions conclu que le cinéma pouvait facilement survivre sans nous !

La production nous offrit, comme le veut la tradition, le « verre de l'adieu ». Il fallait avouer que nous avons ressenti un petit pincement au cœur en quittant cette équipe où tous, du producteur au metteur en scène, des comédiens aux techniciens en passant par les machinos et les figurants, avaient été si compréhensifs alors que nous nous trouvions devant un métier qui n'était visiblement pas le nôtre. Mais déjà notre pensée était au départ du grand voyage qui allait ouvrir une nouvelle page de notre incroyable aventure. Nous avions vingt ans, oui, tout juste vingt ans. Il nous restait à écrire un nouveau chapitre.

Dès le lendemain, nous nous retrouvions gare Saint-Lazare pour le « grand départ ». Toute la bande de copains était venue nous embrasser avant l'aventure américaine : mon amie Alice Saunier, Ginou l'élue de Guy, Charles et Pierre qui nous firent la promesse de nous retrouver bientôt à New York.

En Angleterre, un vieux train qui crachait une fumée très noire nous déposa à Southampton. Notre bande de sceptiques refusant de croire à l'aventure américaine regardait désormais un paquebot irréel. Et c'est avant de mettre le pied sur la passerelle menant au *Queen Mary* que, selon sa promesse, je reçus de la blanche main d'Édith la seule paire de claques agréable de ma vie... Je ne rêvais pas !

23

Le genou d'Édith

Pendant un an, Édith avait refusé de partir aux États-Unis où voulait la produire Clifford C. Fischer qui y avait fait connaître les grandes vedettes de la chanson française.

— Je ne partirai pas sans les Compagnons en première partie du spectacle. Nous venons de faire de belles tournées ensemble et je tiens absolument à les avoir avec moi aux États-Unis. Ce sont mes amis.

Elle s'était évidemment heurtée à un refus de Fischer, trouvant notre intervention parfaitement inutile et surtout plus onéreuse.

— Mais Édith, c'est vous que les Américains veulent connaître. Je ne vois pas ce que vos amis peuvent ajouter au spectacle.

— Eh bien, tant pis, les Américains attendront, mais il n'est pas question de partir sans eux.

C'était catégorique et sans réplique. De guerre lasse, au bout d'un an, comprenant qu'elle ne céderait pour rien au monde, Clifford C. Fischer a fini par accepter et nous avons décroché notre passage en classe cabine sur le *Queen Mary*. Avant de quitter Paris, il nous fallut d'abord aller montrer patte blanche à l'ambassade américaine en jurant que nous n'étions pas membres du Parti communiste et qu'il n'était pas dans nos intentions d'assassiner le président américain.

Le voyage ne fut qu'une suite de fêtes somptueuses. La répartition des cabines se fit selon des règles tacitement instaurées depuis longtemps déjà chez les Compagnons de la Musique : l'ancienneté décidant du rang de chacun. Pour ma part, j'arrivais après Marc, Albert et Hubert, alors que Jean-Louis partageait un appartement de 1re classe en compagnie d'Édith. Avec Guy, nous avions même le privilège d'un hublot. Quant à Paul, le dernier arrivé dans l'équipe, il se retrouva dans les profondeurs, en classe touriste, partageant une cabine sans hublot avec Marc Bonel, son inséparable accordéon et Yanni, un danseur grec qui allait passer en première partie avec sa partenaire Lida Alma dans le spectacle du Playhouse Theater à New York. S'étaient rajoutés à l'expédition, une amie chanteuse, Irène de Trébert et le compositeur de *L'Accordéoniste,* Michel Emer, à l'humour irrésistible qui épousera quelques années plus tard la grande Jacqueline Maillan.

Nous n'avions pas le temps de nous ennuyer sur ce paquebot, chaque heure offrant une activité différente. Sur le pont, il y avait toutes sortes de jeux, des palets, du ping-pong et, luxe unique, on pouvait s'y faire servir dans un transat un véritable repas au soleil, enroulé dans une couverture. Le temps de la traversée était resté heureusement pour nous au beau fixe.

L'imposante salle à manger avec son grand escalier permettait de voir les dames qui faisaient assaut d'élégance. Je me souviens d'avoir fait, presque à chaque repas, un bel usage du caviar dont j'ignorais jusque-là l'existence. Pas de problème, on pouvait satisfaire nos solides appétits de jeunes loups, en choisissant toute la carte si l'envie nous en prenait. Mais la politesse des Compagnons ne nous permettait pas d'abuser de cette prodigalité.

Chaque soir, c'étaient des jeux de société, des concerts et le cinéma, notamment un film, *Fame is the Spur,* auquel toute l'équipe assista en compagnie d'Édith. Il nous fallut satisfaire à la tradition du gala spécial pour les passagers auquel nous ajoutâmes un spectacle dans les tréfonds du bateau – avec pour accompagnement musical le bruit de la machinerie – pour un équipage aussi ravi que nous. Les journées n'étaient que de vingt-trois heures, une heure étant déduite chaque jour pendant la traversée, ce qui nous évitait le décalage horaire de six heures avec la Côte est des États-Unis et nous permit d'arriver dispos et frais comme des roses. Pour rien au monde je n'aurais manqué ce spectacle unique : l'arrivée à Manhattan, encore plus grandiose que je l'avais imaginé, par ce matin où une légère brume donnait au *skyline* qu'on découvrait, émergeant paresseusement, une allure mystérieuse. En compagnie de Paul et de Jacques François qui s'était joint à nous – car il était en route pour Hollywood où il devait tourner avec Garbo –, nous étions béats d'admiration, le cœur battant au passage de la statue de la Liberté. Un petit bateau vint nous accoster, rempli de photographes qui montèrent à bord. Je retrouvai alors les gros appareils photographiques des reporters. Il ne leur manquait que l'étiquette glissée dans le ruban du chapeau pour nous mettre dans l'ambiance des films policiers américains qui commençaient à réapparaître sur nos écrans français. Tout ce beau monde était remuant, très volubile, nous apostrophant familièrement et tutoyant Édith qui était venue nous rejoindre sur le pont avec Jean-Louis, Michel Emer et Irène de Trébert.

Aveuglés par une pluie de flashs, alors que nous ne devions normalement rien représenter pour eux, il était facile de réaliser que notre nouvel agent avait bien fait son travail de préparation publicitaire.

— Smile, Édith !

Les photographes lui ont demandé de remonter sa robe pour montrer un peu de son genou, ce qui la fit beaucoup rire et provoqua notre étonnement amusé. On se trouvait d'un seul coup, sans transition, dans un monde différent du nôtre, celui que nous avions découvert au cinéma avec Frank Capra. Tout cela se passait dans le « mouvement » et une grande gentillesse, avec le sourire en prime. Puis ce fut la visite des passeports et des précieux visas dans le grand salon du bateau par les officiers de l'immigration, avec des files interminables, dans un ordre et une discipline parfaits. Clifford C. Fischer nous attendait sur le quai pour nous souhaiter la bienvenue. C'était le même petit bonhomme à l'air sérieux que nous avions connu à Paris, à l'époque où il refusait de nous engager. Pas rancuniers, nous avions même été plusieurs à l'accompagner dans une cave de Saint-Germain-des-Prés pour lui faire découvrir le théâtre de l'absurde. C'est là, complètement affolé, qu'il nous avait parlé de sa phobie des courants d'air.

— Il n'y en a pas au Playhouse Theater, a-t-il plaisanté, pour nous faire oublier son refus de l'année dernière. Il n'y a qu'un public qui vous attend !

Une cohorte de *yellow cabs* nous a emportés vers Broadway où notre chauffeur noir nous a conduits, après la récupération de nos bagages soigneusement rangés par classes et en ordre alphabétique, sur des *piers,* des quais gigantesques. Tous les colis, grands et petits, étaient marqués d'une étiquette ronde avec le sigle de la Cunard Company. La visite des douaniers ne fut qu'une formalité, nos bagages étant réduits au strict minimum. Une valise faisait l'affaire, puisque nous abordions au pays de l'abondance.

Le temps de déposer cette valise, de remplir soigneusement la fiche d'hôtel et de déposer mes affaires dans la chambre que pendant quelques jours je partageai avec Marc à l'hôtel Edison, je me retrouvai en deux pas sur Times Square, assourdi par le boucan infernal sortant de toutes les petites échoppes qui passaient curieusement à longueur de temps le même disque *Near You*, avec la voix de Tony Bennett. C'était pour moi la découverte du « matraquage », la manière de faire entrer dans l'oreille une chanson qui, ainsi, devenait obligatoirement un succès de vente car on ne pouvait pas y échapper. Ce système devenu tristement universel, a d'ailleurs été adopté par les radios et les compagnies de disques du monde entier. Ma première image de New York est celle d'un petit avion qui tirait dans un beau ciel bleu une banderole « MAURICE CHEVALIER IS COMING BACK », Maurice ayant longtemps été interdit de visa pour cause de voyage en Allemagne où il était allé chanter pour les prisonniers français. Mais, très populaire, il débarqua quelques jours plus tard en grand seigneur et il retrouva l'enthousiasme de son public de *fans* américains. Chevalier représentait le prototype même du Français avec son canotier, sa gouaille et son accent que parodiaient tous les fantaisistes du cru.

Dans la rue, tout me sembla nouveau, délirant, les publicités étaient illuminées comme des arbres de Noël, les musiques assourdissantes sortaient des magasins, les voitures partaient dangereusement au quart de tour comme des dératées dès le changement de feu, les petits stands proposant des *hot-dogs* et des jus de fruits, oranges et pamplemousses pressés à l'instant devant nous. Au-dessus de nos têtes, volaient d'énormes ronds de fumée arrivant jusqu'au milieu de Broadway, crachés par une bouche gigantesque pour une publicité tabagique... Quel maelström ! Je n'ai guère fermé l'œil cette nuit-là avec la lumière qui montait de la rue et qui envahissait la chambre *a giorno*, sans compter les sirènes des voitures de police qui résonnaient jusqu'à mon douzième étage.

Le lendemain toute l'équipe était un peu fripée mais s'était néanmoins retrouvée au complet dans l'ascenseur de l'Empire State Building. Il nous conduisit au sommet à une vitesse vertigineuse. Nous en avions tant parlé, attendant ce moment où nous allions découvrir la vue aérienne sur New York.

Le temps avait encore bien fait les choses car il nous offrait cette belle lumière tellement typique de l'automne new-yorkais. Il y avait de quoi avoir la gorge serrée et rester sans voix, fait assez rare chez nous, il faut l'avouer ! Nous sommes restés cois devant ce spectacle unique, avec cette vue dépassant en beauté et en majesté tout ce que nous avions pu imaginer. Et puis, après ce silence, les commentaires bruyants attirèrent d'autres visiteurs plus discrets, visiblement amusés de notre enthousiasme débordant.

Avant les répétitions au Playhouse Theater je pris le temps de découvrir cette ville passionnante à pied. Tout me semblait différent des pays que nous avions visités jusque-là, ces jets de vapeur qui sortaient des trottoirs, ces *drugstores* inimaginables où on pouvait trouver indifféremment médicaments, cosmétiques, journaux, tout en mangeant un énorme sandwich au *pastrami*, une *apple pie* à la cannelle et en buvant un café. Il y avait aussi ces *automats* d'où, pour quelques *cents,* on pouvait retirer un plat chaud en pleine rue. Je découvrais ces dais ressemblant à des catafalques à l'entrée des appartements élégants, avec un Noir galonné comme un général russe montant la garde pour ouvrir les portières des limousines. Le tour de Manhattan en bateau à la chute du jour, alors que le soleil nous offrait une symphonie dans les millions de vitres, termina cette journée irréelle.

Mes pérégrinations solitaires me baladèrent de Central Park à Washington Square et je me mis à penser qu'il était temps d'aller rendre visite à une amie d'enfance de ma mère, partie de son petit village italien pour faire sa vie à Little Italy. Je n'y étais même pas dépaysé, retrouvant là ce que j'avais connu dans mon enfance, l'odeur typique de la *salumera*, les couleurs, le parfum du café, la farine de *polenta*, le *chianti* et le *barbera,* ou encore les enseignes en italien. Pas même besoin de faire un effort pour se faire comprendre : on parlait italien, sarde, sicilien, tous les dialectes de la Botte et même le piémontais !

En regagnant l'hôtel, j'ai été surpris et consterné en découvrant à l'arrière des restaurants tout ce pain blanc en tranches jeté par paquets entiers dans les poubelles. Nous en avions cruellement manqué en France avec nos maigres rations allouées contre des tickets aux J3. Cette catégorie des jeunes dont je faisais partie, me donnait droit généreusement à 350 grammes d'un pain dans lequel j'avais l'impression que le boulanger avait curieusement oublié la farine.

J'avais un peu calmé ma faim de spectacles, hantant, aux places populaires, les théâtres de comédies musicales, allant même trois fois assister à *High Button Shoes* – un fabuleux ballet comique de Jerome Robbins – ou à *Allegro*, l'histoire de la vie d'un homme depuis la naissance jusqu'à la mort, dont le thème musical m'est resté en mémoire, *A Fellow Needs a Girl.*

Nous voilà en Amérique et Édith allait enfin pouvoir réaliser son désir, faire la connaissance de Gary Cooper ! L'*opening night* du Playhouse Theater, une salle somptueuse, regroupait tout ce que le show-business new-yorkais et français pouvait compter. On pouvait y voir déambuler Greta Garbo, Charles Laughton, Noel Coward, mais aussi Marlène Dietrich – une amie fidèle arrivée les bras chargés de fleurs pour Édith et pour nous – qui était en compagnie de Gene Kelly et de John Garfield. Gene Kelly, avec une canne et un plâtre lui montant jusqu'au genou à cause d'une fracture récoltée pendant le tournage du *Pirate* sous la direction de Vincente Minnelli, nous gratifia d'un bond sur la scène avec le sourire en prime. Quant au beau John Garfield, Édith eut la divine surprise de le trouver dans sa chambre en rentrant à l'hôtel !

Notre spectacle se passait sur la *48th Street.* Les Compagnons assumaient donc la première partie du *show.* Nous avions été très surpris d'être obligés d'accepter en coulisse la présence de six machinos dont le seul travail consistait, pendant toute la soirée, à pousser un piano sur la scène, alors que nous faisions cela sans problème, dans nos tournées européennes... Syndicat oblige !

Le piano en question était l'éternel complice de Marc qui faisait avec celui-ci un époustouflant numéro de démolition se terminant dans un nuage de poussière blanche où il ressemblait à un clown dément. Marc avait mis à mal quelques instruments de par le monde. J'ose croire qu'il leur a réservé un meilleur sort quand il a commencé à diriger l'orchestre accompagnant Yvette Giraud.

À notre grande joie, le succès était au rendez-vous. Comment imaginer, avant notre voyage, un public américain à l'écoute de nos chansons folkloriques, riant de bon cœur à nos gags et attentif à nos effets scéniques ? Le travail technique sur la parfaite synchronisation de nos gestes les impressionnait visiblement, alors qu'ils avaient chez eux les quatre-vingts *Rocket Girls* du Radio City qui levaient la jambe à la même hauteur, au centimètre près ! Il paraît que notre qualité chorale leur paraissait bien meilleure et plus puissante que leurs *glee clubs* dans lesquels ils étaient pourtant dix fois plus nombreux que nous. Il est vrai que nous réalisions là-bas un exploit pour l'époque parce que nous chantions sans micro dans des salles qui, parfois, atteignaient des volumes auxquels nous n'étions pas habitués. Mais, nous avions de la voix !

« Blow your own horn ! ». Cet amusant dicton anglais qu'on peut traduire avec humour par « Si tu ne souffles pas dans ton trombone, personne ne le fera pour toi ! » m'autorise à parler du succès des Compagnons à New York dont je ne revendique modestement qu'un neuvième pour ma part. La presse fut littéralement dithyrambique avec nous.

Dans le *Herald Tribune*, Howard Barnes a parlé de « One of the best things of its kind that has come to town in many moons », que l'on peut traduire par « Une des meilleures choses arrivées dans la ville depuis plusieurs lunes ».

Il ajoutait : « Les Compagnons forment sans conteste le gang le plus drôle vu à Broadway depuis les Marx Brothers. »

De toutes les critiques à l'avenant, je n'ajouterai que Walter Gibbs qui avouait n'avoir ri que deux fois dans la saison théâtrale, la première à l'irrésistible ballet « à la manière de Mack Sennett » par la troupe de Jerome Robbins, *High Button Shoes*, et la deuxième face à ces « singular looking young men ».

Il serait fastidieux de citer toutes ces critiques, nombreuses et unanimement élogieuses, mais une fausse note vint jeter un froid terrible sur notre enthousiasme. Le tonnerre nous tomba sur la tête avec ce titre de John Chapman du *Daily News* : « Her Compagnons steel the show », « Ses Compagnons volent le spectacle d'Édith ». Un grand silence envahit les coulisses à partir de ce jour-là. Je n'osais plus franchir la porte de la loge comme tous les soirs, pour embrasser Édith avant d'entrer en scène.

Il y avait maldonne et injustice. Elle était pourtant égale à elle-même et ses chansons n'avaient pas changé. Son succès avait été immense à la première, avec un répertoire qui avait fait ses preuves sur tous les publics, dans nos tournées européennes. Je me souviens d'une belle partie de son choix :

J'm'en fous pas mal
Il peut m'arriver n'importe quoi
J'm'en fous pas mal...

Le Petit Homme était une de mes chansons préférées. *Le Disque usé,* avec cette trouvaille de la fin où elle évoquait extraordinairement ce « Tant qu'y a d'la vie... » et l'aiguille du phono qui dérapait... « Tant qu'y a d'la... tant qu'y a d'la... tant qu'y a d'la... » et « l'espoir » n'arrivant inéluctablement pas. Il y avait dans ce registre *Si tu partais*, aux paroles déchirantes :

Si un jour, tu brisais notre amour
Si un jour, tu partais pour toujours
Les fleurs perdraient leur parfum
Et ce serait la fin
De toute joie
Reste avec moi
Crois-moi, c'est vrai
J'en mourrais
Si tu partais...

Comment aurait-on pu partir à l'écoute de cette voix et de ce cri ?

Mariage était aussi une magnifique chanson tirée du film *Étoile sans lumière* avec Yves Montand. Son répertoire comprenait *Mon bon monsieur saint Pierre,* qui possédait une fin irrésistible et, naturellement, *L'Accordéoniste* de notre ami Michel Emer. Nous avions essayé de comprendre ce qui arrivait pendant des heures quand une petite lueur commença à se faire jour. Le public de la première était tout à fait celui d'Édith, conquis d'avance et composé en fait d'amis, de Français de New York, d'admirateurs inconditionnels, de critiques et d'Américains « nostalgiques des bals parisiens »... Mais pour le public des autres jours, il faut dire qu'après le bruit et la fureur de notre première partie, son arrivée avec des chansons dramatiques, devant des gens dont la plus grande partie ne comprenait pas le français, ce n'était pas chose facile et ce n'était pas gagné d'avance. À l'excuse des spectateurs de tous les jours, il fallait donc se résigner à ce qu'ils s'attendent à voir arriver sur scène cette vedette française avec des costumes somptueux, des plumes, du strass et des paillettes. Ils étaient venus, en somme, pour une Marlène Dietrich ou une Joséphine Baker. À leur grand étonnement, ils se trouvaient devant cette petite femme vêtue d'une robe noire toute simple (qui se trouvait par ailleurs tout de même avoir été dessinée par Jacques Heim) qui leur apportait des chansons qu'eux ne comprenaient pas.

C'était la grande tristesse et l'incompréhension pour tous. Clifford C. Fischer s'était manifestement trompé de public pour Édith, ce qui fut rectifié très vite.

Pendant ce temps, un nouveau personnage était entré dans la vie d'Édith et des Compagnons. Il se nommait Eddy Lewis, c'était le bras droit de notre impresario, un brave garçon au physique de gangster auquel il ne manquait même pas le Borsalino réglementaire qui le faisait ressembler comme un frère aux héros des films qu'on allait voir la nuit, pour apprendre l'anglais, dans les cinémas de la 42e Rue où nous retrouvions les clochards, dont certains nous étaient devenus familiers. Eddy était une véritable midinette, avec un physique de gros nounours tendre, connaissant le milieu du show-business comme personne, à croire « qu'il était tombé dedans » dès l'enfance. Il vouait à Édith une adoration qu'elle lui rendait bien. Il était arrivé un soir, tout heureux d'apporter aux Compagnons un contrat dans une revue au Latin Quarter situé sur Broadway. La proposition d'Eddy nous mit dans un embarras terrible. Il était hors de question de nous séparer d'Édith, décidés de continuer coûte que coûte la tournée en sa compagnie, alors qu'elle avait catégoriquement refusé la proposition de Fischer de venir aux États-Unis sans nous. Un soir, après un spectacle, on se retrouva tous dans sa loge, partageant sa tristesse :

— Je pense qu'il faut nous séparer. Une belle carrière s'ouvre à vous. Allez-y, tentez votre chance, mais ne m'oubliez pas. On se retrouvera ici ou chez nous. Nous serons toujours amis. Je reviendrai, j'en suis certaine et je gagnerai.

La prédiction devait se réaliser au Versailles, un cabaret ultrachic dont le directeur d'origine hongroise, M. Prounys, avait assisté à un spectacle au Playhouse et en était sorti absolument subjugué. C'est son premier maître d'hôtel, M. Robert, dont le nom n'indiquait pas l'origine italienne, qui était un inconditionnel d'Édith et qui avait exhorté son patron de passer une soirée au théâtre. Bien lui en a pris, car le bon conseiller, M. Robert, a fait fortune avec les gros pourboires que lui donnaient les impatients pour avoir le privilège d'assister au spectacle d'Édith au *ring side,* les places bordant la piste, alors qu'il fallait un mois pour avoir une table mal placée. De son côté, l'un des plus grands journalistes américains, Virgil Thomson, avait lancé dans le *Herald Tribune* cet avertissement : « Le public américain ne peut pas laisser repartir cette grande artiste. Ce serait stupide et parfaitement injuste. » M. Prounys engagea Édith pour une semaine qui s'est multipliée devant un succès jamais démenti, qui faisait courir le Tout New York. Elle avait trouvé sa scène. Son public lui faisait un accueil à son immense mesure.

Quant à nous, Eddy nous mit le pied à l'étrier en nous faisant entrer pour cinq semaines dans cette revue du Latin Quarter. La répétition technique se révéla très inquiétante, mais nous étions convaincus, dans notre inconscience, qu'après l'accueil du Playhouse, notre jeunesse et notre dynamisme nous feraient gagner la partie, comme c'était arrivé partout ailleurs. Or, c'est le contraire qui s'est produit ! Ce fut une catastrophe ! Tout notre tour de chant ne fut accompagné que par des bruits de couverts et un brouhaha persistant. Cela était une belle leçon d'humilité. Juste sortis du Playhouse Theater où nous avions un confort et une sécurité identiques aux salles françaises, nous nous retrouvions projetés du jour au lendemain dans un décor tarabiscoté qui ne correspondait guère à l'esprit de notre spectacle. La première soirée avec ses deux *shows* avait été catastrophique. Nous avions un mal fou à accrocher le public, visiblement plus intéressé par les danseuses pas mal déshabillées que par notre folklore. Nous étions catastrophés, d'autant plus qu'Édith et toute son équipe avaient fait le déplacement et se trouvaient dans la salle, ce qui avait ajouté à notre angoisse.

Je dois rendre grâce à Eddy qui, dans la circonstance, n'avait pas perdu son optimisme :

— On va arranger ça. On se retrouve demain après-midi. On va revoir les lumières et le son qui laissent à désirer. Quant au décor, il ne vous met pas du tout en valeur. « Don't be afraid ! Go to sleep. See you tomorrow. »

Le lendemain après-midi, grand branle-bas de combat, tout le monde sur le pont ! D'abord, on découvrait un nouveau décor, un rideau de fond uni, sobre, ne tirant pas l'œil comme cette tour Eiffel dégoulinante de lumières multicolores qui faisaient cligner les yeux des spectateurs. Eddy avait fait supprimer le service pendant notre passage, et rectifier toutes les lumières en les resserrant sur notre groupe.

— Pour ce qui concerne le son, n'ayez pas peur d'utiliser les micros au maximum.

Il est vrai que le micro était encore pour nous un instrument mystérieux à cette époque, nous qui chantions *a capella*... Mais « nécessité fait loi », dit-on. Rapidement nous assimilions tous les avantages de la technique que nous ne connaissions pas encore en France. Seul Jean Sablon osait faire une rentrée à l'ABC en *crooner* et il faut reconnaître qu'il avait eu un mal fou à se faire admettre. Mon Dieu, que ça a changé, depuis ! Dès ce soir-là, tout est devenu différent. Notre spectacle s'est remis à tourner rond, à prendre son rythme de croisière après une première partie de revue avec des chanteurs qui interprétaient les *classics* de Jerome Kern, des chansons du folklore américain et faisaient même pleurer tout ce que New York comptait d'Irlandais avec l'hymne presque national, *Dany Boy*. Chaque jour plus complice, toute la troupe, y compris les danseuses, les choristes et les machinistes se retrouvait dans les coulisses pendant nos passages, riant aussi fort que les spectateurs. Un soir, il nous avait été annoncé la présence dans la salle de Stan Laurel, malheureusement sans Hardy, déjà disparu. Il vint nous saluer en coulisse, nous faisant des compliments avec sa petite voix, dans un français inimitable, avec ses mimiques et son mélancolique sourire, trouvant devant lui une bande impressionnée de *fans* nostalgiques d'une enfance pas si lointaine qui avait été nourrie de Charlot et de Laurel et Hardy.

Le directeur du Latin Quarter qui appréciait notre présence, nous proposa un contrat dans sa filiale à Miami, avec la promesse de revenir à Broadway pour deux semaines en janvier avant d'enchaîner un mois au Copley Plaza de Boston. Puis c'était normalement le retour en France.

Nous quittâmes New York pour nous retrouver devant une mer du plus beau bleu, avec un soleil rutilant, de quoi nous faire oublier la fatigue qui commençait légèrement à se faire sentir.

Avant notre départ qui correspondait avec l'anniversaire d'Édith, nous nous retrouvâmes tous au Versailles pour faire une nouvelle promesse : au retour en France, il fallait que nous recommencions à chanter ensemble devant notre public. Nous ne nous doutions pas que le drame de la disparition de Marcel Cerdan allait dans quelques mois bouleverser toute la vie d'Édith...

Du jour au lendemain, l'équipe au complet avec Jean-Louis, Marc, Jo, Albert, Paul, Guy, Gérard, Hubert et moi, nous nous sommes trouvés sous les cocotiers de Palm Island, en Floride, pour tourner une nouvelle page de notre histoire.

24

Miami

Un peu craintifs et pas encore habitués aux avantages nombreux de l'avion, ce fut par le train que nous sommes arrivés sous le soleil de Miami, à l'ombre des palmiers et des cocotiers, après avoir quitté New York sous une violente tempête de neige. Quelle différence de température avec cette mer tiède des Caraïbes où il faisait si bon se tremper ! Nous avions en effet remis la répétition au lendemain de l'arrivée. Le Latin Quarter, frère jumeau de celui que nous venions de quitter à New York, pouvait bien attendre quelques heures pour le réglage du son et des lumières.

La direction, pleine d'attention, mit à notre disposition une petite maison au confort des plus succincts et dont le problème était le lit qu'il fallait soigneusement inspecter avant d'y entrer, à cause de la visite des scorpions qui trouvaient parfois même refuge dans nos chaussures.

Miami ressemblait à une vieille carte postale d'une autre époque, avec de belles maisons de 1930 horizontales, alors que c'est devenu maintenant une ville verticale avec de hauts buildings comme n'importe quelle métropole américaine. C'était une station familiale un peu désuète pour des New-Yorkais riches. Il paraît qu'Ernest Hemingway y venait souvent en voisin depuis Key West où il avait une très belle maison.

Notre « île des palmes », *Palm Island,* portait bien son nom. Nous étions voisins avec le Latin Quarter où nous allions faire notre numéro. La vedette du spectacle était Myron Cohen, un *raconteur* qui avait tout un répertoire d'histoires juives irrésistibles. Miami était déjà à cette époque la ville de prédilection des orfèvres, des docteurs, des avocats, des producteurs riches ou même désargentés, venant de toute la Côte est et la Côte ouest des États-Unis. La tradition du show-business américain avait aussi bien pour cadre un petit night-club, un théâtre, un cinéma ou une *arena* qui accueillait les compétitions de sport. On pouvait ainsi voir les grands noms se produire indifféremment au Paramount de New York, au Shoreham de Washington ou dans un club de Miami. Sinatra, Nat King Cole et Judy Garland chantaient un jour dans une salle gigantesque, pour se retrouver le lendemain, sans problème, dans un de ces petits établissements.

Dans notre revue défilait une magnifique brochette de filles de rêve qui firent des ravages dans les rangs de nos petits Français. Il faut dire que c'étaient des beautés sculpturales dépassant le mètre soixante-quinze, avec ce sourire *cheese* auquel les célibataires dont je faisais partie avaient du mal à résister. D'ailleurs, Marc était tombé amoureux d'une de ces créatures, et, longtemps après le départ de Miami, il parlait encore mariage. Comme dans tous les night-clubs américains, il y avait deux spectacles chaque soir, le premier à 8 heures et l'autre à 10 heures, ce qui nous donnait tout le temps dans la journée pour nous adonner à l'exercice et à la plage, car il nous fallait garder la forme. Pour cela, nous avions bricolé des paniers de basket-ball avec des chaises percées accrochées aux palmiers, au grand amusement des employés du club qui venaient assister à nos bruyants exploits. C'est dans un bus qui longeait la mer que nous nous rendions à la plage. On voyait dans cette eau si claire passer des requins et d'immenses raies qui semblaient bien pacifiques, alors qu'on nous avait dit que leur dard était mortel. Et puis, il y avait un immense spectacle à quelques heures de Miami, les *Everglades*, où nous partions en voiture décapotable pour rendre visite avec Paul aux Indiens Séminoles, dont les femmes étaient si gracieuses avec leurs jupes tissées. Pour atteindre ces marais, il fallait quitter la seule route traversant la Floride et prendre avec prudence une petite voie caillouteuse en faisant bien attention à nos rencontres. Nous nous sommes ainsi un jour trouvés devant un gros serpent qui, aussi effrayé que nous, n'a pas demandé son reste pour disparaître.

Le soir de Noël, avec Mimi qui était enfin arrivée de Paris pour retrouver Hubert, nous eûmes l'envie de sacrifier à la tradition de la messe de minuit, avec Paul et Gérard qui s'étaient joints à nous. En quête d'une église, nous avons demandé à un chauffeur de taxi de nous conduire dans le « vieux Miami », le rendez-vous des Cubains. Après avoir erré dans les rues sombres, il nous a abandonnés devant un immeuble dont la façade ne ressemblait en rien à une église « It's downstairs », nous a-t-il dit. Descendant quelques marches nous nous sommes retrouvés dans une sorte de sous-sol décoré de fleurs artificielles, rempli d'une foule qui chantait en espagnol accompagnés par des curieuses guitares de six cordes soutenues par un rythme de *claves*, tandis qu'un saxophone se promenait « en contre-chant » dans l'aigu. C'était une interprétation assez musicale des noëls de chez nous et tout ce beau monde suait à grosses gouttes dans une chaleur d'enfer, comme nous d'ailleurs, trempés en quelques instants malgré la présence d'une dizaine de ventilateurs.

Le réveillon avait été à la hauteur. Il n'y avait à l'horizon qu'un snack-bar avec des sandwiches et même pas la possibilité d'un verre de vin. C'était d'une tristesse à pleurer. Retrouver un taxi pour revenir dans notre « paradis » fut tout un exploit !

Au bout de trois semaines, il nous fallut quitter ce coin béni, ces filles somptueuses et ce public averti dans lequel il y avait beaucoup d'habitués qui revenaient tous les soirs.

Un passage de plus par New York et nous avons pris la direction de Boston pour le Copley Plaza, encore un club chic au public européen dans cette ville sophistiquée qu'on nous avait présentée comme très puritaine. Les couloirs furent les témoins d'énormes chahuts qui provoquèrent les réactions indignées des clients lorsque Jean-Louis, nu sous un drap, sans clé pour rentrer dans sa chambre, la porte claquée par un courant d'air, nous interprétait pour rire une scène des *Bourgeois de Calais* presque dans le plus simple appareil. La soupape était en train de lâcher. Il était temps de rentrer en France. Mais nous avions connu des jours tellement inoubliables !

Le soir précédant notre départ, nous nous retrouvâmes tous dans la loge d'Édith au Versailles. Il y avait beaucoup de monde et beaucoup de bruit. Chacun y allait de ses impressions sur Miami et Boston, mais surtout, ce qui l'amusa, ce fut le récit de nos « exploits » auprès des *girls* du Latin Quarter où les « petits Français » avaient fait de véritables ravages, avec même une promesse de mariage chez Marc. Elle nous questionna insidieusement sur le comportement de Jean-Louis, mais alors là, ce fut unanimement « bouche cousue » !

Malgré les rires, notre au revoir était teinté de mélancolie, à la fois heureux de revenir au bercail mais tristes de quitter Édith, alors qu'on s'était juré au départ de vivre cette aventure ensemble. Mais, maintenant, tout était sur des rails pour elle à New York. Le Versailles lui offrait une belle revanche, un succès chaque jour renouvelé et toujours grandissant. Ed Sullivan, un des plus grands animateurs télévisés de l'époque, et les autres chaînes faisaient tous appel à elle. Elle trouvait là une belle compensation qu'elle avait mis, en fait, si peu de temps à gagner. Il faut dire qu'elle y avait mis les moyens, avec des leçons d'anglais sous la direction de la patiente Mrs Davidson qui l'avait fait travailler de longues heures pour lui « mettre en bouche » quelques-unes des chansons du répertoire américain. Son succès, elle le méritait bien.

On s'est séparés après de grandes embrassades, avec évidemment la promesse toujours renouvelée de se retrouver.

— C'est bien parti. Pour vous, ça marche. N'oubliez pas qu'on se revoit au retour. Vous savez que j'ai très envie de chanter avec vous.

Et puis, il y eut la séance des conseils d'usage de la grande sœur aux « petits », dont certains dépassaient le mètre quatre-vingts, alors qu'elle n'avait que son mètre cinquante-six à nous offrir.

— Je ne vous dis pas d'éviter de vous pencher à la portière, mais par contre, je vous conseille de continuer à répéter dur avec Marc qui n'est pas toujours facile. Mais c'est lui qui a raison, pour le travail. Vous pouvez faire confiance à Jean-Louis pour les contrats, il le fait très bien, et il est en contact avec Loulou en qui on peut avoir toute confiance. Quant à vous, Fred, ménagez votre belle voix, c'est un organe délicat, j'en sais quelque chose. Il vous faut tenir le coup.

Pour moi, ce conseil était aussi important qu'une leçon de chant ou un avis de laryngologue. Je dois dire que je prenais grand soin de ma voix, faisant attention aux courants d'air, évitant la fumée, portant toujours une écharpe ou un *chèche*, ne buvant jamais glacé ; autant d'embêtements que ma pauvre épouse serait obligée de supporter plus tard. Mais, comme disait le populaire, « faut c'qu'y faut ».

Pour le retour, Clifford Fischer, un peu radin, nous avait gratifiés d'un billet terminus Londres. Nous nous retrouvâmes donc à Waterloo Station avec une cinquantaine de bagages, des valises, des paquets ficelés « à la va-vite » et surtout des énormes *trunks,* ces monstrueux monuments dans lesquels on peut mettre tout le nécessaire de survie sur une île déserte, avec des tiroirs pour les chemises, les chaussettes, les caleçons, les chaussures et auxquels il fallait ajouter les costumes qu'on avait acquis « pour presque rien ». Autant de gros bagages inutiles qui dorment maintenant dans nos caves ou chez des brocanteurs. Nous avions tout dépensé à des choses futiles aux USA, en admiration devant tous ces *gadgets*, qui, une fois à la maison, ne servent pas à grand-chose. Mais nous étions comme des gamins devant la vitrine d'un magasin de jouets, éblouis par tout ce clinquant et les premiers dollars si faciles à dépenser. Comment terminer ce voyage alors que nous n'avions plus assez d'argent pour payer les retours ? Sans compter tous ces colis supplémentaires que nous avaient confiés Robert Chauvigny et Irène de Trébert, cadeaux « pour des amis ». On se trouvait dans cette salle des pas perdus, en face d'une véritable montagne de bagages hétéroclites, posés sur une file de chariots qui auraient eu de quoi remplir ce qu'on appelle aujourd'hui un *container*. Il nous fallait absolument trouver rapidement une solution. Toutefois, il faut reconnaître la gentillesse des employés de la gare que notre mésaventure avait l'air de beaucoup amuser et qui nous avaient proposé de surveiller nos « trésors », en attendant le dénouement de cette affaire. En consultant les journaux de Londres, dans la rubrique des spectacles, un gros titre attira notre attention et nous donna de l'espoir : « Jean Sablon, The French Troubadour at the Palladium. »

— Si on allait le voir ?

— Mais, il ne nous connaît même pas...

— Eh bien, voilà une occasion de faire connaissance !

Jean Sablon, celui dont toutes les femmes anglaises et américaines étaient folles, l'interprète des chansons de Mireille et Jean Nohain, comme *Ce petit chemin qui sent la noisette* ou *Vous qui partez en voyage* – qui étaient des chansons devenues grâce à lui des « classiques » – était une énorme vedette. Comment se pouvait-il qu'il puisse nous recevoir ?

Nous avons découvert en arrivant dans sa loge un homme absolument adorable qui rit d'abord en apprenant notre mésaventure. Il nous demanda des nouvelles d'Édith, et nous signa un chèque qui nous permit de rentrer à Paris. Jean Sablon, un gentleman.

25

Le retour

Du jour au lendemain, le retour à la rue de l'Université nous avait complètement désorientés. Après un départ en fanfare à la gare Saint-Lazare, avec la présence d'une bande de copains et d'une foule bruyante de curieux attirés par les actualités télévisées, ce retour « à la maison », incognito, discret, nous ramena sur terre. On retrouvait nos habitudes et la routine, dans un appartement agréable, mais où la promiscuité commençait à nous peser, loin des aventures qui nous avaient fait découvrir des décors nouveaux et nous avaient mis en tête, jour après jour, des velléités d'indépendance.

Jean-Louis manquait à l'appel car il était resté à New York pour aller assister avec Édith à un match de Cerdan contre Lavern Roach, autre prétendant à la couronne mondiale. Le match fut gagné haut la main, si je puis dire, par Marcel. Mais les premières pages des journaux parisiens nous mirent la puce à l'oreille : à l'arrivée d'Édith à Orly, elle était toute souriante en compagnie de Cerdan, et Jean-Louis restait à l'arrière-plan de la photo. Il avait l'air d'être le témoin impuissant d'une idylle en train de naître, contre laquelle personne n'aurait pu lutter. Beau joueur, il nous fit lui-même le lendemain la synthèse de cette situation avec son humour habituel :

— Contre Marcel, le combat serait inégal !

Notre séjour au Théâtre des Ambassadeurs, une fois encore avec Édith, ne fut pas un franc succès. Peut-être le public nous tenait-il rigueur de l'avoir abandonné pour ce qu'il considérait chez nous comme une « course au mirage américain ». Notre troupe commença à se poser des questions. D'autre part, une certaine presse saisit l'occasion pour commenter méchamment la défaite de Cerdan devant Cyrille Delannoit à Bruxelles, en publiant un gros titre vénéneux, barrant toute la première page : « Édith Piaf porte malheur à Cerdan. »

Mais un gala spécial au Club des Cinq présidé par François Mitterrand, le ministre des Anciens Combattants, nous donna l'impression de refaire partie des meubles du Club. Le sourire revenait.

Puis Maurice Carrère – un inconditionnel d'Édith et des Compagnons qui était propriétaire de l'établissement le plus élégant de Paris, rue de Ponthieu – nous invita à l'occasion du voyage de noces du duc d'Édimbourg et de la princesse Élisabeth. C'était un spectacle spécial en hommage à la future reine d'Angleterre auquel participait aussi Henri Salvador. La soirée ouvrait avec un pianiste classique qui jouait dans la plus parfaite indifférence. Ce gala n'est pas resté pour moi un souvenir glorieux, avec un public des plus désagréablement snobs, avec ces hommes qui nous soufflaient au visage la fumée de leurs cigares pendant que nous chantions avec Édith. Par contre, un souvenir plus amusant me rappelle un certain 1er Mai au parc de Saint-Cloud pour le RPF et le général de Gaulle, devant une foule immense, malgré une pluie diluvienne, alors que nous chantions une fois de plus *Les Trois Cloches,* encore avec Édith, monteé sur une chaise et abritée sous un parapluie tenu par une main secourable.

Sur ces entrefaites Mitty Goldin, notre ami à l'accent ensoleillé, vint nous proposer l'ABC pour quatre semaines.

Nous retrouvâmes ainsi le cadre de nos débuts mouvementés, mais cette fois-ci sans les filles, sans *Folle de revue*, seuls en haut de l'affiche, avec un très beau programme de première partie dans laquelle Armand Mestral nous interprétait l'air de la *Calomnie* du *Barbier de Séville.*

C'est d'abord
Rumeur légère
Petit vent
Rasant la terre
Puis, doucement...

Parfois il surgissait la mine de travers après de tumultueuses aventures nocturnes qui lui avaient fait oublier le couvre-chef l'aidant à composer son personnage de Bartolo. C'était un copain bien agréable, d'une constante bonne humeur, et il passait sa vie à nous raconter des histoires drôles. On rit beaucoup en sa compagnie. Dans le programme, il y avait également une charmante dame, distinguée à la belle voix, Germaine Sablon, la sœur de Jean, qu'un monsieur magnifique, un véritable lion, venait chercher en coulisse. Joseph Kessel, un homme avec un bel accent, ne dédaignait pas de nous fredonner à l'occasion quelques mesures d'une chanson russe de sa belle voix grave, en duo avec Armand Mestral.

Détail amusant, Édith nous rendait souvent visite à l'ABC et rien ne l'amusait plus que de nous faire, en coulisse, le rythme de la batterie qui accompagnait la *Chanson de Marianne* de notre folklore. Elle était irrésistible, maniant les baguettes et les « balais ».

Et au p'tit trot, p'tit trot, p'tit trot, c'est le refrain de la meunière
Et au p'tit trot, p'tit trot, p'tit trot, c'est le refrain de son moulin.

Tous les soirs, après l'ABC, on retrouvait le Club des Cinq où le Tout Paris, réconcilié après sa bouderie du Théâtre des Ambassadeurs, venait nous écouter avec Édith. Il y avait souvent des boxeurs puisqu'ils s'y trouvaient chez eux. En effet, l'établissement appartenait à cinq managers du *ring* qui en avaient fait la meilleure « affaire » de Paris. Un de ceux-ci, Jo Longman, celui qui s'occupait uniquement de Marcel Cerdan, allait disparaître avec lui dans le ciel des Açores.

En juillet, j'eus la chance d'une heure unique. Édith m'a demandé de joindre ma voix à la sienne, exceptionnellement, sans les Compagnons cette fois, dans un superbe contre-chant écrit par son pianiste accompagnateur Robert Chauvigny, pour une chanson de Marguerite Monnot et Henri Contet. *Il a chanté* narrait l'histoire de ce moissonneur dont les femmes étaient amoureuses et qui avait repris la route, ivre de liberté.

Il a chanté, les yeux clos elle a écouté
Cette chanson, qui la prend toute...

Avoir pu partager le temps d'une chanson avec Édith reste pour moi un des cadeaux les plus inoubliables qu'elle ait pu m'offrir.

Avec mes petits camarades, nous étions repartis pour un petit tour de France. Il nous permit de retrouver nos amis spectateurs de Tours, le cirque d'Amiens, Châteauroux, Bourges, Aix-les-Bains, Romans et tant d'autres ! Ils étaient là, fidèles, à l'affût d'une chanson nouvelle qu'ils ne connaissaient pas, dont ils allaient demander le titre le lendemain à leur disquaire, comme *Catherine* de Georges Ulmer, la chanson préférée de mon père ou *Le Prisonnier de la tour* de Francis Blanche et Gérard Calvi que nous avions eu le temps de mettre au point et d'enregistrer entre deux spectacles :

Si le roi savait ça, Isabelle
Isabelle si le roi savait ça
À la robe de dentelle
Vous n'auriez plus jamais droit
Isabelle, si le roi savait ça...

Nous avions aussi dans notre nouveau répertoire *La Marie* d'André Grassi, avec laquelle nous avions remporté le Grand prix du disque de l'académie Charles Cros.

T'en fais pas, la Marie t'es jolie
T'en fais pas, la Marie j'reviendrai...

En prime, une chanson de nos copains, Pierre et Charles, contait les aventures de *Cinq filles à marier,* les filles de Me Jacques le notaire.

Nous avions aussi mis au point, sur une belle musique de Jacqueline Batell, *Les Vieux Bateaux,* qui illustrait un joli texte du père spirituel d'Édith, Jacques Bourgeat, Jacot, celui qui lui avait donné le goût de la lecture après lui avoir presque appris à lire. Elle avait offert à ce vieil érudit des années plus tard un voyage pour lui faire connaître New York. Mais cela avait été sans succès, car il préférait la Bibliothèque nationale à l'Empire State Building !

Ils n'ont plus que leurs souvenirs
Ceux qui, jadis, couraient le monde
Avec une grâce d'aronde
De la Loire au Guadalquivir
Ils méditent sur leur passé
Qui les rendit veufs d'aventure...

C'était un beau poème que nous avions rajouté à notre répertoire. Chacun à tour de rôle, nous chantions un vers :

Fred Mella

L'un fut goélette autrefois
L'autre frégate sous l'Empire
Lui n'était qu'un petit navire
Lorsqu'il combattait les Anglois

Nous avions mis au point ce beau poème sachant à l'avance qu'il n'aurait qu'un succès d'estime. Mais nous étions tellement heureux devant les yeux humides de Jacot, à notre écoute.

26

Londres

Le London Casino et le Palladium étaient les deux temples de la Variety dont les coulisses virent défiler tout ce que le monde compta de personnalités du spectacle. Des affiches prestigieuses furent présentées à ce public, sans doute l'un des meilleurs du monde, toujours prêt à s'enthousiasmer et à pleurer aux accents de ces chanteuses dramatiques, les *Torch Singers,* ou à rire, d'un rire bon enfant, à leurs comiques locaux qui flirtaient quelquefois avec le mauvais goût, mais en étant toujours diablement efficaces. C'était le music-hall anglais.

On ne peut plus compter les noms prestigieux qui occupèrent « le haut de l'affiche », depuis notre Maurice Chevalier à sa grande époque, Bob Hope, Sinatra et sa bande de *rats* et, beaucoup plus tard, Nat King Cole, Ella Fitzgerald, Lena Horne, Judy Garland, ou bien les « dinosaures » américains comme Jimmy Durante et même, paraît-il, la vedette du premier film parlant, *The Jazz Singer,* Al Jolson. C'était ce qu'on appelait une étape obligée. Passer dans cette salle mythique correspondait à la Légion d'honneur de l'artiste de variétés. Le soir d'un spectacle à la Salle de la Chimie – un petit théâtre situé non loin de la Chambre des députés – Jean-Louis arriva tout excité :

— Lew et Leslie Grade nous proposent le London Casino pendant le mois d'août, en co-vedette avec Hoagy Carmichael.

— Mais, au mois d'août, nous avons la bonne habitude de faire notre tournée d'été... a objecté timidement une voix.

— On se reposera et ça reposera aussi les estivants de La Baule et de Cannes qui nous voient tous les ans. Les frères Grade vont se charger de nous trouver un hôtel pas trop loin du théâtre. Pas de kilomètres à faire, on pourra y aller tranquillement à pied. Et puis, il y a les Jeux olympiques à ce moment-là. On va se régaler. Les vacanciers seront doublement heureux de nous retrouver l'année prochaine, on l'espère.

Le vote « à la majorité » était toujours la règle pour décider des contrats ou du choix des chansons. C'est à l'unanimité que toutes les mains se levèrent. Pas une ne manquait ! Ce fut donc le London Casino au mois d'août.

Nous étions en avril et le calendrier des spectacles signés avant le départ était bien chargé. Depuis notre retour, une véritable « écurie » venait de naître avec neuf voitures qui encombraient la rue de l'Université, notre centre de répétition, l'appartement pris en charge par Mimi et Hubert.

Nous voilà une fois de plus repartis à travers la France. On avait tellement sillonné le pays qu'on avait l'impression de connaître toutes les petites routes. Même les raccourcis nous étaient devenus familiers. Clichy, Amiens, retour à Paris, Saint-Germain-en-Laye, Roubaix, Tours, le cinéma Vox à Anzin, le théâtre de Châteauroux, Bourges, Aix-les-Bains... Nous finîmes notre périple au casino de Charbonnières, près de Lyon, où j'eus le privilège de joindre l'utile à l'agréable en faisant une cure gastronomique en prévision des restrictions anglaises à venir, pires que les nôtres, paraissait-il. Nous étions plusieurs à avoir opté pour un petit hôtel dont le chef aurait mérité d'être étoilé par un certain guide. Il nous régalait de saucisson brioché, de quenelles de brochet et d'autres spécialités qu'on avait grand mal à éliminer en courant dans les bois voisins. En outre, c'était un amateur refoulé d'opéra qui chantait à tue-tête devant ses fourneaux tout le répertoire italien.

Au London Casino, nous partagions donc la « tête d'affiche » avec Hoagy Carmichael, le compositeur du *hit* mondial *Star Dust*, un pianiste américain de grand talent, très connu et apprécié du public anglais. Dans la vie, c'était un homme distingué et cultivé qui connaissait bien la France. Il avait une passion pour Maurice Ravel et il nous disait tout ce que lui devait la jeune musique américaine, puisque George Gershwin lui-même avait déclaré être influencé par ce maître après un pèlerinage à Montfort-l'Amaury. Le programme comprenait aussi une dame qui n'était plus de la toute première jeunesse, Dorothy Lamour, la star féminine, qui était la partenaire de Bing Crosby et Bob Hope. Ce trio avait tourné toute une série de films très populaires, pleins d'exotisme, tels que *Road to Rio* et *Road to Bali*, dans lesquels se succédaient des aventures rocambolesques pleines de bataillons de jolies filles et au milieu de ces deux animateurs comiques, très adroits. Les chansons de Bing Crosby et les « mots » de Bob Hope faisaient mouche à chaque coup. Autant dire que c'étaient deux personnages irrésistibles. Nous devions retrouver Bob Hope quelques années plus tard, alors qu'il nous présentait pour un spectacle au cours d'une traversée sur un *Queen*. Quant à Bing Crosby, il nous avait fait les honneurs du studio Paramount d'Hollywood, pendant qu'il tournait *Les Cloches de Sainte-Marie* avec Barry Fitzgerald.

Les *impresarii* Lew et Leslie Grade avaient choisi pour nous le Strand Palace Hotel qui se situait dans un quartier populaire et vivant. Il avait tous les avantages, car il était calme à l'intérieur et intense à l'extérieur. C'était un plaisir d'aller à pied vers le théâtre, une grande salle dans le Soho, par Burleigh Street ou Maiden Lane, rues si différentes des avenues françaises et même américaines, avec toutes ces tavernes. Dans *Bear Street*, « la rue de l'ours », j'avais une petite pensée pour celui de Trénet qui, dans la chanson, avait remis de l'ordre dans la mairie. Après Old Compton Street je rentrais au London Casino par l'entrée des artistes de Greek Street.

Évidemment, être à Londres représentait un rêve, mais un rêve un peu triste, car la ville était particulièrement marquée par la guerre. On trouvait encore des cicatrices dans le quartier de Saint Paul où je m'aventurais dans ces merveilleux taxis noirs qui avaient la faculté de pouvoir tourner sur place.

Question intendance, c'était difficile, les restrictions étaient toujours là. Il y avait en tout cas la possibilité d'un *fish and chips* ou d'un sandwich accompagné d'un thé que j'appréciais chaque jour davantage. Mais à notre âge, rien n'avait d'importance, on découvrait un pays et un public si différents de ceux que nous avions connus !

Les jours de relâche, j'allais au Palladium, qui devait nous accueillir quelques années plus tard, où s'était passée une séance incroyable qui me fut racontée. Il paraît qu'un jour, Danny Kaye, venu au Palladium pour deux semaines, alla rendre visite à George Bernard Shaw. Au retour à Londres, il eut un accident de voiture mais rien de très grave. Comme il ressentait une douleur au sternum, il s'est retrouvé dans un cabinet de radiologie où l'on constata une petite fêlure à une côte. Mais il en fallait davantage pour empêcher Danny Kaye de monter sur scène. Un peu raidi par l'accident, il raconta sa mésaventure au public qui n'en crut pas un mot et qui riait à chaudes larmes devant son air de chien battu, pensant que ça faisait partie de son numéro. Alors, Danny Kaye, prenant les grands moyens, alla chercher les radiographies dans les coulisses, demanda le « noir » sur scène et avec une lampe électrique en transparence, montra la cause de son mal. C'est le plus beau spectacle de music-hall qu'on puisse inventer, et chez lui, c'était vraiment improvisé. Il paraît que le triomphe fut fantastique. Devant ce succès, il fut obligé de recommencer le lendemain ! Danny Kaye était génial.

Le public du London Casino nous réserva un bon accueil, nos chansons animées amusaient et nos parodies d'*Au clair de la lune* à la manière des Cosaques du Don, d'un ensemble jazz et des concerts du Conservatoire fonctionnaient à merveille. Et puis, nous étions gâtés par l'événement tant attendu : les Jeux olympiques ! Raymond Marcillac, venu nous rendre visite au théâtre, eut l'idée de nous emmener à Uxbridge – le quartier général de la délégation sportive française – pour « changer les idées » des athlètes qui se montrèrent ravis de notre visite, à tel point qu'un athlète anglais médaillé d'or qui parlait notre langue, Roy Cochran, nous décerna allez savoir pourquoi le titre de champions du monde, comme l'a relaté la presse anglaise.

Je passais mes heures de liberté, peu nombreuses, en partant très tôt au stade de Wembley où je pus assister au triomphe de notre Micheline Ostermeyer, par ailleurs excellente pianiste concertiste, qui s'adjugea les médailles d'or du disque et du poids, alors qu'elle était toute menue, tandis qu'Emil Zatopek remportait le 10 000 mètres. Mais, la grande star de ces Jeux, a été la Hollandaise Fanny Blankers Koen qui survola de sa grande classe les 100 et 200 mètres, ainsi que le saut.

Je rentrais vite au théâtre et, après le spectacle, j'allais retrouver mes copains les journalistes français dans un bar enfumé où, après les commentaires de la journée, on braillait à grand renfort de bières des airs connus, accompagnés par un piano bastringue et les autochtones qui se joignaient à nous. Pour nous aider à garder le rythme, des petites boules lumineuses nous guidaient en sautillant sur un écran. On se quittait en se donnant rendez-vous le lendemain au stade.

L'accueil du public anglais nous laissa quelques regrets au départ. Mais nous sentions que quelque chose se tramait pour un retour, chose dont nos amis Lew et Leslie Grade nous parlaient à mots couverts. Ce devait être la surprise.

27

Le Québec

Cette année 1948 fut magnifique en débutant aux États-Unis à New York, à Miami, à Boston, puis en revenant à travers la France, de Paris à Roubaix, Anzin et Charbonnières. Cerise sur le gâteau, nous avions fait les Jeux olympiques et Wimbledon où nous n'avions pas joué au tennis, mais chanté !

De retour de Londres, nous nous préparions déjà pour le départ au Canada en compagnie d'Édith, un rêve que nous caressions depuis notre voyage de l'année précédente en Amérique. J'étais loin de me douter que ce pays – on ne disait pas encore le Québec – allait occuper une aussi grande et belle place dans mon cœur. Il changea ma vie et celle de quelques-uns de mes camarades.

Nous eûmes juste le temps d'aller embrasser nos familles, car nous allions repartir pour plusieurs mois, puisque, après Montréal, Québec, Trois-Rivières et Ottawa, nous avions planifié un retour aux *States* et probablement en Californie. Encore un rêve de plus à notre actif.

Pour la première fois, nous allions traverser l'Atlantique en avion. Ce fut New York pour une seule journée, le temps d'une petite promenade dans Broadway où nous avons retrouvé nos habitudes de l'an passé, avec ces *music-shops* qui diffusaient à tue-tête la même chanson, ces petits marchands de *hot-dogs* grillés, le cinéma de la 42e Rue avec ses deux films et les clochards qui viennent là pour dormir au chaud. Nous avions l'impression de revoir toujours les mêmes visages.

Le lendemain matin, le 5 septembre, c'était le départ du Grand Central Station à destination de Montréal, à bord d'un train du Canadian Pacific. À l'arrivée à la gare Windsor, nous fûmes accueillis par une armada de journalistes, de gens de radio et quelques-uns de nos amis français, tous au courant de nos prochains spectacles au Monument-National.

Il faut dire que *La Marie,* la chanson d'André Grassi, avait été notre meilleure ambassadrice car elle était diffusée tous les jours sur les ondes de Radio Canada, CKVL, CKAC ; sur tous ces postes de radio qui faisaient un bel usage des chansons françaises. Jacques Normand et Roger Baulu, en étaient les animateurs vedettes et ils étaient évidemment là à notre arrivée pour une *entrevue.*

Nous posâmes nos valises à l'hôtel La Salle qui devint notre quartier général. C'était un bel hôtel, un « lieu branché », le rendez-vous d'une certaine faune intéressante d'hommes d'affaires et d'artistes canadiens ou français de passage, qui possédait une cuisine et un service parfaits.

Le spectacle avec Édith se situait sur le boulevard Saint-Laurent, cette avenue qui fait la frontière entre l'Est et l'Ouest de Montréal, au Monument-National dont la façade de style néogothique, un peu sévère et grandiloquente, ne rendait pas justice à cette grande salle de 1 500 places désuète mais chaleureuse.

Pendant les deux jours de répétition, nous arrivions quelquefois à nous échapper pour aller nous gaver de sandwiches au *pastrami*, dans les *delicatessen.* Il y avait dans les *beaneries* toutes sortes de produits du cru : des fèves au lard, des *doughnuts*, des *apple pies* à la cannelle... Nous découvrions là une nourriture inconnue qui nous donnait l'illusion de la gamelle des westerns, ce qui était d'un dépaysement complet ! Tout ça était servi par des gens d'une attention et d'une gentillesse naturelles, qui nous posaient des questions sur notre « parler », alors qu'ils avaient eux-mêmes un accent à couper au couteau, différent du québécois dont j'étais vite devenu familier. Ils avaient des intonations qui trahissaient leurs origines grecques, italiennes ou juives.

— Vous avez un accent. Ah, bien sûr, vous êtes des Français de France !

Un ami québécois auquel je faisais part de ma surprise et de ma petite difficulté à comprendre quelques expressions m'a expliqué le *melting-pot* que représentait ce coin très spécial de Montréal, surnommé *la Main* (prononcé « la Méne »), la grande rue, en fait l'artère centrale des villages anglo-saxons. Le boulevard Saint-Laurent, cette grande voie partant du port, a vu l'arrivée des émigrés qui s'étaient agglutinés par nationalités tout le long de sa voie : des juifs d'Europe centrale, des Grecs, des Chinois venus pour construire les rails du Canadian Pacific Railway et du Canadian National, des Irlandais, des Italiens dans la Petite Italie, sans compter évidemment les Canadiens pure laine.

Toutes ces ethnies cohabitaient parfaitement en gardant leurs mœurs et leur dialecte, parlant toutefois le français avec une couleur et un accent spécifiques, en somme une petite tour de Babel pleine de charme !

Le côté ouest, plutôt bourgeois, contrastait avec l'Est qui avait la réputation d'être plutôt mal famé, avec ses bordels en nombre, ses « lieux de perdition », ses bars et ses clubs de jazz tenus par des gangsters, dont certains étaient les profiteurs de la prohibition américaine. Mais la vie nocturne y était pleine de vitalité. On y avait même vu, peu de temps après notre passage au Monument-National, les débuts triomphants de Roche et Aznavour au Faisan Doré.

La ville grouillait littéralement : la rue Sainte-Catherine avec ses tramways dont nous avions perdu l'habitude à Paris, ses voitures tellement plus nombreuses qu'en France, et puis une sorte d'énergie que l'on devinait dans l'air. Tout nous paraissait bon enfant et plus familial qu'à New York.

On était loin de *Ma cabane au Canada*. Pendant les pauses des répétitions, j'aimais discuter avec le directeur de la scène qui connaissait bien « son » Monument-National dont il me racontait l'importance dans la vie culturelle de Montréal, à cause de la situation de ce boulevard qui favorisait les brassages. Toutes les formes de spectacles y avaient vu le jour depuis sa construction à la fin du XIXe siècle, du théâtre yiddish qui en avait fait sa salle de prédilection, aux troupes de l'Opéra chinois de Canton qui y venaient spécialement pour leurs concitoyens. Les francophones y occupaient aussi une belle place, avec le passage de la troupe d'Olivier Guimont, dit Tizoune, qui y avait mis à l'honneur une forme de *slapstick*, ce mélange de burlesque et de *commedia dell'arte* cher à Chaplin, Buster Keaton, Abbott et Costello ainsi qu'aux trois Stooges... La filiation devait être assurée par Gratien Gélinas, créateur de son *Tit-Coq*, devenu un personnage emblématique du théâtre québécois. J'appris aussi que la célèbre Madame Bolduc, celle qui chantait en « turlutant », avait fait un passage sur cette scène, la chanson y trouvant aussi sa place. En somme, un « foyer de culture » avec toutes les formes de spectacles qui y avaient été présentes, même l'avant-garde des années vingt !

Notre directeur de plateau termina le petit inventaire de son domaine sur ces mots :

— Charles Trénet est annoncé après vous. Nous sommes heureux et fiers de recevoir les grands artistes de France.

La première fut un véritable moment de grâce, avec un public conquis d'avance, qui manifestait une chaleur unique. L'émotion était des deux côtés de la scène. Ce sera d'ailleurs notre lot dans tout le pays où, partout et très vite, nous nous sentîmes comme chez nous.

À la fin du spectacle, Walter O'Leary, qui nous avait reçus chez lui, Paul et moi, et fait découvrir la belle lumière des Laurentides, était venu nous saluer en coulisses en compagnie d'une ravissante jeune fille blonde portant un élégant tailleur beige, coiffée d'un béret blanc, Suzanne.

Voyant mon intérêt pour cette belle apparition, Walter me glissa malicieusement au creux de l'oreille :

— C'est ma chevalière servante. Elle m'accompagne dans toutes mes sorties, mais je tiens à vous dire qu'elle est plutôt « régence ».

Qu'à cela ne tienne ! Elle accepta de m'accompagner ce soir-là à une réception de l'Alliance française, où nous devions subir plusieurs discours soporifiques.

Devant mon invitation de la raccompagner et de filer *à l'anglaise*, elle rectifia gentiment :

— Ici, les Anglais disent « french leave ». Mais c'est loin, Ville Mont-Royal.

Rien n'était trop loin pour de si beaux yeux bleus !

Dans le taxi que je m'étais empressé de trouver, de peur qu'elle ne change d'avis, après un échange de quelques banalités, nous commençâmes une conversation qui allait se poursuivre pendant plus de cinquante ans dans une belle aventure qui nous a fait prendre des chemins quelquefois escarpés, mais toujours passionnants et inoubliables.

Tout débuta pourtant sur un ton banal de ma part :

— Vous avez passé une bonne soirée ?

En réponse, j'ai été pris d'assaut par un flot de paroles dans lequel elle me laissa entendre qu'elle était venue pour Édith.

— Bien sûr, j'ai tous ses disques, mais la voir sur scène, c'est « flyer ». Elle apparaît et l'on est envahi de tendresse, comme devant une petite fille. Et puis, elle chante et là on étouffe d'émotion. C'est comme « tomber en amour ».

Devant cet enthousiasme, j'osai quand même demander :

— Et nous ?

Elle m'a refait tout notre spectacle en employant toutes sortes de superlatifs. Elle était de moins en moins « régence » !

— Votre occupation de la scène est étonnante, il y a tellement d'inventions, de gags, on ne sait plus où regarder. Dans le *Duel*, par exemple, cette gifle qui se promène...

Dans le *Duel*, chanson composée par Charles Trénet et Johnny Hess, il y avait, dans notre mise en scène, une gifle qui partait de l'un des compères et qui se répercutait sur tous les visages des témoins, pour arriver sur l'adversaire en fin de course. Cette trouvaille avait été remarquée par Jean-Louis Barrault pendant notre aventure à la Comédie-Française.

— Vous êtes aux quatre coins de la scène. Comment faites-vous pour synchroniser vos gestes sans vous voir ?

— C'est notre secret.

— Musicalement aussi, c'est impressionnant. Cette ouverture *a capella* qui ressemble au *Barbier de Séville*, avec vos imitations d'instruments. Comment prenez-vous le « pitch » ?

— C'est notre secret.

Je profitai d'une respiration :

— L'ami Walter m'a glissé que vous êtes comédienne ?

— Oui, à mes heures, je fais partie d'une troupe, le Montréal Repertory Theater, qui joue le répertoire anglais. On y monte trois spectacles par an, selon les finances. En comprenant la direction, nous sommes dix. Avec cet effectif, difficile de monter du Shakespeare !

— Vous êtes canadienne-anglaise ?

— Non, j'ai la chance d'être bilingue. J'ai grandi et joué dans les rues de Verdun, avec des Irlandais et des Anglais. Il valait mieux parler leur langue pour se défendre et comprendre leurs jurons.

Mais nous étions déjà en fin de voyage. Pendant ce bien agréable bavardage, le taxi était entré dans Ville Mont-Royal. De jolies petites maisons individuelles, toutes avec une pelouse au gazon impeccable qui semblait coupé au ciseau à ongles. On se croyait dans un de ces films américains que j'avais vus à New York, racontant la vie de la famille Hardy et je m'attendais à voir Judy Garland et Mickey Rooney sortir de ce décor éclairé *a giorno*.

Nous voici arrivés devant une de ces maisons avec une porte de garage du plus beau rouge, non sans que j'aie essayé une avance sans réussite qui m'a fait comprendre que ce n'était pas le propos !

— Voulez-vous entrer prendre un « snack » ?

Là j'ai pensé que j'aurais peut-être ma chance !

Au bruit de la porte, une voix féminine descend de l'étage.

— Tu es contente de ta soirée ?

— Maman c'était merveilleux. L'un des Compagnons a eu la gentillesse de me raccompagner en taxi.

— My God ! Un Français. Comment est-il ?

— Pas très grand.

Merci pour mon ego !

On s'installa. Elle ouvrit un Frigidaire rempli à ras bord, me dit qu'elle avait un « beau rôti dans la fesse ». Devant mon air amusé, elle ajouta que c'était dans la croupe du bœuf, le beau rôti du dimanche, dans lequel on venait chaque jour prélever grillades ou sandwiches, et qui finissait en hachis Parmentier qu'ici on appelait *pâté chinois*. Va pour la « fesse de bœuf » précédée par l'indispensable céleri en branche pour lequel je lui faisais finement remarquer que les Américains l'appelaient *passion food* !

— Je peux même vous offrir un verre de vin français que mon père, amateur, achète à la Commission des liqueurs.

Depuis la Norvège, j'avais oublié qu'on pouvait garder des alcools en prison derrière les barreaux. C'était Byzance.

— Parlez-moi du théâtre en France.

Je lui avouai que je le connaissais assez peu, n'ayant vu, dans ma jeunesse, que *Le Cid* avec Jean Mercanton, un acteur disparu très jeune dans un camp de concentration. À Paris j'avais assisté à l'*Antigone* d'Anouilh, ainsi que le *Sodome et Gomorrhe* de Jean Giraudoux, avec un jeune débutant prometteur, Gérard Philippe. Et puis, il y avait eu les invitations de Gaston Baty au Théâtre Montparnasse !

Mais au moment où je commençais à ne plus la trouver aussi « régence », elle me signifia mon congé.

— Vous m'excuserez, mais demain matin, je suis de bonne heure à Radio Canada.

C'est vrai que tous les comédiens passaient dans des « séries » semblables aux *Duratons* en France qui ont fait chez nous les beaux jours de Radio Luxembourg et desquels émergèrent quelques personnalités comme Jean Carmet. Elles racontaient, comme ici, les aléas familiaux à grand renfort de ruptures, de réconciliations et surtout d'énormes torrents de larmes, comme le voulait la formule traditionnelle.

Un coup de téléphone et je me retrouvai installé dans le taxi de M. Lefèvre, « le » taxi qui participait à tous les événements locaux, et qui accourait à bride abattue, si je puis dire, pour ramener ceux qui avaient eu l'imprudence de s'aventurer loin de Ville Mont-Royal.

— On se connaît tous « icitte ». Je sais qu'elle est allée voir Édith Piaf au Monument-National. Elle ne vous a pas trop soûlé avec son enthousiasme ? En tout cas elle est « ben fine », en plus elle est « cute ». Et ses parents « c'est du ben bon monde » !

En passant devant une petite église irlandaise, j'ignorais que l'année suivante, le « ben bon monde » deviendrait ma famille québécoise.

Dès le lendemain, j'étais heureux de la retrouver dans les coulisses du théâtre avec mes petits camarades tournant autour d'elle. Édith, à laquelle je la présentai, me félicita après l'inspection d'usage et me chahuta avec sa plaisanterie habituelle :

— Au fait Fred, comment vont vos enfants ?

Suzanne entra dans le jeu :

— Ce n'est pas bien de laisser sa famille sans nouvelles !

La glace était rompue. Les rapports de Suzanne avec Édith furent toujours très amicaux. Quelques années plus tard, Suzanne présenta l'émission music-hall « à la télévision canadienne » et Édith n'hésita pas à faire le voyage depuis New York pour venir y chanter.

28

Le Directoire

Herb Jacoby était une vieille connaissance si je puis dire. Il nous avait engagés à nos débuts parisiens au Bœuf sur le toit dans un programme comprenant Georges Ulmer, Django Reinhardt et son frère Joseph, ainsi que Jacques Hélian et André Ekyan, ce qui donnait une affiche prestigieuse. Venu nous voir un soir au Playhouse, apprenant au Latin Quarter que nous prenions une route qui se séparait d'Édith, il nous proposa un mois au Café Society Uptown à New York, rebaptisé à la française sous le nom du Directoire. Nous acceptions mais ce ne pouvait se passer que l'année suivante.

C'était le club privilégié de Kay Thompson, la directrice musicale de Judy Garland à la MGM, la marraine de Liza Minnelli. Kay parcourait les États-Unis accompagnée par un superbe quatuor de chanteurs, de mimes, et de danseurs, les Williams Brothers. Ils faisaient avec elle un numéro éblouissant que nous avions vu en Floride et nous avions beaucoup sympathisé à cette occasion. Nous les avons retrouvés souvent au gré des spectacles, toujours avec la même admiration réciproque. Un jour, l'un des frères est parti pour une carrière solo : Endie est alors devenu un grand nom de la chanson américaine.

Au Directoire, nous partagions l'affiche avec une vedette populaire, Pearl Bailey, laquelle, outre ses chansons émouvantes, était renommée pour son humour frôlant quelquefois l'équivoque et même le vulgaire. C'était une chanteuse noire qui faisait tous les jours le voyage depuis Washington où elle habitait avec ses enfants, et n'hésitait pas certains jours à envoyer à sa place son frère qui, outre ses talents de chanteur, était le pasteur d'une église baptiste. Étrangement, le public du Directoire, des plus sélects, semblait connaître la famille et acceptait l'échange sans barguigner. Le pasteur avait même droit à un aussi bon accueil que sa sœur !

Les critiques nous avaient refait, à cette occasion, la comparaison avec les Marx Brothers, le ballet démentiel *High Buttons Shoes* de Jerome Robbins – avec beaucoup de portes qui claquaient plus fort que chez Feydeau – et même les *Rocket Girls* pour la précision mécanique de nos chansons animées. Ils affirmaient même que nous étions « la chose française la plus brûlante depuis l'incendie du Normandie » !

En plus, nous étions presque voisins avec le Versailles où Édith trouvait enfin le succès mérité. Elle donnait rendez-vous entre les deux spectacles journaliers, à quelques cinglés, dont j'étais, pour une équipée insensée qui nous emmenait en taxi jusqu'à un cinéma de Broadway avec à son programme *Body and Soul* dans lequel John Garfield jouait un boxeur. Tous les soirs, c'était le même topo : l'ouvreur voyait arriver cette bande de Français qui s'installait pour une ou deux scènes et qui repartait avant la fin du film, juste le temps d'arriver pour le deuxième spectacle. Il y avait même un ouvreur un peu fou, intrigué par notre manège et qui « jouait le jeu » en nous permettant d'entrer gratuitement dans le cinéma par la porte de secours. À la fin des deux scènes, on réintégrait le Directoire et Édith, qui avait les mêmes heures de spectacle que nous au Versailles, payait le taxi avec une poignée de billets verts serrés dans son sac à main qui jaillissaient, tellement ils étaient tassés et en pagaille. Elle n'avait réellement aucun sens de la valeur des dollars.

C'est à cette époque que Charles et Pierre nous firent la surprise de tenir parole en venant nous rejoindre dans notre modeste hôtel Langwell après leur court séjour à Ellis Island, passage obligé pour les étrangers qui avaient des problèmes avec l'immigration. Ils avaient en effet oublié leurs visas d'entrée. Ils en profitèrent, avec leur talent et leur fantaisie, pour conquérir le cœur des immigrants qui partageaient leur purgatoire, grâce à leur bonne humeur, leurs chansons et leur charme français !

Ce petit hôtel Langwell était un peu le lieu de rendez-vous de nos compatriotes, parmi lesquels le peintre Gen Paul qui était venu à New York pour une exposition. Il nous empêchait de dormir la nuit, jouant du piston en claudiquant sur sa jambe de bois, jambe qu'il avait perdue en 1914. Il nous saluait dans le hall par un sonore « Salut les p'tits gars ! » Le Langwell avait certainement eu son heure de gloire, car il était bien situé entre Broadway et la 5e Avenue. L'appartement était assez confortable mais on voyait par endroits toutes les couches de peintures multicolores, posées directement l'une sur l'autre, de véritables « cache-misère » qui faisaient leur possible pour essayer de camoufler les cicatrices causées par un mauvais entretien de l'immeuble. L'ascenseur, inquiétant, était manié par un groom à l'uniforme défraîchi. De ma chambre, j'avais une belle vue sur les petits ateliers des orfèvres juifs situés de l'autre côté de la rue. C'étaient des travailleurs infatigables qui n'arrêtaient que le temps de leurs prières.

Jouxtant l'entrée de l'hôtel, il y avait une boutique de coiffeur dont l'enseigne tournante, rayée de rouge et blanc, évoquait un gigantesque bonbon anglais. Je prenais mes précautions avec une formule apprise, pour qu'il me soulage du minimum, « Just a trim », craignant qu'il ne me tonde, car le barbier avait la main lourde à la tondeuse.

Pendant ce séjour au Directoire, Suzanne venait discrètement me retrouver. Elle me faisait découvrir le théâtre américain, comme cet après-midi où elle m'a emmené voir un phénomène incroyable dont on commençait à parler à

Manhattan : Marlon Brando dans une production inoubliable d'*A Streetcar Named Desire*. Cela ne nous empêchait cependant pas d'aller écouter aussi Billie Holiday, en sortant du deuxième spectacle au Directoire.

Elle ne souhaitait pas que mes camarades apprennent sa présence à New York. Raté, Jo l'avait aperçue au Air Terminal de Eastern Airlines, près du Waldorf Astoria. Cependant Pierre et Charles étaient dans le secret, et un matin, ils voulurent connaître cette mystérieuse visiteuse qui venait de Montréal pour me voir. C'est ainsi que les présentations furent faites avec ces amis chanteurs dont je lui avais parlé avec enthousiasme. Elle avait aimé *Il pleut, Je n'ai qu'un sou* que j'avais fredonné pour elle toute seule, dans mon numéro de conquête !

— Auriez-vous la gentillesse de porter pour nous cette lettre, de retour à Montréal, à la direction du Quartier Latin où Édith nous a fait engager ?

— Et d'abord, parlez-nous un peu de la vie nocturne à Montréal, quel genre de boîte est-ce, le Quartier Latin ?

— Vous tombez mal avec moi qui ne suis pas un bon public de cabaret. Je sais, par contre, que le Quartier Latin est très bien fréquenté et je me ferai un plaisir de porter votre lettre.

Elle m'a avoué plus tard qu'elle avait dû répondre à tout un questionnaire, une véritable enquête !

— Comment sont-ils... Que chantent-ils ?

— Il y a un grand qui a plutôt l'air sérieux et qui ressemble à un professeur. C'est lui le pianiste. Et l'autre a de beaux yeux noirs très intenses. Je ne les ai pas entendus chanter, mais je sais qu'ils ont des chansons superbes.

Mme Avon, sa mère, se posa quant à elle quelques questions, étonnée par ce « M. Aznamour » qui l'avait appelée poliment au téléphone pour lui ramener un parapluie oublié par sa fille dans un hôtel de New York !

À notre première rencontre déjà, pendant notre tournée en Suisse, nous nous étions découvert avec Charles une passion commune pour l'image. Tous les deux passionnés de

Mon grand père,
Innocenzo,
maçon italien.

Ada et Baptiste,
mes parents.

Milinn et Renato mes oncles,
Egle ma tante,
ma mère, René et moi.

les trois ménestrels (!)
Jean, René et moi.

Affiche des Compagnons de la Musique.

Chef scout à 17 ans. Eh oui !

Liébard et l'état-major des Compagnons de la Musique.

2e affiche des Compagnons de la Chanson.

Bal des Petits Lits Blancs (Nous ne sommes pas peu fiers).

Photo avec une merveilleuse dédicace.

Caricatures du Herald Tribune d'Edith et des Compagnons au Playhouse Theater de New York.

SUNDAY, NOVEMBER 9, 1947 Herald Tribune.

Edith Piaf, Much in Little at the Playhouse

The French chanteuse heads a variety revue. Her chief support comes from Les Compagnons de la Chanson, nine young men who clown as brilliantly as they harmonize. Their burlesque symphonic rendition of "Au clare de la lune" is pictured at the top

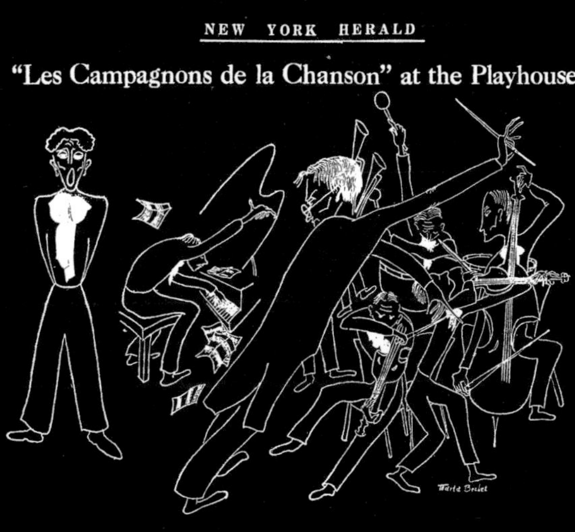

NEW YORK HERALD

"Les Campagnons de la Chanson" at the Playhouse

A la sortie des Studios Paramount de Hollywood.

Visite de Charles Trenet au Café de l'Est.

Visite de Judy Garland au Palac

Télévision "Toast of the Town" de Ed Sullivan _

Suzanne accepte de m'épouser !

Goupillières, Suzanne, Laurence et Michel avec notre ménagerie Cléopatre l'ânesse Pégase le chien et le chat Rogers _ © Fred Mella.

Bizarres instruments tyroliens les "Chalumeaux"

Notre défilé de New Orleans, comme dans la tradition _

© Fred Mella.

Orchestre fantaisiste dirigé par Ray Ventura, avec J.M. Thibault, Roger Pierre, Maurice Biraud, Claude Dauphin, Raymond Souplex, et les Compagnons.

Charles me remet l'Ordre du Mérite.

© Fred Mella.

Chez Georges, impérativement, spaghetti "al dente" par le merveilleux Lino.

© Fred Mella.

Encore du foot avec Michel en gardien de but.

© Jacques Aubert, Phonogram.

"réunion au sommet" chez Georges avec Charles, Boby Lapointe, Devos, Félix Leclerc et Jean Dalmain, sous l'œil de Püppchen. © Fred Mella.

Au cours de notre dernier Olympia, Charles est venu se joindre à nous.

théâtre de Verdure de Nice, on va répéter les paroles avec Edith.

© Jacques Munch.

Une conversation qui dure depuis plus de 50 ans, avec Charles.

© Fred Mella.

Avec les "compagnons", la chanson française est en bonne compagnie, dans un style qui fleure à loisir la douce éternité des mots, des mélodies et des rythmes, dans un art hors du temps qui sait enchanter les époques, en se jouant des modes passagères, pour demeurer toujours présent, toujours vivant !

Ch. Trenet.

9 muses et 9 compagnons
pour porter leurs traines
et chanter leurs louanges.
Que voulez vous
de mieux ?

Jean Cocteau
✱

Qui sont
les
Compagnons de la chanson
Huit garçons, un Chœur ?
Non.
Huit garçons, un seul Cœur,
un seul esprit,
un même enthousiasme
mis au service du très grand Talent
des
"compagnons de la chanson"
qui
depuis
vingt ans
sans publicité tapageuse
font
la preuve par neuf
de la présence du Music-Hall Français
à travers le monde

Aznavour.

Gros plan, Suzanne et Fred.

Toute la famille, avec enfants et petits enfants
le vrai bonheur.

Studio de création Flammarion - Crédits photos : collection particulière de l'auteur sauf mentionnés.

photo, véritables « gloutons optiques », nous nous mîmes à arpenter le trottoir de la 6e Avenue, le fief, à l'époque, des dernières inventions qui concernaient l'optique, en regardant avec envie les appareils scintillants qui nous narguaient dans les vitrines. On changeait même de trottoir, car de l'autre côté de l'avenue, c'était le même spectacle. À qui pouvaient-ils bien vendre cette quantité invraisemblable d'appareils ?

Cette passion nous est restée et encore maintenant, au retour d'un voyage, Charles me montre sa dernière découverte dont je dois reconnaître qu'il me fait souvent profiter. Un certain album de photos prouve d'ailleurs que non seulement il a la voix, mais il a aussi « l'œil », et le bon !

Les amis de jeunesse de ma mère, installés à Little Italy, avaient deux filles qui étaient amoureuses de la nouvelle coqueluche en train de détrôner le merveilleux Bing Crosby, pour moi le plus grand *crooner*. Je les ai surprises avec horreur, brisant tous les disques de chanteurs qui n'étaient pas Sinatra, comme l'avait exigé son fan-club. Elles m'entraînèrent, un peu contre mon gré, au Paramount et je pus assister au spectacle inimaginable de ces hordes hurlantes devant leur idole, passant leurs journées entières au Paramount Cinema, du premier au dernier show, avec juste le temps de se ravitailler en *pop-corn* pendant le film qu'elles ne regardaient même pas. Il était tellement maigre, qu'un *columnist* avait plaisanté en disant que lorsque Sinatra avait bu un jus de tomate, il ressemblait à un thermomètre et que s'il se mettait de profil derrière son micro, on ne le voyait plus ! Mais quel chanteur ! Et je rejoignis moi aussi la cohorte des *fans,* en allant écouter cette merveilleuse voix chaque fois que je le pouvais, au Paramount, à Londres, à Blackpool ou même au Danemark, sans oublier Paris et Las Vegas.

Depuis, il fait partie de mon panthéon des grands personnages.

29

Le Ciro's

Le Playhouse Theater, les deux Latin Quarter de New York et de Miami ainsi que le Copley Plaza de Boston nous avaient mis sur les rails avec le public américain. Les événements se produisaient à une vitesse grand V et nos anges gardiens Clifford C. Fischer et Eddy Lewis arrivaient chaque jour au Directoire avec des projets toujours nouveaux.

— Hollywood vous demande. Nous avons une proposition sérieuse pour quatre semaines au Ciro's. C'est l'établissement où il faut absolument passer.

Hollywood ! Qui refuserait un pareil voyage ? Et en plus dans le club le plus *in* où venait juste de se produire Nat King Cole que j'avais entendu quelques semaines plus tôt au Capitole, avec son trio magique.

Édith, mise au courant, nous dit toute sa joie, sans l'ombre de la moindre jalousie :

— Vous allez faire un « malheur » là-bas. Allez-y mais ne vous laissez pas enchaîner. N'oubliez pas nos spectacles en France !

C'était la même Édith qui, il y avait quelques mois, avait déclaré à un journal de Normandie : « Grâce à mes Compagnons, j'ai retrouvé le climat d'une vraie famille et mes joies de gosse ! »

Alors, nous voilà partis en avion, disposant de trop peu de jours de battement pour pouvoir partir tranquillement en train. Nous n'avons même pas eu le temps de visiter Los Angeles à l'arrivée, mais nous savions qu'avec quatre semaines sur place nous trouverions des heures pour cela.

Dès le lendemain, ce fut la répétition au Ciro's avec un personnel d'une gentillesse et d'une efficacité particulièrement professionnelles. Le point faible, c'était l'entrée un peu compliquée car l'accès à la scène se faisait par la cuisine et il fallait reconnaître que la porte à double battant ne facilitait pas les choses. Mais on s'arrangea puisque, de toute façon, c'était le passage adopté par ceux qui nous avait précédés. « Si Nat King Cole l'a fait, il n'y a aucune raison que nous ne puissions pas le faire ! »

Le spectacle se passait dans cette boîte à la mode avec deux shows tous les soirs et une salle pleine de célébrités hollywoodiennes, que l'on observait de nos yeux éblouis à travers la fameuse double porte de la cuisine.

— Ce soir, Gary Cooper... James Stewart... Cary Grant... Edward G. Robinson... Danny Kaye, Clark Gable, Paulette Goddard, Mickey Rooney, Rita Hayworth et son nouveau prince de cœur Ali Khan... Ginger Rogers et son chevalier servant Jacques Bergerac...

Tous les soirs c'était un défilé de grands noms, tout le gotha du cinéma, un générique de film irréalisable, mais toujours au premier show car les stars devaient se coucher tôt pour être en forme le lendemain devant la caméra.

Avec Paul, nous avions été invités un soir à boire un verre avec Celeste Holm et Peter Lawford, le beau-frère de John Kennedy. Il nous dit sa nostalgie de Paris où il avait perfectionné la qualité de son très beau français. En plus de ses films, il nous parla en riant de sa présence dans la « bande de *rats* » de Sinatra en compagnie de quelques copains avec lesquels la vie lui semblait plus « rigolote », selon ses propres termes !

Le séjour au Ciro's fut enchanteur. En plus, nous découvrions les fontaines de Coca-Cola dans lesquelles nous nous remplissions de grands verres avant de rentrer en scène... Nous retrouvâmes Hollywood par la suite, au Coconut Grove de l'Hotel Ambassador. C'est dans les cuisines de cet hôtel que, quelques années plus tard, Bob Kennedy fut assassiné.

Nous avions loué avec Paul et Hubert un bungalow dans une véritable oasis de palmiers qui nous rappelait le séjour en Floride, mais cette fois sans scorpions. Le Garden of Allah était, avec le Beverly Hills Hotel, un des « musts » de l'époque. Chaque jour on y rencontrait des visages familiers aperçus à l'écran. À la répartition des tâches, Hubert était le maître cuisinier car c'était un véritable cordon-bleu qui nous régalait avec des recettes lyonnaises. Nous nous étions rapidement rendu compte qu'il était difficile et presque impossible de vivre normalement à Hollywood sans voiture. Un jour où nous avions décidé, avec Paul, d'aller à pied, du Garden of Allah au Ciro's, les automobilistes nous jetèrent des regards étonnés comme si nous étions des sinistrés en plein désert. Nous avions donc pris la décision commune de louer une voiture, un engin indispensable là-bas. Il faut dire qu'il y avait le choix, avec tous ces *car markets* à chaque coin d'avenue. Nous repartîmes avec un immense véhicule qui était affublé d'amortisseurs nous donnant l'impression d'un bateau en pleine traversée de l'océan, avec le roulis et le tangage ! Par contre, bel avantage, le plein, sans fin, ne coûtait rien. Paul était notre chauffeur attitré car il était le seul à posséder le permis de conduire depuis peu. Notre grand vaisseau en vit de toutes les couleurs, car on n'était jamais sortis du Garden of Allah sans tutoyer le mur d'en face !

Pour nous dégourdir, nous sortions quelquefois, Paul et moi, entre les deux shows, maquillés afin de gagner du temps, ce qui nous valut d'être interpellés à un feu rouge par deux *cops* qui nous prirent évidemment pour un petit couple.

Intéressés par ce pays et ses environs où tout nous paraissait si différent de ce que nous avions pu voir jusque-là, nous avons pris le temps d'épuiser presque toutes les curiosités touristiques, depuis le village mexicain, le Grauman's Chinese Theater où les stars laissent leurs empreintes dans le ciment, au Hollywood Bowl, près de Pasadena, une gigantesque coquille en pleine nature où étaient programmés des concerts au clair de lune devant un auditoire de milliers d'amateurs de musique classique. Je n'aurais pas pensé, à l'époque, que Charles Aznavour y serait un jour la vedette d'un concert. Il y avait aussi les balades dans les montagnes de Santa Monica, de Santa Anna, et les retours en fin d'après-midi vers L.A., avec une lumière parme et des couleurs que je n'ai jamais retrouvées nulle part.

Le consul de France à Los Angeles, un fidèle du Ciro's, offrit une *party* en notre honneur à laquelle étaient également invités les musiciens de l'Orchestre National de France, en tournée à ce moment-là aux États-Unis. Le consul, De Manziarly, nous avait annoncé une surprise. Nous vîmes arriver dans la soirée deux petits bonshommes souriants, pas plus grands l'un que l'autre : Chaplin et Stravinski. Quel émerveillement et quel rêve d'être félicité par ces géants devant qui nous venions de chanter, intimidés comme jamais.

J'ai d'ailleurs pu parler de cette soirée mémorable quelques années plus tard à Londres, en allant déclarer la naissance de mon fils Michel au consulat de France. Le consul m'avait appris que De Manziarly était son ami et qu'ils achetaient pour eux deux une seule paire de chaussures, ayant perdu pendant la guerre l'un la jambe gauche et l'autre la jambe droite... Encore heureux qu'ils aient eu la même pointure !

Le « fidèle des fidèles » était sans conteste Edward G. Robinson, qui était présent dans la salle presque tous les soirs. Il nous invita à visiter chez lui une des plus belles collections privées de peinture qu'il m'ait été donné de contempler. Ébloui, je pus admirer des chefs-d'œuvre tels que le *Cavalier sur la plage* de Gauguin ou des toiles de Modigliani, de Monet, de Pissarro, de Rouault, de Dufy, de Renoir... et j'en passe ! Cette collection devait être enviée par les musées du monde entier. On accédait à ces trésors en passant dans un sas protégé par des cloisons blindées impressionnantes. À la fin de la visite, présentée et commentée par Edward G. Robinson, le plus francophile des artistes d'Hollywood, il nous confia Paul et moi à Sam Jaffe, le comédien qui avait reçu un oscar pour sa composition étonnante dans *The Asphalt Jungle*. Nous avions eu les honneurs de la maison et, en arrivant dans la chambre du fils Robinson âgé de cinq ans, Sam Jaffe nous présenta le dernier cadeau d'anniversaire à l'enfant : un magnifique portrait de petit garçon, un Renoir dont le modèle avait vraisemblablement été son propre fils, Jean, avec de belles boucles blondes... Nous devions retrouver le jeune Robinson quelques années plus tard au cours d'une traversée transatlantique, complètement drogué et alcoolique... Il a fini dramatiquement par un suicide. Cette belle-famille d'artistes devait malheureusement avoir une triste fin, quelques décennies plus tard, avec la disparition d'Edward G. Robinson, de son fils et de son épouse Gladys. La dispersion compliquée en trois parts de cette collection exceptionnelle vit une partie aller rejoindre celle, somptueuse, de l'armateur grec Niarkos, l'autre celle de Hammer, le magnat du pétrole, et la troisième celle du marchand parisien Hervé Odermatt qui avait administré ces transactions. Tout cela semble être vraiment inimaginable quand on pense qu'Hervé Odermatt se trouve être un de mes meilleurs amis, ayant fait la connaissance de Claire, son épouse, par l'intermédiaire de la mienne, québécoise comme elle. C'est ainsi que leur fils François est devenu mon filleul. Le monde est vraiment minuscule !

À Hollywood, le matin, Paul et moi nous allions faire les provisions dans un petit *market* près du célèbre Schwab's Drugstore que connaissent bien les vrais cinéphiles. Là, trônait en permanence un second rôle, une « rondeur » très populaire, Szakall. Nous y croisions quelquefois Robert

Mitchum, hirsute, qui avait à cette époque des problèmes avec la justice pour une histoire dont on parlait beaucoup. On se saluait amicalement, car il nous connaissait, étant venu nous entendre plusieurs soirs au Ciro's :

— Hey *Frenchies !*

— Salut Bob.

Un jour, nous avons reçu la visite de Ken Murray, un personnage très charmant qui nous invita dans sa maison pour nous projeter un film étonnant, l'histoire de *Bill and Coo*, deux oiseaux qui vivaient toutes sortes d'aventures incroyables. Il nous raconta le tournage qui avait demandé, on s'en doute, des trésors de patience. Ken était très connu et apprécié dans le milieu du cinéma hollywoodien car c'était l'ami de tous les artistes. Outre ses talents de cinéaste, il était propriétaire d'une petite salle, genre « théâtre d'essai », pour lequel il nous proposa un contrat de quelques jours, dans l'après-midi, ce qui ne gênait pas le Ciro's où nous passions le soir. C'était une ambiance très spéciale, un peu familiale, avec des spectateurs beaucoup plus sophistiqués, complètement différents des habitués du Ciro's. Dans notre programme, il y avait Burt Lancaster qui faisait un numéro étonnant de barre fixe, probablement en prévision du film de Carol Reed, *Trapèze,* avec Gina Lollobrigida, car c'était un ancien acrobate professionnel qui avait débuté au cirque, nous avait-il dit.

— How is the Bouglione family ?

Quel homme sympathique. Toujours souriant, il faisait des efforts pour être drôle, avec, évidemment, le vocabulaire des Américains quand ils essaient de parler notre langue. Nous avions passé en sa compagnie et celle de Ken Murray une semaine des plus chaleureuses avec, il fallait s'y attendre, mille et une questions sur Édith, sur ce qu'elle chantait et quelle était sa voix. Sa réputation était arrivée depuis quelque temps déjà, jusqu'à la Côte ouest et intriguait fortement le « métier ».

30

Le Café de l'Est

Quel contraste, ce passage du soleil de Californie à la grisaille de Montréal ! À l'arrivée, les rues n'étaient pas encore déblayées de cette neige tombée la veille, qui commençait à fondre sous un ciel triste. Mais je ne voyais pas la vilaine *slutch*, la gadoue québécoise. Je n'avais d'yeux que pour Suzanne, venue m'attendre, bien qu'elle soit en plein tournage du film *Un homme et son péché*, aux studios de Saint-Hyacinthe.

Suzanne comptait parmi ses amis une bande de garçons, fils de famille portant des noms célèbres comme La Trémoille, qui étaient tous diplômés d'universités européennes. La plupart firent une belle carrière dans les arts, la magistrature ou la politique. Ce cercle qui avait pris pour nom *Les Chevaliers de la Table ronde* comptait même un futur Premier ministre du Canada.

Grâce à un de ses membres, Suzanne avait obtenu les clés d'un immense appartement au premier étage d'une belle maison victorienne, propriété d'une célèbre marque de gin, située juste en face de l'hôtel Ritz, dans une des rues élégantes de Montréal, la rue Sherbrooke. L'appartement, que je partageais avec Paul, avait beaucoup de charme, bien que plutôt ancienne mode. Les chambres avaient la taille de salons de bal et la salle de bains était d'un autre âge. Pour accéder au trône des W-C, il fallait gravir trois marches : c'était bien d'un trône qu'il s'agissait ! C'était un appartement plein de fantaisie.

Suzanne n'avait qu'à traverser la rue pour retrouver l'équipe de tournage avec qui elle faisait le voyage pour le studio. Notre retour à Montréal, cette fois sans Édith, avait été magnifiquement préparé par une presse qui avait fait preuve d'un enthousiasme unanime après le spectacle du Monument-National avec Édith, quelques mois seulement auparavant. Paul Roussel dans *Le Canada*, sous le titre « Montréal ovationne Édith Piaf et les Compagnons de la Chanson », nous avait assuré une belle promotion : « Ces neuf garçons dont New York raffole, chantent avec une verve et un goût délicieux, jouent la comédie, miment, font des tours de passe-passe, des blagues énormes ou fines, typiquement françaises, toujours avec une fraîcheur irrésistible. » « Un spectacle réglé comme une horloge » ajoutait-il. Quant au *Herald*, il écrivait : « La plupart des cabarets chics de New York veulent les engager. » La *Gazette* avait, elle aussi, rajouté sa petite note anglophone : « The delightful les Compagnons de la Chanson won the house, last night. »

L'accès de ce Café de l'Est où nous devions chanter, nous sembla être une véritable expédition. Deux mois auparavant, on s'était arrêtés à la « frontière » du boulevard Saint-Laurent, entre l'est et l'ouest. C'était à se demander quels imprudents prendraient le risque de venir assister à un spectacle dans ce coin bizarre qui nous semblait se trouver à l'autre bout du monde. De même la réputation de l'établissement n'était pas faite pour arranger les choses. On disait qu'il était le théâtre de bagarres homériques entre marins venus de tous les ports du monde, qui se battaient à coup de bouteilles de bière volant bas et de jurons dans toutes les langues. Au premier coup d'œil, la salle impersonnelle n'avait rien d'engageant : une scène avec une technique vraiment minimum, un bar, des tables et des chaises modestes. En fait, ça ressemblait à un bistrot français anonyme.

Nous fûmes accueillis par le patron, Léo Larchevêque :

— Vous êtes comment ?

— Nous sommes bien.

— Mais vous êtes comment ?

— En pleine forme, et heureux d'être ici.

— D'accord, mais vous êtes comment ?

Là nous réalisâmes qu'il désirait savoir « combien » nous étions. C'était un homme jovial, qui par ailleurs s'empressa de nous mettre à l'aise en nous prêtant une salle à l'étage qui nous servirait de loge et de coin de détente entre nos deux spectacles journaliers.

Nous voilà installés pour quatre hypothétiques semaines dans ce lieu incongru. Atteindrons-nous la date limite ? Aurons-nous assez de public pour honorer notre contrat ?

Le soir de l'ouverture, ce fut la surprise la plus complète. C'était un défilé de voitures rutilantes qui semblaient égarées dans ce coin perdu. Cette salle, sinistre au premier abord devint tout à coup vibrante avec toutes ces tables éclairées par une minuscule lampe.

Un petit bonhomme légèrement efféminé, Hector Pellerin, nous présenta comme le « déssus » du panier de Paris, un homme par ailleurs charmant. Tous les soirs, ou plutôt deux fois par soir, nous vîmes défiler tout ce que Montréal comptait de beau linge, français et même anglophone. C'était bien plus qu'un public en or, c'était une véritable communion d'être avec ces gens toujours incroyablement réceptifs. Nous n'avions aucun mal à mettre des noms sur les visages de ces belles dames élégantes qui revenaient fidèlement. Les spectateurs nous interpellaient familièrement pour nous réclamer un titre : « *La Marie*, baptême ! », le juron favori des Québécois.

Du jour au lendemain, ce « grenier » était devenu le nouveau rendez-vous des copains de passage : Georges Ulmer, le duo Roche et Aznavour – pourtant « concurrents » dans un autre club –, mais aussi Charles Trénet qui ne loupait pas une occasion de venir nous saluer. C'est lui, d'ailleurs, qui nous avait chaudement recommandé le Café de l'Est dont il avait été un des premiers à « essuyer les plâtres ».

— Ne soyez pas étonnés par le nom. Vous verrez qu'il y a un magnifique public.

Le soir de sa visite dans notre loge, il nous a parlé de la chanson promise depuis longtemps :

— J'ai une idée pour vous. Après *La Mer*, j'ai pensé vous écrire *La Montagne*.

Et il a jeté sur la nappe en papier, avec le stylo de Ginette qui devait devenir plus tard l'épouse de Paul Tourenne des Frères Jacques, ce « départ » de la chanson :

Mes jeunes années courent dans la montagne
Courent dans les sentiers, pleins d'oiseaux et de fleurs
Et les Pyrénées chantent au vent d'Espagne
Chantent la mélodie qui berça mon cœur...

— Évidemment, je vais vous rajouter un couplet.

Il eut l'air d'improviser, mais je reste convaincu que c'était déjà entièrement écrit dans sa tête !

Parfois, loin des ruisseaux, loin des sources vagabondes
Loin des fraîches chansons des eaux, loin des cascades qui grondent
Je songe, et c'est là ma chanson au temps béni des premières saisons...

Le titre *Mes jeunes années* s'est imposé tout naturellement pour le public et Charles tomba d'accord tout simplement. Quelques mois plus tard, je l'ai rencontré à New York. J'avais reçu un coup de téléphone de lui où il m'annonçait qu'il avait écrit une version anglaise de cette chanson. Il me demanda de passer à son hôtel pour me soumettre son texte. Je débarquai chez lui juste à temps pour le voir replier le couvre-lit en compagnie d'un magnifique garçon bronzé qu'il me présenta :

— On ne pourra pas dire que je couche avec un vieux Noir ! Es-tu libre pour venir avec moi ce soir ? Je suis invité à un mariage. Il paraît qu'il y a un buffet gargantuesque. On va se taper la cloche, ou plutôt les *Les Trois Cloches* !

À chaque situation et même à chaque mot prononcé il réussissait avec un brio et un esprit époustouflants à se jouer de tout. Nous négligeâmes la version écrite par lui – *My happy young days* qui était complètement littérale et qui relevait probablement des souvenirs restant de son anglais scolaire – au profit de celle écrite par l'adaptateur anglais des *Trois Cloches*. Cette version a fait un gentil succès et a même eu les honneurs du hit-parade.

Dreams never grow old, they shine through the years
Shine bright as the stars through our loves and our tears...

Quelques mois après la séparation des Compagnons, j'ai été invité à l'Élysée pour la remise de la décoration de Commandeur de la Légion d'honneur de Charles Trénet. En attendant la cérémonie, nous avons commencé avec Pascal Sevran à fredonner *Mes jeunes années* autour du piano et nous eûmes la surprise de nous apercevoir de la présence du président François Mitterrand, venu cordialement, très discrètement, se joindre à nous. Mais je suis bien incapable de dire s'il chantait juste ou faux !

Pour en revenir au Café de l'Est, une fois le travail fini, nous rentrions au centre de Montréal par un tramway bruyant. Le conducteur se faisait le complice de nos mauvaises blagues sonores qui amusaient les rares passagers, ravis de voyager en notre compagnie.

Le Café de l'Est nous offrit un soir une surprise amusante : comme dans un western quelconque, le coffre-fort avait été éventré et traîné jusque devant la porte. Que je sache, on n'identifia jamais vraiment les auteurs, mais ce qu'il y avait de certain, c'est qu'il s'agissait d'un imposant monument pesant pour le moins une tonne et ce devait être une belle bande de malabars !

Mon mariage, dans cette petite église irlandaise, fut un événement important pour moi qui marqua cet automne d'une belle pierre blanche. J'avais définitivement mis un pied au Québec en épousant Suzanne pour mon bonheur, je dois le reconnaître, puisqu'il fait long feu.

Un matin, la terrible nouvelle de la mort de Cerdan nous fut annoncée par Radio Canada. Notre ami Marcel avec lequel, quelques mois plus tôt, nous marchions insouciants incognito dans Broadway avait disparu, ainsi que la violoniste Ginette Neveu, dans un accident d'avion aux Açores. Ce fut pour nous comme un coup de tonnerre. Le directeur du Versailles avait pris la décision de fermer la maison et de supprimer les spectacles d'Édith. Mais elle refusa, faisant face avec un courage inimaginable au public qui était venu prendre part à son désarroi et à celui de toute son équipe. Les mots sont bien incapables de décrire le déchirement qui fut le nôtre. Tout de suite, Édith a été notre seule pensée. Que lui dire, comment le dire ?

C'est là qu'est né, dans le courage d'Édith, cet *Hymne à l'amour*, ce cri, avec cette musique que Marguerite Monnot nous avait chantée dans notre appartement de la rue de l'Université juste avant notre départ. Elle venait seulement de le composer, n'avait pas encore de paroles, et pour cause.

Si un jour, la vie t'arrache à moi
Si tu meurs, que je sois loin de toi...

31

Washington

Washington allait devenir un de nos ports d'attache aux États-Unis. C'était toujours un plaisir d'y revenir pour quelques semaines, entre le Waldorf Astoria de New York, le Coconut Grove de Los Angeles et le Palmer House de Chicago. Le Blue Room de l'hôtel Shoreham à Washington était une salle qui accueillait tous les soirs un public cosmopolite dans lequel on pouvait retrouver toutes les ambassades et toutes les langues. Évidemment, la délégation française arrivait en force, avec à sa tête M. Bonnet l'ambassadeur et son épouse qui nous ont tout de suite invités chez eux comme des amis. C'était un couple absolument charmant. À la moindre occasion, ils nous recevaient avec simplicité à leur table, allant même jusqu'à nous demander de suggérer le menu qui nous ferait plaisir. Le chef, français comme il se doit, se faisait une joie de nous préparer des spécialités de chez nous. J'ai le souvenir du parfum d'un certain « bœuf gros sel » qu'il aurait été difficile de trouver dans un restaurant américain. Quant à la cave, elle passait pour être une des meilleures de Washington, avec des noms de crus dont je n'avais jamais entendu parler et il faut avouer que nous lui faisions honneur.

Un soir, nous avons eu la visite surprise de Paul-Émile Victor. Il riait en nous racontant que le personnel lui avait refusé l'entrée, car il n'avait pas la cravate protocolaire. Il avait été obligé de passer par les cuisines pour nous joindre.

Nous avions souvent dans la salle une supportrice enthousiaste, Margareth Truman. La semaine précédente, j'avais assisté – par un beau jour ensoleillé mais d'un froid sibérien – au défilé accompagnant la prestation de serment de son père, le président Harry Truman... Avec Paul nous avions pu nous faufiler face à lui, sur l'autre côté de l'avenue, étonnés de ne pas avoir de problème avec les services de sécurité. Il était surprenant de voir de si près le président prendre des cafés dans un gobelet en carton, comme un simple quidam, et discuter avec son entourage tout en répondant avec simplicité à des gens qui l'interpellaient familièrement ; cela en regardant défiler les représentants de toutes les ethnies américaines, comme ces somptueux Indiens à cheval, toutes plumes dehors, mais munis de Ray-Ban à cause de la luminosité. Ils étaient précédés par l'incontournable ballet de majorettes qui ouvraient la marche, et donnaient étrangement un petit côté *province* à ce défilé auquel assistaient pourtant les délégations du monde entier

32

Le Proche-Orient

Avant de retrouver nos chers spectateurs américains, car les contrats aux États-Unis arrivaient de plus en plus nombreux, nous devions honorer une parole faite à un organisateur de tournées au Liban où un public francophone commençait à prêter l'oreille à nos chansons.

Dès notre arrivée à Beyrouth, l'accueil fut chaleureux. Nous étions déconcertés par ce public gagné d'avance, avide de français, où se produisaient d'ailleurs beaucoup d'artistes de chez nous. L'ambassade de France avait organisé, après la première, une réception dans son parc avec, comme point d'orgue de la soirée, une compétition de natation entre le personnel et nous, ainsi qu'une course-relais à laquelle a même participé l'Ambassadeur en personne ! Il s'est trouvé par ailleurs, qu'il avait un vague lien de parenté, un « cousinage » avec notre Jo, l'aristocrate de la troupe. Évidemment nous avons été battus à plates coutures par cette équipe, tellement plus athlétique et bronzée que ces pauvres chanteurs dont le hâle n'était que celui du maquillage Leichner qui trichait, en nous donnant un petit air de bonne santé sous les projecteurs des nuits parisiennes.

Le président libanais y alla aussi de son invitation informelle. Lorsque nous eûmes l'honneur de déjeuner à sa table avec l'ambassadeur, son fils, en admirateur inconditionnel de nos spectacles, nous promit de nous accompagner en Égypte où nous devions partir dans quelques jours, après un spectacle spécial à Aley, une station chic dans la montagne. Le voyage fut pour le moins original, dans des taxis pilotés par de véritables kamikazes sur des routes impossibles, en évitant des charrettes tirées par des ânes ! À chaque tournant, un obstacle différent, mais nos petits chauffeurs passaient chacune de ces embûches avec *maestria* en véritables as du volant.

Avec Paul et Jo, nous nous étions offert une trop courte incursion aux somptueuses ruines de Baalbek avec toutefois le regret de ne pas aller voir de plus près les cèdres monumentaux qui étaient beaucoup trop loin pour que nous ayons le temps de revenir pour le spectacle.

Au Caire, c'était là aussi un rêve éveillé dans un décor digne d'*Aïda*, l'Elmiah Palace. Nous avions épuisé tous les sites touristiques : les promenades en felouques sur le Nil, les visites des pyramides à dos de chameaux affublés de noms d'artistes français... Le mien répondait à celui de Maurice, à cause de Chevalier, et Hubert était monté sur Mistinguett ! Je n'oublie pas les cinémas de plein air avec un écran gigantesque, où on pouvait joindre l'utile à l'agréable en dégustant les spécialités culinaires locales tout en visionnant un film oriental avec danseuses du ventre.

En rentrant une nuit après le spectacle, nous fûmes abordés, Paul et moi, par un policier arabe qui commença un long discours nous faisant rapidement comprendre qu'il était à la recherche d'un *bakchich*.

— Au signal, on se carapate.

Nous avons tous les deux dû battre un record de vitesse pour atteindre notre petit hôtel !

Après une escale rapide à Alexandrie, en route pour Damas. En Syrie notre spectacle eut lieu à l'emplacement (supposé !) du Paradis Terrestre. Nous eûmes droit une fois de plus à la présence du chef de l'État, surveillés par un service policier des plus rigoureux. Par crainte d'un attentat, ils avaient vérifié tous les coins de la salle, en sondant les lieux avec la fameuse « poêle à frire » des démineurs ! Pendant la chanson écrite par Édith, *Les Yeux de ma mère*, où nous étions accompagnés à l'accordéon par Marc, la chute voulait que, sans jeu de mots, Guy laisse choir sa cigarette, qui devait être écrasée par Paul. Or nous nous rendîmes compte, avec stupéfaction, qu'un garde du corps du président, couché à plat ventre sur la scène, était au milieu de nous en train d'essayer d'atteindre la cigarette, l'objet du délit ! Salué par un fou rire de l'assistance pourtant guindée au plus haut point, ce fut notre plus gros succès de toute la soirée.

La sécurité si sourcilleuse n'a pas empêché le président d'être assassiné quelques semaines plus tard, comme nous l'avons appris au retour sur la Côte d'Azur, avec un petit frémissement en nous souvenant que l'organisateur de cette tournée où tout s'était bien passé, un syrien, Nader Azzem, était connu pour avoir égorgé des officiers français lors des événements. C'était pourtant un homme discret, au demeurant bien élevé et de la plus grande politesse, au visage en lame de couteau, avec un sourire, il est vrai, glacial et inquiétant.

Le retour s'effectua dans un avion qui avait du mal à prendre de la hauteur, il nous donna quelques sueurs froides car nous sommes passés à deux doigts de l'accident lorsque nous avons frôlé les hangars de l'aéroport !

33

Léo

Ma première rencontre avec Léo Ferré reste un souvenir précieux et extraordinaire. C'était chez Édith, rue de Berri, quand nous répétions comme des forcenés (des forcenés heureux !) nos *Trois Cloches*, avant le verdict du public et l'audition impressionnante devant Jean Cocteau.

Elle avait la bonne habitude de nous offrir la primeur de ses nouvelles chansons, nous demandant notre avis, dont elle ne tenait finalement pas compte, pas plus que de celui des auteurs et des compositeurs qui faisaient le siège de sa maison. C'est elle et elle seule qui prenait la décision, se fiant à son instinct, selon ce qu'elle pensait pouvoir trouver pour faire vivre la chanson, comme un geste ou un détail de l'arrangement musical. Édith aimait nous suggérer quelques trouvailles auxquelles elle pensait en nous écoutant, ce qui a été le cas quand, par exemple, nous mîmes au point *La Marie* d'André Grassi. Elle eut l'idée du mouchoir blanc qui flottait au-dessus du groupe et accompagnait cette musique au rythme de marche :

T'en fais pas, la Marie, t'es jolie
T'en fais pas, la Marie, j'reviendrai
Nous aurons du bonheur plein la vie
T'en fais pas, la Marie, j'reviendrai...

C'était extraordinaire ce qu'un petit accessoire pouvait prendre comme valeur quand il était mis en situation. Édith savait utiliser ce détail qui faisait naître une ambiance et, on peut presque le dire, un décor.

Ce jour-là, outre l'équipe de ses auteurs et de ses compositeurs – Michel Emer et Henri Contet – il y avait un jeune chevelu, Léo Ferré, qui était venu discrètement me faire des compliments sur ma façon de chanter. En discutant dans un coin, nous nous sommes trouvés sur la même longueur d'onde, tous deux amateurs de mélodies classiques telles que Duparc, Chausson, Fauré ou Debussy. Les leçons de chant de la charmante Mme Villet-Courbon n'étaient pas si loin quand on y réfléchit !

Or, lorsqu'Édith nous offrit la primeur d'une nouvelle chanson nommée *La Vie en rose,* nous eûmes la même réaction : « C'est de la merde. »

L'immense carrière mondiale de cette chanson nous mit le nez dedans, si je puis dire ! Nous étions jeunes et peut-être prétentieux avec notre « purisme ». Il faut toutefois avouer que le pianiste d'Édith, Robert Chauvigny, à qui elle offrait de signer la musique à la SACEM, eut le même réflexe que nous. Il n'était pas très convaincu lui non plus. Il avait demandé à Édith de mettre son nom, à la place de *La Vie en rose,* sur la musique d'une très belle chanson, composée par elle également, *Un refrain courait dans la rue,* qui, elle, n'a pas fait un franc de droits d'auteurs.

Un refrain courait dans la rue
Bousculant les passants
Elle s'faufilait dans la cohue
D'un p'tit air engageant...

Toute sa courte vie, Robert a regretté son geste et à chaque rencontre, c'était le même refrain : « Tu peux me présenter ce que tu veux, je signe des deux mains ! » Le compositeur Louiguy qui se trouvait là eut moins de scrupules et n'hésita pas, lui, devant l'offre d'Édith.

Je retrouvai avec plaisir Léo pendant une soirée de la série des six mois de récitals des Compagnons à Bobino. Léo était venu saluer son ami le directeur de cette fantastique salle, Félix Vitry. Il en avait profité pour nous écouter chanter. Après le spectacle, il m'invita alors que je n'aimais pas sortir tard :

— Veux-tu venir avec moi, ce soir ?

— Pour aller où ?

— Chez les anars.

— Que veux-tu que je leur dise ?

— Rien, tu es avec moi.

Ce fut une soirée mémorable dans un café enfumé, pendant laquelle on a « refait le monde » plusieurs fois. Toutefois, il faut reconnaître que ses amis, très chaleureux, avaient dû être plutôt surpris de ma présence... Je n'avais guère le profil de leurs habitudes !

Quelques années auparavant, alors que nous chantions sans grand succès avec Édith au fameux Théâtre des Ambassadeurs – où nous avions comme voisin un duo des danseurs à l'avenir prometteur, Roland Petit et Zizi Jeanmaire –, Léo accompagné de son épouse Madeleine était venu nous faire entendre une de ses compositions :

Quand tout est bleu
Y a l' permanent dans tes quinquets
Les fleurs d'amour s'foutent en bouquets
Quand tout est bleu. .

C'était une fort belle chanson dédiée en fait à Madeleine, sous le titre de *Mon p'tit voyou,* comme je l'ai appris plus tard, chanson évidemment trop « personnelle » pour le groupe. Elle avait été refusée par « le vote à la majorité » toujours en activité chez les Compagnons. Je pestais souvent contre cette règle, mais je criais tellement fort et avec tant de conviction que j'arrivais en général à faire passer mes choix. Je dois avouer que, certains jours, un « travail au flanc » me donnait les voix de certains de mes camarades ! Mais là, on se trouvait à l'écoute d'une chanson trop intimiste pour un groupe.

Comme l'a souligné Robert Belleret, son biographe, nous avions déjà chanté des paroles de Léo sans le savoir car il avait collaboré avec Eddy Marnay sur une très belle chanson, *Les Amants de Paris*, reprise dans le film *Neuf Garçons... un cœur*.

Les Amants de Paris couchent sur ma chanson
À Paris les amants s'aiment à leur façon...

Une anecdote que m'a racontée Charles m'amuse beaucoup. Quelques années plus tard, alors que Léo était devenu le « monstre sacré » que l'on connaît, pendant un spectacle au théâtre de Valence il me semble, il aperçut deux personnes qui vinrent se placer discrètement dans la fosse d'orchestre, puis trois autres quelques minutes après. Comme d'autres arrivaient encore, Léo interrogea à l'entracte son directeur artistique et ami Richard Marsan qui lui répond que ce sont des anars venus l'entendre gratuitement. Léo eut alors cette extraordinaire réplique :

— L'anarchie, l'anarchie... ça a des limites !

Excuse-moi, Charles, de t'avoir *volé* cette anecdote, mais je pense qu'elle valait d'être contée !

34

Gilbert

Nous reçûmes un jour à New York la visite de Jacques Pills qui, pour moi, était un personnage important et marquant de la chanson française avec son complice André Tabet. Leur numéro de duettistes avait apporté beaucoup de charme à la scène française car ils possédaient une désinvolture et une musicalité propres. Ils avaient été magnifiquement servis par un autre duo magique, Mireille et Jean Nohain, responsables de petits bijoux entrés dans le folklore tel que :

Couchés dans le foin avec le soleil pour témoin
Un p'tit oiseau qui chante au loin...

Et :

Ce petit chemin qui sent la noisette
Ce petit chemin n'a ni queue ni tête...

Jacques Pills, venu nous écouter au Waldorf Astoria, nous proposa une chanson d'une couleur musicale nouvelle, très intéressante, qui fut hélas oubliée dans nos tiroirs comme beaucoup d'autres qui auraient pu, elles aussi, avoir leur chance dans notre répertoire. Je retrouvai quelques années plus tard sa chanson, *Vol de nuit*, en allant un soir au cabaret Chez Tonton sur la place Blanche. Elle était chantée par le compositeur de la musique, Gilbert Bécaud, le pianiste accompagnateur de Jacques Pills à ce moment-là. Gilbert commençait alors une carrière de chanteur, et quel chanteur c'était ! « Tonton », personnage des plus parisiens, avait créé une ambiance chaleureuse dans ce petit lieu qui était tellement fréquenté qu'il fallait retenir sa table très longtemps à l'avance. C'était un esthète, un ami des artistes, et il possédait chez lui, à Saint-Germain-en-Laye, une superbe collection de peintures d'amis comme Gen Paul et ses extraordinaires *Musiciens de jazz*, Utrillo, Vlaminck, Buffet ou Derain dont il était un intime.

Les garçons de table faisaient un véritable spectacle. Ils chantaient en servant la clientèle très huppée. Une belle humeur. Puis arrivait Gilbert, qui plaquait un accord, chantait *Les Croix* :

Et moi, pauvre de moi
J'ai ma croix dans la tête

Il chantait presque *a capella* cette histoire d'amitié, que nous avons mise à notre répertoire, car elle nous convenait tout à fait. Le texte était de Louis Amade, un poète, un personnage important de la préfecture de Police de Paris dont la proverbiale générosité faisait gonfler les poches de veston chaque fois qu'il se rendait à une réception officielle. Il était trop gentil pour refuser les contraventions automobiles que lui collectionnaient tous les artistes imaginables. Il ne refusait jamais un service, et en plus, il écrivait de beaux textes, avec un autre parolier tellement talentueux, Pierre Delanoë. Ils ont tous les deux fait partie de nos auteurs privilégiés en occupant une belle part dans notre répertoire.

Gilbert avait un sens mélodique rare. Il faut avouer que ses paroliers étaient talentueux : Pierre Delanoë pour *Et maintenant*, Maurice Vidalin pour *La P'tite Bête qui monte*, *qui monte* et Charles Aznavour pour une série dont le succès a été double, puisqu'ils interprétaient chacun de leur côté leurs chansons communes.

J'eus le privilège, en vacances avec eux à Saint-Tropez, d'assister à des séances de composition entre Charles et Gilbert, dans un grenier prêté pour l'occasion où étaient entreposés mille objets hétéroclites. Ils composaient entre de vieux fauteuils, des guéridons, un piano évidemment et même une harpe qui avait échoué là, on se demandait bien comment. Quel beau décor. Alexandre Trauner n'aurait pas imaginé mieux. Je me régalai question photo et question chant.

Nous avons repris par la suite *C'était mon copain*, qui devint un de nos succès.

C'était mon copain, c'était mon ami
Pauvre copain de mon humble pays...

Gilbert avait continué de venir nous voir en scooter sur la Côte d'Azur, porteur de belles chansons qui faisaient toujours plaisir à nos spectateurs, *Le Jour où la pluie viendra, Je t'appartiens.*

Comme l'argile
L'insecte fragile,
L'esclave docile
Je t'appartiens

Et puis, un été, j'eus l'occasion de faire à La Baule des photos de son jeune fils, Gaya. Comme nous allions à New York pour un de nos nombreux contrats au Waldorf Astoria, je proposai à son épouse de lui apporter ces photos, en invitant Jean notre auteur maison à m'accompagner. On parla de tout et de rien et Gilbert se mit au piano, questionnant Jean, au débotté, qui n'avait aucune idée de chanson au départ. À un mot de Gilbert, une étincelle jaillit en réponse à une phrase banale. C'est curieux ces circonstances fortuites qui sont au départ de choses inattendues. De cette collaboration entre Gilbert et Jean résulta une de nos réussites scéniques :

Alors, raconte-nous, ce qui est arrivé
Comment ça s'est passé
Pendant qu'on t'attendait, là
Alors, tu n'dis rien, pourtant tu pourrais bien
Penser à tes copains
Parler du rendez-vous qu'elle t'avait donné

Et là, j'enchaînais :

Elle s'est retournée, m'a regardé, regardé, regardé
Comme si j'étais le Bon Dieu... oui...

C'est au hasard de cette rencontre provoquée sans prétexte qu'on doit cette belle chanson qui nous accompagna longtemps, longtemps, longtemps...

35

Revue au London Casino

Nos impresarii anglais Lew & Leslie Grade nous avaient fait promettre au London Casino de nous faire revenir en Angleterre. Nous voici donc de retour pour six mois, cette fois-ci dans une revue à grand spectacle ! Quel plaisir et quelle nostalgie de retrouver cette salle qui nous avait vus débuter en Angleterre il y a deux ans.

Rien n'avait changé dans ce fabuleux théâtre qui ne se démodait pas depuis sa construction dans les années trente, lorsqu'il portait le nom de « The Prince Edward Theater ».

La salle était un immense vaisseau avec des fauteuils « vieux rouge bordeaux », équipés de petites tablettes qui permettaient de poser sa tasse de thé et les jumelles de théâtre qu'on pouvait louer pour quelques pennies. Ce cadre était un peu défraîchi par le temps et possédait cette patine qui faisait tout le charme de ces vieilles demeures anglaises que l'on retrouve dans ces films en noir et blanc. Côté scène, la revue à laquelle nous participions était magnifiquement servie par une machinerie « à l'ancienne », un jeu d'orgues qui permettait de beaux effets de lumières sur une figuration souvent nombreuse à cause de l'immense plateau avec sa scène tournante.

Dans la troupe du spectacle, il y avait une personnalité étrange, un chef d'orchestre classique, portant le smoking avec classe, un humoriste qui amusait grandement le public et qui chantait même plutôt agréablement. C'était le gendre de Winston Churchill, un personnage réellement inattendu dans une salle avec une telle ambiance. On l'aurait plutôt imaginé acteur dans un théâtre shakespearien.

Pour notre part, nous étions intégrés à la revue avec nos chansons gaies ou dramatiques, dont nous expliquions le thème à l'aide de notre, *broken english*, notre anglais approximatif, pour que les spectateurs puissent suivre l'histoire. Un de nos chevaux de bataille, que le public trouvait particulièrement émouvant, était cette saga *Les Yeux de ma mère*, une histoire de marin :

Il était tellement, tellement grand,
Qu'on aurait pu croire par moments
Qu'il voulait atteindre le ciel...

La chanson avait été écrite par Édith, paroles et musique, et inspirée par un film que nous avions vu ensemble sur le *Queen Mary*, lors de notre première traversée vers New York, *The Long Voyage Home* qui voyait mourir John Wayne.

Dans le fond, on n'a jamais su
Le pourquoi, quand il s'est battu
Contre des types à la peau dure
Quelle belle bagarre on a vue là
Ça volait partout en éclats
On en parle encore, je vous l' jure
Puis la bagarre s'est terminée
Par une balle qui s'est égarée
En plein milieu d'son aventure...

Marc, qui nous accompagnait à l'accordéon selon une suggestion d'Édith, amenait à ce moment-là une rupture de rythme qui faisait tomber la fameuse cigarette de Guy écrasée par Paul. Pendant que tous les autres sortaient un à un, je restais seul.

Il reste la chanson
Que chantait le garçon
Les yeux de ma mère
Les yeux de ma mie
La voix de ma mère
La voix de ma mie
Les mains de ma mère
Les mains de ma mie
Sont pour moi plus que la vie.

Tout de suite, on chassait l'atmosphère dramatique avec nos chansons animées, *L'Ours* ou *Le Roi Dagobert*, dont la sortie avec Jo sur nos épaules, transformé en « gisant moyenâgeux », faisait pleurer de rire le public. Cerise sur le gâteau, notre participation prenait fin par *The Three Bells, Les Trois Cloches* dans la version anglaise, n° 1 au hit-parade, qui passait tous les jours sur les ondes de la BBC, car, à la demande de notre maison de disques, nous avions enregistré notre propre version anglaise de cette chanson, tout à fait d'accord avec Édith qui avait déjà enregistré sa version en solo. Elle la chantait d'ailleurs sur la scène du Versailles.

Pendant une de nos représentations, nous eûmes la surprise de recevoir la visite du général de Lattre de Tassigny, venu nous saluer en ami, comme il nous l'avait promis à Lindau :

— Vous représentez pour moi la véritable gentillesse française, nous dit-il, ce qui n'était ni mièvre ni péjoratif dans sa bouche.

Jean-Louis et moi avions été invités à déjeuner par lui avec son officier d'ordonnance :

— Je vous enverrai mon chauffeur.

Les Londoniens durent être intrigués par ces deux personnages hilares, pas du tout protocolaires, à l'arrière de la Rolls Royce arborant le drapeau français !

Il faut reconnaître que le *God Save the Queen* repris en chœur par la troupe entière alignée au garde-à-vous au-devant de la scène devait paraître un peu incongru, les Compagnons étant entourés du corps de ballet, des chanteuses, des choristes et même de quelques girls sculpturales légèrement vêtues, tout en voisinant avec le gendre de Winston Churchill... Insolite illustration de l'Entente cordiale !

Côté coulisses, les loges à la peinture écaillée avaient toujours l'infinie tristesse que nous avions connue, avec les éternels miroirs entourés de lampes aveuglantes pour le maquillage, surmontant des tablettes branlantes.

Les épouses avaient établi leur quartier général Chez Roger, un petit café « à la française » de Greek Street, face à l'entrée des artistes. Nous les retrouvions pendant la pause entre les deux spectacles. Je les vis souvent grimper sur une chaise à cause de l'irruption d'une souris, probablement causée par la présence voisine de la boucherie chevaline, pas des plus ragoûtantes, qui n'avait pas notre clientèle bien que la viande soit rare. Il faut dire que nous étions en pleine crise de restrictions, avec des tickets d'alimentation obligatoires pour presque toute la nourriture, mais en Angleterre les privations étaient bien pires qu'en France. Roger nous permettait parfois d'améliorer l'ordinaire avec un bon rosbif venu d'on ne sait où, tombé miraculeusement du ciel grâce à sa débrouillardise.

Dans Greek Street régnait une activité intense avec des prostituées souvent françaises faisant le va-et-vient vers des petits hôtels. Un de nos jeux consistait à chronométrer le temps de la « passe ». Quelques mois plus tard, nous eûmes la surprise de retrouver, au départ de la gare d'Austerlitz pour le Sud-Ouest, une de ces charmantes dames en compagnie de deux jeunes enfants. Elle nous salua, alors qu'à

Londres, travail oblige, elle ne nous avait jamais adressé la parole par discrétion. Elle allait vraisemblablement voir ses parents qui devaient imaginer que leur fille avait une belle situation de secrétaire à Londres, car elle était d'une parfaite élégance *british*.

En ce qui concernait ma famille, Suzanne s'étant découverte enceinte, elle quitta Montréal à la fin d'un film pour venir me rejoindre. Elle abandonnait provisoirement son statut de comédienne qu'elle reprit chaque fois que nous allâmes en Amérique, retrouvant dans un *soap-opéra* à Radio Canada un personnage sur mesure, qu'un écrivain complaisant faisait revenir ou repartir sur l'antenne, au gré de nos voyages.

Notre ami, Tony de Graaff, que nous avions connu à Lyon, avant qu'il parte pour Londres avec son épouse rejoindre le bureau du général de Gaulle, faisait partie des Compagnons de France dont nous étions les représentants quand nous allions chanter dans des théâtres de fortune. Tony, responsable du matériel, nous avait fourni les premières tenues plutôt rustiques que nous portions en scène, les mythiques pantalons de gros velours marron, les chemises de style moyenâgeux, et les espadrilles de corde, loin d'être de la plus grande élégance. Il s'était désormais mis en quatre pour trouver à tout le monde des logements dans Londres. Pour Suzanne et moi, il avait dégoté un appartement, Strathearn Place, à un jet de pierre de Marble Arch, dans une très belle maison victorienne dont le propriétaire, le *Brigadier* Hayes – en fait un général – était un homme charmant, jovial, au teint qui semblait cuit par ses campagnes dans l'armée des Indes et qui avait tout d'abord refusé la location en apprenant que c'était destiné à des artistes.

— Oh no, my dear !

Il avait cependant reçu Suzanne qui avait fait mouche en lui annonçant qu'elle était canadienne, ce qui lui fit accepter avec cette pointe d'humour :

— After all, you are a british subject ! Have a sherry.

Un coup de téléphone à l'étage au-dessus permit à Suzanne de faire la connaissance de Mrs Nicols, une ravissante et charmante femme qui vivait dans un appartement avec une belle collection de porcelaines de Saxe. Là encore :

— Have a sherry !

Accompagnée de l'épouse de Tony, Suzanne, légèrement éméchée, est arrivée au théâtre :

— Nous allons habiter une belle maison pour laquelle j'ai le coup de foudre.

Elle me décrivit la maison, les habitants et le ravissant appartement confortable dans lequel nous allions passer six mois. Très rapidement nous réalisâmes que Mrs Nicols était la maîtresse du *brigadier* Hayes et qu'elle ne vivait pas au même étage parce que le soubassement était dévolu à l'épouse légitime qui retrouvait de son côté chaque week-end le château familial en compagnie de son amant. Tout ce beau monde vivait harmonieusement dans une parfaite entente. Les dames rivalisaient de gentillesse, apportant des fleurs à Suzanne qu'elles savaient enceinte. Quant au propriétaire, à Pâques, il a discrètement déposé devant notre porte un flacon de lavande Yardley.

— Nous n'avons pas encore pu nous habituer à avoir des locataires, préférant les considérer comme des amis.

Sous prétexte de « garder la forme », nous avions décidé de jouer au volley-ball plusieurs fois par semaine, au grand désaccord de certains Compagnons. Les volontaires se retrouvaient à Regent's Park avec femme et enfants assis dans le gazon, au grand étonnement des promeneurs et parfois même de la reine mère, Queen Mom, qui faisait arrêter sa Rolls Royce pour regarder et écouter ces Français aux commentaires bruyants, si loin du flegme britannique.

Françoise, l'épouse de Paul, n'était pas la seule femme à ne pas apprécier cette décision qui la privait de la présence de son mari, d'autant qu'elle avait la nostalgie de son Québec natal. Il faut reconnaître que la vie de nos épouses, sans être toutefois l'enfer, n'était pas des plus roses dans cette ville triste avec des maris très occupés à vivre un peu égoïstement pour leur profession. Pour nous, le temps passait trop vite, car il fallait trouver, outre le spectacle et le sport, les heures pour mettre au point les nouvelles chansons en prévision de la rentrée à Paris et des tournées françaises. Toutes les semaines, la BBC nous invitait pour des émissions comme *Housewives' Choice* qui nous offraient souvent la surprise de croiser des comédiens célèbres.

Et toujours le travail. Notre Paul, si créateur, trouvait mille idées de mise en scène, comme pour cette chanson de Trénet, *Le Bon Roi Dagobert,* dans laquelle il faisait vivre un véritable tableau vivant, devenant lui-même le peintre :

Il peignait des tableaux
qu'il était seul à trouver beaux
Fixant sur la toile la lueur des étoiles...

Il nous navra tous en nous présentant un soir sa démission avant un spectacle, non sans nous avoir suggéré un candidat pour ne pas nous laisser dans l'embarras, notre rentrée parisienne approchant à bride abattue.

— René, le frère de Fred, serait parfait, d'abord parce que c'est un bon clarinettiste, qu'il chante juste et qu'il s'adapterait parfaitement à l'équipe. Je le connais, c'est un garçon sérieux.

Ce départ s'avéra heureusement bénéfique pour Paul, lui permettant une carrière magnifique à Montréal où il éclata, tout en offrant une chance à mon frère René qui, en effet, était bien dans l'esprit des Compagnons.

« The show must go on ! »

Nous profitions avec Suzanne du dimanche, seul jour de relâche hebdomadaire au London Casino, pour aller visiter en train la si jolie campagne anglaise ou les petites villes du bord de mer, avec une préférence pour Brighton. Au mois d'août, un de ces *day off* nous emmena en bateau à Dieppe pour un gala exceptionnel. Quel bonheur de retrouver, même pour une journée, notre public français. Les organisateurs, mis au courant de la nationalité de Suzanne, lui ont réservé un accueil inoubliable, en souvenir du Régiment de la Chaudière, ces Canadiens qui avaient laissé tant de vies à Dieppe au débarquement préludant celui du 6 juin.

Après un royal repas de fruits de mer auquel nous avons tous fait honneur, le spectacle en plein air sous un magnifique clair de lune nous réserva la surprise de l'illumination du château pendant la chanson du *Prisonnier de la tour.* C'est un « Ho ! » de toute l'assistance qui nous fit nous retourner sur la scène pour jouir de ce décor imposant, tellement de circonstance. Le lendemain, c'était presque toute la ville qui nous fit un cortège jusqu'au bateau qui nous ramenait à Londres.

Mais le rythme des spectacles, joint au sport en plein air et aux répétitions avec René qu'il me fallait mettre au point pour notre rentrée française à l'ABC, mettait ma voix au plus mal, avec chaque jour davantage de fatigue, malgré laquelle il me fallait assurer les deux *shows* journaliers. Le laryngologue consulté en septembre décréta que je devais subir l'ablation des amygdales, ce qui inquiéta beaucoup mes camarades craignant un changement de ma voix. Lily Pons, la grande *soprano* du Metropolitan Opera de New York, Tante Lily pour Viviane l'épouse de Gérard, eut la gentillesse de me téléphoner :

— Fred, ne vous inquiétez pas, puisque ce n'est pas d'un nodule qu'il s'agit. Faites confiance au chirurgien, mais assurez-vous que c'est le meilleur.

Le chirurgien en question, le docteur Cosgrove, était à la tête d'un cabinet ultramoderne. Il était assisté par des infirmières qui auraient pu figurer dans un film de James Bond.

— Puisque vous êtes inquiet, ce que je comprends très bien, je vais demander l'avis de « l'autorité supérieure ». C'est tout simplement le laryngologue de la famille royale.

Je pensais me trouver pour le moins à Buckingham Palace, mais c'est dans le cabinet sombre d'une belle maison de Mayfair qu'un petit bonhomme, un vieux praticien écossais qui ne payait pas de mine, me demanda de tirer la langue en utilisant une petite cuillère pour ausculter le fond de ma gorge. Comme le prix de la visite était inférieur à mon billet de *Five Pounds*, pour me rendre le supplément, il ouvrit un porte-monnaie antédiluvien d'où l'on s'attendait à voir sortir une mite.

— Vous pouvez terminer votre contrat, puisque je crois savoir que vous arrêtez à la fin du mois, mais soyez prudent.

Je tenais à assumer ma responsabilité et alors que les Compagnons regagnaient leurs pénates en rentrant en France, nous restâmes à Londres en attendant la naissance de Michel. L'opération programmée pour début octobre s'est bien passée. Deux jours de clinique chouchouté par des infirmières charmantes qui me faisaient néanmoins souffrir avec le thé et le porridge brûlants au réveil. J'ai rendu la vie impossible au docteur Cosgrove, angoissé par la terreur de ne pas récupérer ma voix et aussi par l'anxiété de la proximité de l'« événement ». Tout s'arrangea pour le mieux lorsque ma voix est doucement revenue. Michel est né le 11 octobre à St Mary's Hospital et notre première sortie avec Suzanne fut une soirée où Tino Rossi chantait dans un théâtre londonien. La salle était transformée en décor « à la Toulouse Lautrec », un bistrot français vu par les Anglais, avec des garçons à rouflaquettes, des filles en jupe et en bas à résille noirs, accompagnés d'une multitude de ballons multicolores suspendus en grappes au plafond.

Tino avait un sacré succès avec un public qui semblait le connaître et l'apprécier. La salle se composait des Français de Londres et des Anglais du style *Major Thompson*, la silhouette typique du Britannique vu par l'œil de chez nous. À un moment, un mauvais plaisantin fit éclater avec une cigarette un de ces ballons et on vit Tino porter la main sur le cœur, comme s'il avait reçu une balle de revolver. Dans les coulisses, quand nous sommes allés le saluer, il nous dit :

— Il y a tellement de gens méchants !

Il est vrai que dans sa fabuleuse carrière, il y avait eu pléthore de maris jaloux quelquefois animés de mauvaises intentions.

C'est avec un peu de tristesse que nous fermâmes la porte de cet appartement douillet où nous nous étions si bien adaptés à la vie anglaise. En arrivant à la gare du Nord, nous eûmes l'agréable surprise de découvrir la présence de Guy, venu nous attendre pour nous ramener dans une voiture qu'il avait louée pour la circonstance, aucun des Compagnons n'ayant une automobile à l'époque.

La vie avait repris, avec Michel qui m'empêchait de dormir la nuit. Nous faisions avec Suzanne nos premières armes de parents.

Comme beaucoup de Parisiens, nous étions confrontés au problème du logement. Le joli petit hôtel Prince, près de l'École militaire, « faisait la soudure », mais se révélait un peu exigu à cause de la présence de Michel. Le hasard qui, paraît-il, fait souvent bien les choses, est venu à notre aide à la suite d'une visite. Nous avions entendu parler d'un petit appartement tout près de l'Étoile, susceptible d'être disponible mais on connaissait le nombre de jeunes postulants comme nous à la recherche d'un logement, et cela ne nous laissait pas une grande chance d'aboutir à quoi que ce soit, les petits appartements étant introuvables.

Le cœur battant, nous gravîmes avec Suzanne les quatre étages d'un petit immeuble très calme, au fond d'une cour, après avoir passé un portail impressionnant. Intimidés, nous fûmes reçus par un beau sourire :

— Mais c'est vous qui chantez *Si le roi savait ça, Isabelle*. Quelle charmante chanson !

Les présentations étaient faites ! Merci Francis, merci Gérard, auteurs de la chanson à laquelle je dois cette réception et cet appartement. C'était Jany Laidet qui devint avec

Pierre, son mari, un couple d'amis. Ils nous avaient laissé cet appartement avec tous les meubles et maintenant encore, quelques décennies plus tard, la table charentaise centenaire nous rappelle leur gentillesse souriante. Ce quatrième étage sans ascenseur a vu défiler nombre d'artistes, des chanteurs et même des écrivains québécois de passage à Paris. C'est de chez nous qu'eut lieu cette liaison téléphonique, le soir de la première de l'ABC, entre Félix Leclerc et Radio Canada, avec les voix de Jacques Canetti et Jacques Normand dialoguant en direct avec Montréal. C'était un charmant petit appartement, un pigeonnier entre deux immeubles, sans autre bruit que les concerts de Sinatra que nous improvisions avec des amis, auxquels venait parfois se joindre Charles, lui aussi *fan* de cet immense chanteur, dont il devait devenir un ami. Ces concerts que nous imposions aux autres locataires n'avaient pas l'air de beaucoup les déranger, puisqu'ils nous saluaient gentiment dans l'escalier, nous affirmant qu'ils appréciaient ce chanteur, bien qu'inconnu pour eux, auquel ils trouvaient toutefois des qualités vocales !

Tout le quartier était infiniment agréable. Il y avait d'abord la proximité des salles que je connaissais bien, le théâtre de l'Étoile qui nous avait reçus si souvent avec Édith et même seuls, où se produisait aussi Yves Montand. J'aurais pu traverser en pantoufles puisqu'il se trouvait tout près, de l'autre côté de la rue de l'Étoile.

Quelques mètres plus bas, c'était l'Empire, théâtre plus cérémonieux, une belle salle où il nous arrivait de participer à des galas. C'est Jacques Martin qui, avec ses émissions enfantines du dimanche, lui redonna une vie, alors que ce merveilleux paquebot avait plutôt tendance à sommeiller. J'eus un choc à la découverte de sa façade détruite par un incendie, il y a peu. Une si belle salle.

En descendant, se trouvait la Salle Wagram, assez populaire, dans laquelle se tenaient des meetings sportifs et politiques. C'était un beau trio de salles dans un mouchoir de poche.

Nous n'avions qu'à traverser l'avenue, pour aller manger au restaurant des chauffeurs des G7, ces taxis rouge et noir de l'époque. La cuisine était toujours fraîche. C'était devenu un des rendez-vous *in* du coin. On y croisait chaque jour des visages connus de la chanson, de la scène et même de la politique. Un peu plus bas, on saluait souvent les « Daniel », Delorme et Gélin, qui sortaient de chez eux, tenant le petit Zazie par la main. Notre fils Michel allait plus tard à l'école tout seul, à pied, en toute sécurité, comme dans les photos de Doisneau.

On trouvait encore certains petits métiers qui depuis ont disparu, comme le vitrier qui passait avec son barda sur les épaules et même le glacier avec son cheval et sa carriole, un brave homme qui nous montait un énorme pain de glace chaque semaine, qu'il fallait découper au pic pour le mettre à la taille de la glacière, car nous n'avions pas encore de réfrigérateur. Je garde un très bon souvenir de ce petit appartement que nous avons quitté pour notre grande maison de Goupillières.

Il faisait bon vivre là-bas. Nos amis Jany et Pierre Laidet nous ont même prouvé leur gentillesse dans des circonstances qui faillirent tourner au drame. Un jour, je reçus un coup de téléphone de ceux-ci chez mon professeur d'harmonie qui me demanda de rentrer d'urgence.

— Un accident vient d'arriver chez vous.

Débarqué d'un taxi, je découvris que la cuisine avait été incendiée, que Suzanne avait des brûlures aux jambes tandis que Michel était assis dans un fauteuil, une boîte de bonbons sur les genoux, avec des traces de brûlures sur le front. Pressée par le temps, Suzanne, mal conseillée par une amie, avait imprudemment utilisé de l'essence d'avion très volatile pour nettoyer des vêtements. Tout s'était enflammé. Le lendemain, nous devions retrouver toute l'équipe au Havre, pour un de nos nombreux départs en bateau aux États-Unis. Très gentiment, Pierre, voyant notre embarras, nous proposa le secours de sa traction. Il fut mal remercié par Michel qui fit pipi sur le siège !

Bien des années plus tard, je devais retrouver Claudie, la fille de Jany et Pierre, que nous avions connue enfant avenue de Wagram, devenue une jolie femme. Dans les coulisses de Bobino, elle était en compagnie de René-Louis Laforgue qui passait en première partie de notre spectacle. René-Louis faisait un beau démarrage dans le monde de la chanson. On entendait régulièrement sa *Julie la rousse*, un gros succès dans toutes les radios. Il s'était déjà affirmé en faisant ses premières armes sur scène dans les programmes que Georges Brassens présentait en province. Sa gouaille, sa silhouette avec sa coiffure rebelle dépassant d'une casquette et sa jolie voix dont il se servait si bien laissaient présager une belle carrière populaire. Marié à Claudie, il devait malheureusement nous quitter à la suite d'un accident de voiture. Brassens, qui venait de sortir d'affreuses crises de coliques néphrétiques, me téléphona pour m'apprendre la terrible nouvelle.

Le jour de l'enterrement, nous nous trouvions avec une bande d'amis à Cachan et nous formions un cortège de voitures pour prendre le chemin du cimetière qui se trouvait dans une autre banlieue. À un feu rouge, le corbillard arriva à passer et nous attendîmes le vert, mais la voiture de Georges, conduite par le fidèle Gibraltar, traversa le boulevard en sens inverse et j'entendis la voix de Georges : « On s'est trompés d'enterrement ! » En effet, au feu vert, le corbillard de René-Louis avait disparu, remplacé par un autre que Gibraltar avait suivi, avant de s'apercevoir qu'il ne s'agissait pas de la même famille. Trouver le bon cimetière n'a pas été de tout repos. On était tristement en plein dans une chanson de Brassens.

36

Blackpool et Belfast

Très rapidement nos *Three Bells* se mirent à toucher les auditoires anglophones en franchissant les frontières, à grimper au hit-parade anglais et à devenir un des chouchous du *Housewives' Choice*, l'émission très populaire de la BBC, ce qui nous a valu d'être invités par l'Irlande du Nord à Belfast après un détour par Wimbledon. Pour couronner le tout, un engagement au casino de Blackpool nous permit de poser les valises pendant quatre mois, avec deux passages journaliers dans une revue à grand spectacle. Nous voilà tous partis en voitures, avec femmes et enfants !

Blackpool, située sur la mer d'Irlande, tout près de Manchester et Liverpool, est une ville de vacances qui attire à la belle saison toute l'Angleterre, enfin celle qui ne vient pas sur la Côte d'Azur ou dans le Périgord. Une immense Tour Eiffel domine la plage sur laquelle, lorsque le ciel n'est guère clément, les baigneurs se contentent de se tremper les pieds en relevant le bas de leur pantalon, mis à part quelques téméraires qui osent braver le petit vent irlandais.

Pour Suzanne, Michel et moi ce furent de merveilleuses vacances, à grand renfort de chevauchées sur la plage et de parties de tennis sur des gazons impeccables.

Notre maison, avec un joli petit parc fleuri, n'avait que l'inconvénient d'être parfumée par l'odeur de la nourriture pour cochons dont une propriétaire voisine faisait l'élevage, ou plus agréablement, par les embruns du large. C'était selon les caprices du temps et du vent.

Le dimanche, jour de relâche de la revue, la tradition voulait que les grandes vedettes comiques anglaises ou les célébrités américaines qui passaient au Palladium de Londres – tel Sinatra que nous avons pu applaudir ! – jouent dans notre théâtre.

Avec Jean-Louis et René, nous allions assister aux exploits footballistiques du phénomène Stanley Matthews, certainement l'un des plus grands ailiers qu'ait comptés l'équipe nationale anglaise, venu d'ailleurs nous entendre en compagnie du capitaine de l'équipe, Bobby Charlton. Nous n'étions pas peu fiers d'être complimentés par ces gloires nationales et internationales. À propos de football, à Belfast avec René, nous fûmes gâtés par le spectacle d'une rencontre homérique sous un soleil de plomb entre des adversaires héréditaires : Irlandais contre Écossais. Le stade débordait d'un public hystérique, hilare ou désespéré selon le score de leur équipe sur le terrain. Les ambulanciers ne savaient plus où donner de la tête pour évacuer les victimes du whisky, de la Guinness et du soleil, si bien que c'était devenu un jeu pour l'assistance. Les pauvres brancardiers, qui ne voulaient pas louper le match, alignaient les civières le long de la touche avec ces victimes qui ne perdaient pas une miette du spectacle. Ils avaient trouvé la place idéale.

Un jour, Madeleine Robinson et Odette Laure qui partageaient la vie de deux Compagnons, firent partie de l'expédition pour un concert à Isle of Man, où on trouvait encore des tramways tirés par des chevaux. En bref, le séjour en Angleterre nous offrit beaucoup de fantaisie avec un public qui nous portait vraiment dans son cœur.

37

Radio Luxembourg

Bien avant qu'elle ne devienne RTL, le nombre de passages des Compagnons sur Radio Luxembourg était invraisemblable. Nous fûmes les hôtes de cette radio à partir des années cinquante et cette fidélité dura jusqu'à notre interminable tournée d'adieu qui se prolongea près de cinq ans.

C'étaient des émissions en studio ou en public, comme celles de Philippe Bouvard, que nous étions toujours heureux de retrouver. Il y avait eu par exemple cette édition spéciale sur un bateau-mouche, une merveilleuse mini-croisière dans Paris où nous avons chanté au fil de l'eau.

En 1954, Radio Luxembourg nous organisa une belle tournée de cinq mois, dans les grandes villes et la France « profonde », sous un beau chapiteau de cirque où nous disposions d'une scène avec sono et lumières dignes des plus grands théâtres de Paris. L'organisation était parfaite. Il y avait même une voiture-restaurant, car la troupe était d'importance avec les artistes, les danseuses, les clowns, les techniciens, les éclairagistes et les musiciens sous la direction d'un jeune chef, Paul Mule. Il y avait aussi les chauffeurs, les monteurs parmi lesquels on comptait même d'anciens « taulards ». Tout le monde se retrouvait dans la bonne humeur, rien ne manquait, pas même les miroirs individuels pour le maquillage dans notre car aménagé en loge.

Les Compagnons faisaient étape, chacun avec sa voiture, mais, pour ne pas nous séparer de mon fils Michel qui avait quatre ans, j'avais acheté une roulotte pour éviter l'hôtel et lui faire goûter la vie de bohème, vie dont il rêva longtemps. Il faut dire qu'il profitait de sa liberté et que souvent nous devions partir à sa recherche, à tel point que Suzanne avait été renommée : « On a encore perdu Michel ! » Mais ça s'arrangeait, car tout le monde le connaissait et veillait sur lui, depuis les danseuses jusqu'à ce beau numéro de clown belge surnommé « Jeff... que » ; quant aux monteurs, Michel voulait bien leur serrer la main, à condition qu'elle soit lavée. Enfin une marionnette plus vraie que nature le terrorisait, le canard Dudule. Il était tellement vivant lorsqu'il rasait son maître avec un coupe-chou après l'avoir couvert de mousse à raser ! C'était un ventriloque époustouflant.

Vers 17 heures, la « parade » arrivait pour attirer le « chaland » à la représentation du soir. Nous étions juchés sur un podium dressé face au chapiteau, un mini-spectacle présenté par Marcel Fort, un excellent chansonnier qui officiait à Radio Luxembourg le reste de l'année. C'est l'accordéoniste Louis Ferrari, compositeur d'un succès mondial, *Domino*, chanson que même Bing Crosby avait incluse à son répertoire, qui débutait cet échantillon de spectacle. Il commençait par *L'Indicatif*, devenu un succès populaire sur des paroles inspirées à Francis Blanche, lorsqu'il nous entendait chanter nos borborygmes pour marquer le rythme et accompagner mes *soli*.

Ploum ploum, tralala
Voilà ce qu'on chante, voilà ce qu'on chante
Ploum ploum tralala
Voilà ce qu'on chante chez moi...

Il est évident que Francis Blanche a écrit des textes plus brillants ! Mais cela plaisait beaucoup.

Nous n'allions jamais dans les campings, on installait nos roulottes près du chapiteau. Nous nous retrouvions le lendemain pour le petit déjeuner avec les occupants des autres roulottes, un peu orphelins, car le cirque avait été démonté au lever du jour et était déjà en route pour la ville suivante.

Un jour, nous avons fait escale à Juan-les-Pins. Le matin suivant notre spectacle, alors que nous étions toujours à la recherche de Michel, je l'ai trouvé en grande discussion avec Sidney Bechet auquel il avait parlé de « Papa », lui racontant notre vie bohémienne sous un chapiteau, ce qui amusait visiblement notre virtuose du *saxo soprano* auteur de *Petite Fleur*. Ils étaient en train de prendre ensemble leur petit déjeuner tout près du Vieux Colombier où Sidney avait joué tard la veille. Je m'en veux encore d'avoir raté cette photo !

38

Les Petits Chanteurs à la Croix de Bois

Pendant les nombreuses années de tournées, je fus poursuivi par la fausse rumeur de mon passage à la Manécanterie des Petits Chanteurs à la Croix de Bois. J'avoue que, dans mon enfance, j'aurais été heureux d'intégrer cette belle phalange dans laquelle la vie consistait à chanter et à voyager (le rêve !). Mais les circonstances ne l'ont pas voulu ainsi.

Après un concert des Petits Chanteurs à Annonay auquel j'avais assisté, Mgr Maillet, leur directeur, avait pris gîte et couvert au presbytère où un vicaire lui avait parlé de ma voix et de ma passion pour le chant. Le soir du concert, je lui fus présenté et celui-ci me dit que ce n'était guère possible d'intégrer les Petits Chanteurs à cause de leur départ tout proche pour une tournée en Amérique du Sud et que, de toute façon, il me faudrait attendre puisque ma voix était en pleine mue à cette époque.

Ce n'est que vingt ans plus tard que j'ai pu avoir le plaisir de chanter avec la Mané en soliste, pour une suite de concerts à Paris et en province, une tournée qui s'est même prolongée par un mois dans un théâtre londonien.

Marcel Chanfreau fut l'ordonnateur d'une tournée à guichets fermés de plus d'un an, avec, comme première partie, les Petits Chanteurs à la Croix de Bois. Marcel, un ancien de la Mané, avec son alter ego Roger Boé connaissaient toutes les salles, grandes ou petites, de la France profonde. C'est ainsi que naquit un circuit dans lequel sont venues se greffer des tournées d'artistes et même des grands noms qui n'auraient jamais eu l'idée de se produire dans de telles petites villes au fond de la province.

La participation des Petits Chanteurs en première partie était tous les jours un plaisir car Mgr Maillet qui les dirigeait était une personnalité haute en couleur, d'une faconde désopilante, digne d'un véritable chansonnier. C'était un spectacle à lui tout seul quand il présentait les chansons, contant avec humour des anecdotes de leur vie et de leurs nombreux voyages autour du monde, et Dieu sait s'il y en avait, car ils avaient parcouru la terre entière. Hors de la scène, c'était tous les jours un plaisir rare que de se retrouver avec lui après le baisser du rideau pour un souper en sa compagnie, car l'homme d'église, jovial, était doublé d'un redoutable gastronome. Quant à Marcel Chanfreau, son neveu, c'était aussi un bon vivant, une force de la nature, toujours une coupe de champagne à la main et constamment de bonne humeur. Il lui arrivait de terminer la nuit avec des parties de cartes acharnées contre son partenaire Roger, après lesquelles il prenait la route pour la ville suivante, sans prendre le temps de dormir, ce qui lui a valu quelques sorties de route, heureusement sans gravité. Ces parties de cartes se passaient souvent dans les halls d'entrée, pour ne pas déranger les dormeurs. C'était pour nous l'heure de détente et la tradition, un peu bruyante parfois, il faut le reconnaître. Il nous arrivait certaines soirées d'assister au passage du veilleur de nuit, qui portait un plateau sur lequel il y avait immanquablement une bouteille de champagne qui voisinait avec une rose, la marque de fabrique galante de notre camarade Guy, lequel, sans le vouloir, se retrouvait en notre compagnie, alors qu'il disparaissait souvent mystérieusement, le dernier rideau de scène à peine retombé.

Un soir, au casino de Royan où nous chantions, Suzanne a suggéré à Marcel, avec l'approbation de sa fille Laurence, d'aller au casino voisin de Pontaillac assister à un spectacle de jeunes qui faisaient leurs premières armes dans la troupe de Sylvie Vartan. Ce soir-là fut le prélude des tournées organisées par Marcel et Roger qui promenèrent à travers la France des spectacles inimaginables de futures têtes d'affiches : Thierry Le Luron, Christophe, Hervé Vilard, Guy Bedos et Sophie Daumier, Guy Béart et même Coluche ainsi que Claude François qui ne manqua jamais de m'adresser un petit signe chaque fois que nos routes se croisaient, comme ce vol spécial pour un match de foot à Manchester, en compagnie d'André Verchuren, Enrico Macias, Annie Cordy et Jean-Luc Lagardère. Claude avait pris place près de moi, me tenant la main, rassuré par ma présence, disait-il, alors qu'il m'avouait avoir une peur bleue de l'avion.

Les spectacles avec les Petits Chanteurs se passaient toujours à guichets fermés. Tous les soirs, les enfants essayaient de se glisser dans la salle, comme des petites souris, pendant qu'une de leurs équipes reproduisait à l'identique, derrière le rideau de fond, en même temps que nous, tout notre répertoire, nous imitant dans nos chansons et nos sketches avec accessoires. On pouvait entendre de la scène, par exemple, avec un peu de décalage, le « et voilà ! » caractéristique de René après un rétablissement sur la barre fixe dans la chanson *Le Cirque*. Les enfants avaient remplacé cette barre supportée par Guy et Hubert par un manche à balai qu'ils promenaient partout dans leur autocar. Je suis convaincu que les spectateurs auraient été conquis à la vue de cette équipe B, comme on dit en termes de football.

Ces tournées se passaient dans la plus agréable tradition, les étapes étant assez courtes, ce qui nous donnait le loisir de satisfaire encore une fois nos goûts gastronomiques. À Vienne, nous étions les invités de Fernand Point, dans son restaurant de la Pyramide où il recevait toute l'équipe à sa table. Le grand maître de la cuisine était un véritable seigneur, comme en témoignaient les signatures dans son livre d'or, de Aakon, roi de Norvège, de Winston Churchill, d'Eisenhower ou de Sacha Guitry qui retenaient leur table en téléphonant quelquefois de l'autre côté de l'Atlantique, une étape obligatoire lorsqu'ils étaient en route vers la Côte d'Azur. Fernand Point nous avait enseigné le rite de la flûte de champagne tenue par le pied, pour ne pas réchauffer le vin, tout en ayant le loisir d'en admirer, en esthète qu'il était, le cristal aussi bien que le goût ou la couleur. C'était un ennemi intraitable de la fumée qui déformait, d'après lui, le goût de la cuisine. Il n'hésitait pas à refuser un fumeur invétéré. L'histoire ne dit pas le sort réservé à Churchill et à son inévitable cigare avant qu'il ne signe son livre d'or.

Les repas, toujours somptueux, se terminaient invariablement en chansons à table et au sanatorium de Seyssel, situé sur les hauteurs de Vienne, dont Fernand Point s'occupait avec largesse.

Il y avait évidemment tous les autres « grands » de la table, le père Chevrier de la place du Théâtre des Célestins de Lyon, avec ses quenelles de brochet à damner un saint, Bise de Talloires, le détour pour Darroze, dans le Sud-Ouest, Dumaine à Saulieu, sans oublier le Mal Assis de Lyon, un bistrot tenu par Marius qui n'hésitait pas à mettre les clients à la porte pour nous recevoir. C'était une cuisine divine, servie par sa fille France. Il est mort brusquement renversé par une voiture, alors qu'il avait gaillardement survécu à un coup de couteau décoché dans le foie, disait-on, par un mari jaloux.

Lors d'une de nos précédentes tournées, nous avions connu un autre bistrot avec papa Troisgros, en face de la gare de Roanne qui allait devenir un des hauts lieux de la cuisine et qui nous servait de cantine quand nous passions à proximité.

Ce qui fut notre page gastronomique se devait d'être sagement tournée, sans quoi nous aurions été forcés de faire élargir nos tenues de scène ! C'était un peu pour rattraper les restrictions d'un temps de vaches maigres. Les voyages à l'étranger et même en France nous ramenaient sagement à la cuisine locale, au sandwich et souvent à la gargote, tout heureux d'en trouver une ouverte après le dernier rideau, ce qui n'était pas toujours le cas dans certaines villes de la *province profonde* où, selon l'expression imagée de Félix Leclerc devant le désert de certains villages, « on avait même rentré les trottoirs ».

Il arriva un moment où le nombre d'instruments maniés pendant le spectacle nous envahissait, bien que réparti dans nos voitures. Une grosse caisse, des timbales, des étuis de guitares ou de mandolines, des cors de chasse, des cornemuses, sans oublier dix clairons, c'était bien encombrant et c'était lourd à trimbaler. D'autre part, les salles des petites villes étaient souvent tristement équipées en éclairage et en sonorisation. Timidement, nous avions d'abord acquis un micro pour moi qui avais la charge des *soli*, puis chaque partie vocale avait disposé du sien : les ténors, les barytons et les basses.

Gérard avait donc été nommé « chef » des transports, de la sono et des éclairages, trois pauvres *spots* qui feraient mourir de rire aujourd'hui le plus ringard des chanteurs de *baloche*. Ancien « chauffeur de maître », Edgar devint notre pilote. Il avait un physique distingué, avec des cheveux blancs et des gants de pécari, et s'étonnait de découvrir la modeste camionnette que nous venions d'acquérir, lui qui professait le plus profond mépris pour ces *extravagants* qui le dépassaient sur la route, avec l'attitude du chauffeur de Rolls Royce qu'il avait dû être dans une vie antérieure. Il ne put pas tenir le coup avec notre rythme insensé et fut remplacé par Pierre Davoudjian, un adorable Arménien, d'un dévouement et d'une telle honnêteté qu'il n'hésita pas un jour où il avait oublié un instrument dans la salle où nous chantions la veille, à payer de ses propres deniers la location d'un petit avion pour que tout soit en place à notre arrivée. Avec sa femme Raymonde, nous les avons beaucoup regrettés. Je le revois, alors qu'il avait installé « sa » sono derrière un paravent, à l'avant-scène du Palais des Beaux-Arts de Bruxelles, se retrouver les quatre fers en l'air, suite à un faux mouvement qui l'avait fait chuter sur les spectateurs du premier rang, suivi par le paravent et tout le saint-frusquin de la sonorisation ! Il ne tint pas le coup lui non plus avec notre rythme de spectacles et de voyages effréné. C'est Serge qui a pris sa place avec son frère Patrice, un garçon au physique « à la Depardieu » qui attirait le regard de Thierry Le Luron lorsqu'il faisait la première partie de nos spectacles dans les arènes du Sud.

Ils ont tous fait partie de l'équipe, de la famille et partageaient notre vie des bons et parfois des mauvais jours.

39

Mes admirations sportives

Pendant nos voyages en France et a l'étranger, nous gardions toujours un œil et une oreille attentifs sur les sportifs, leur vie nous semblant parallèle à la nôtre, car elle demandait une rigueur et un travail intensifs. En fait, ils étaient comme nous, ils participaient à un spectacle qui exigeait une excellente forme physique, une des premières conditions pour la vie harassante qui était la leur et devenait de jour en jour la nôtre, de plus en plus fatigante.

Sortir d'un théâtre en Bretagne, un soir où le froid et le verglas étaient tels que les routes se transformaient en patinoires, pour se retrouver sur une scène de Tel-Aviv le lendemain, avec une différence de température de 40 °C, n'était pas une promenade de tout repos et pouvait s'apparenter à un exploit sportif.

Aussi la pensée de ces « forçats de la route », comme on appelait alors les cyclistes, nous laissait imaginer la dose de souffrance et de volonté qu'il leur fallait pour escalader ces collines inaccessibles pour un simple mortel.

On ne pouvait qu'être admiratif, si bien que, lorsqu'une marque publicitaire nous a proposé de chanter sur un podium aux villes étapes du Tour de France, nous avons répondu « présents » avec l'envie d'assister en direct aux exploits de ces surhommes.

Ces spectacles du soir drainaient des foules considérables, comme celui de Roubaix-Tourcoing où, après avoir chanté en plein air devant plus de quarante mille personnes, l'intervention de la gendarmerie avait été nécessaire pour permettre de dégager ma voiture que j'avais imprudemment garée derrière le podium.

Inutile de dire que les jours d'arrivée d'étape de la caravane du Tour de France posaient des problèmes. Les hôtels, grands et petits, étaient réquisitionnés à cinquante kilomètres à la ronde pour la « grande boucle », les champions ou les « obscurs », les *gregari* comme les ont surnommés les Italiens. Cependant, nous faisions un crochet pour venir saluer nos copains leur jour de repos quand on se trouvait dans les environs. Évidemment, Yvette Horner « y allait de son piano à bretelle » cher à Léo Ferré. On avait quelquefois la chance d'échanger quelques mots avec Antoine Blondin. La saison terminée, le vélo remisé, ce sont eux qui venaient nous voir, du fond de leur Bretagne comme les frères Bobet, ou de Normandie comme *Maître Jacques* Anquetil. Roger Rivière me faisait le plaisir de venir déjeuner avec moi, à chaque passage à Saint-Étienne, et ces rencontres m'étaient toujours agréables. Ces garçons avaient mon admiration.

40

Le foot

Dans ma petite enfance, en Italie, le *Calcio* était notre première raison de vivre, notre deuxième religion. Les exploits et la concurrence du *Torino,* le *Toro*, et de la *Juve* (on prononçait « iouvé ») rythmaient notre quotidien.

Dès la sortie de l'école, tous les gamins d'Italie tapaient dans des balles en chiffon ou des boîtes de conserve en empruntant chacun le nom glorieux d'un héros de la *Squadra Azzurra*. C'est à qui porterait le pseudonyme, pour nous immortel, de ces surhommes qui triomphaient sur tous les terrains d'Europe. En somme chaque village avait son équipe « nationale » qui disputait sa suprématie avec celle du clocher voisin. On ressortait de ces rencontres acharnées et bien peu réglementaires avec pas mal de genoux écorchés, de chevilles endolories et aussi d'accrocs que l'on payait cher de retour à la maison.

J'ai le souvenir d'un dimanche, écoutant, intrigué, à la fenêtre de la postière, les commentaires sortant d'une espèce de caisse en bois. Comment les joueurs pouvaient-ils bien se déplacer dans un si petit espace ? Ce devait être pour le moins des nains. Mais j'entendais tous ces noms sacrés qui m'étaient familiers. J'avais cinq ans et c'était ma découverte de la radio, la seule du village, dont j'ignorais encore l'invention.

Ce fut là le détonateur de ma passion naissante pour le sport qui devait parallèlement accompagner ma vie.

De retour en France, j'aimais bien aussi – quand je pouvais disposer de mon dimanche – assister aux rencontres de rugby entre le CSA, le Club sportif annonéen, et souvent le LOU, le Lyon olympique universitaire, qui devenaient le théâtre d'exutoires sonores, animés par des personnages perdant toute mesure, telle cette crémière qui hurlait sans arrêt le nom d'un joueur dont elle était amoureuse et portait, quelle coïncidence, le nom de Mme Latta.

Chez les Compagnons, nous étions quelques passionnés de foot, si bien que les soirs de Coupe d'Europe, il y avait en coulisse une télévision silencieuse sur laquelle, depuis la scène, nous avions un œil. L'autre, tout de même, était destiné au public. On se murmurait le score entre les chansons et Jean-Louis se faisait un plaisir d'annoncer le résultat à la fin du spectacle à un auditoire composé, ces jours-là, presque exclusivement d'éléments féminins, les hommes étant dans leurs pantoufles, savourant le match, alors que nous devions attendre l'extinction des feux pour y aller de nos commentaires en refaisant chacun le match.

Évidemment, lorsque le temps et les kilomètres le permettaient, on se retrouvait pour « taper » dans le ballon. Un jour, la télévision, pour le besoin d'une émission de Michel Drucker, nous a mis en scène dans un match invraisemblable contre l'OM, oui, « l'Ohème », dans son propre stade ! Le renfort des Compagnons était des plus sérieux, puisqu'il s'agissait tout bonnement de Jean Djorkaeff, arrière souverain de l'équipe de France, et du phénomène suédois Roger Magnusson, qui faisait à ce moment-là les beaux jours de Marseille.

Comme il nous fallait, pour l'image, marquer des buts, Jean-Louis commença et n'eut aucun mal. Mais quand le metteur en scène, Charles Gérard, Charlot pour les copains, me désigna pour la tâche ardue d'en inscrire un autre, ce fut très différent. Arrivé devant le gardien marseillais,

Dominique Colonna, *Doumé,* me cria : « Tire à droite ! » Je lui obéis, mais c'est sur sa droite à lui et non sur la mienne. C'est comme ça que ce jour-là j'ai perdu toutes les chances de rejoindre l'Équipe de France !

Je suivis évidemment toutes les Coupes du Monde de foot, depuis mon enfance, le cœur, je dois l'avouer, un peu partagé entre le succès de l'équipe de France et celle d'Italie dont j'avais gardé la nostalgie, celle qui restait pour moi avec mes yeux d'enfant, la meilleure du monde. On sait bien que les souvenirs d'enfance sont les plus tenaces. Il m'en est resté quelque chose, malgré les années.

En 1954, la Coupe du Monde se déroulait en Suisse. Notre tournée nous avait conduits pas très loin de la frontière, à Mulhouse. Décision fut prise d'aller assister l'après-midi à la rencontre Suisse-France à Bâle. Nous partîmes, véhiculés par Jean Broussolle et sa superbe Alfa Romeo. Après avoir tourné pendant longtemps pour trouver une place impossible près du stade, il en dégotta finalement une, un peu étroite, dans laquelle il essaya de caser sa voiture. C'était dans un stationnement réservé aux vélos, au milieu de centaines de rutilantes bicyclettes suisses. La manœuvre, difficile, lui fit toucher un guidon et nous assistâmes alors, ahuris, à une dégringolade incroyable de toute la colonie de vélos, comme dans les spectacles invraisemblables de ces œuvres d'art pratiquées avec des morceaux de sucre s'entraînant mutuellement dans leur chute. Cette fois, ce n'étaient pas des morceaux de sucre, mais des bicyclettes. Je dois reconnaître, à ma grande honte, que nous partîmes lâchement vers d'autres lieux, riant comme des enfants devant ce massacre. Bien des gens durent nous maudire, sans savoir qui étaient les coupables. Peut-être étaient-ils de nos spectateurs à Mulhouse ?

Au fil des années, nous avions tissé des liens d'amitié étroits avec les footballeurs de toutes les équipes. Albert Batteux, le « patron » de l'Équipe de France qui s'était distinguée pendant la Coupe du Monde en Suède, nous fit rencontrer l'équipe de Reims quand elle dominait la compétition française. Elle avait une telle *aura* en France et à l'étranger que lorsque nous avons débarqué à Rio, il y avait quatre noms français incontournables : Charles de Gaulle, Brigitte Bardot, Raymond Kopa et Reims à cause de son équipe de foot.

Alors, imaginez notre fierté quand nous avions la chance, en passant dans la région, d'échanger quelques passes avec nos héros, Roger Piantoni, Raymond Kopa, Jean Vincent, Justo Fontaine, Armand Penverne et les autres, échanges qui se terminaient toujours avec des bulles de champagne !

Je dois dire que ces champions nous restèrent fidèles et j'ai toujours le plaisir de retrouver l'ami Raymond Kopa qui n'hésite pas à se mettre modestement au fond de la salle, pour venir m'encourager dans mes spectacles, quand je passe dans son coin.

Je ne peux aussi oublier les matches de tennis quand nous passions à Nantes. Nous étions les partenaires occasionnels en double de Robert Budzinski et Henri Michel, ces grands joueurs aussi habiles ballon au pied qu'à la petite balle jaune. Ils sont la cause d'un beau souvenir marquant pour moi. En 1962, Suzanne était à la veille de son second accouchement dans une clinique proche du Parc des Princes. En pleines douleurs, elle entendait dans la nuit les rumeurs du match Racing-Reims qui devait décider de la couronne du championnat. Elle priait le ciel, à chaque clameur du stade, que ce soit un but de nos amis rémois. Le lendemain matin, le médecin accoucheur qui connaissait mes préférences m'a accueilli par :

— Vous êtes heureux de la victoire de Reims. Et maintenant, qu'est-ce qui vous comblerait ?

— Une fille !

Ma joie fut complète avec l'arrivée de Laurence.

41

La boxe

Mon oncle Richard, un frère cadet de mon père, était abonné à un journal relatant les événements sportifs, *L'Auto*. Il se passionna un beau jour pour la boxe. Allez savoir pourquoi, car rien ne le destinait à cette spécialité, d'autant plus qu'avec sa « belle gueule » et sa jolie voix de ténor, il aurait pu faire une gentille carrière dans le *bel canto*. Il était intarissable sur son champion, Georges Carpentier, champion du monde à vingt ans, dont la carrière internationale s'était arrêtée malheureusement trop tôt, battu par Jack Dempsey à cause d'un pouce foulé.

Lorsque, quelques années plus tard, nous chantions au Latin Quarter de New York, en souvenir de mon oncle, j'allais me balader sur Broadway où se trouvait un bar à l'enseigne de Jack Dempsey dans l'espoir de le voir. Mais je n'eus jamais cette chance. J'aurais pu lui parler de Georges Carpentier, venu nous écouter chanter dans le programme d'Édith à l'Étoile, qui avait conservé cette magnifique silhouette « à la Maurice Chevalier » et cette vivacité intacte qui l'avait fait surnommer au moment de ses exploits, « L'Ange exterminateur » par un admirateur qui avait pour nom François Mauriac.

Il aurait été difficile d'imaginer que j'allais avoir la chance de côtoyer, bien plus tard, deux des plus belles figures de la boxe mondiale. Au cours d'un de nos nombreux passages à *Toast of the Town* à la télévision américaine, Ed Sullivan avait invité Ray Sugar Robinson qui venait de battre, une fois encore, Jack La Motta. La boxe n'étant pas mon sport favori, j'étais davantage intéressé par la présence de Barry Fitzgerald, le curé irlandais du film *Going My Way*, dans lequel il y avait un autre prêtre chantant, Bing Crosby. Ce soir-là Ray Sugar Robinson était magnifique, un superbe athlète en *tuxedo*. Avec une grande gentillesse et une douceur étonnante, il vint nous féliciter pour notre version anglaise des *Trois Cloches* dans un français approximatif, très américain, plein de bonne volonté. Au cours des quelques phrases échangées, il nous exprima toute son admiration et son amitié pour Marcel Cerdan qu'il n'avait jamais rencontré sur un *ring*. C'est au Club des Cinq que j'avais connu Marcel. À cette époque, entre l'ABC la journée et nos spectacles où l'on chantait tard le soir, on avait juste le temps d'aller à pied du boulevard des Italiens au faubourg Montmartre, après un en-cas rapide au Vieux Gaulois. Cette brasserie en face du Club des Cinq était le rendez-vous des journalistes de *L'Équipe*, journal situé juste à côté. On retrouvait ainsi au Club notre bon public, amateur de sport, de champagne et de jolies femmes.

D'ailleurs, nous reçûmes un soir en coulisse la visite très impressionnante de Pierre Brasseur, le « monstre sacré » des *Enfants du paradis* qui avait mimé l'attitude de notre grand Jo dans *Perrine était servante*, l'index tendu vers le plafond, en nous déclamant de sa voix pas mal éméchée, mais superbe et unique :

— Un pied sur la terre... Un doigt dans le ciel...

Il laissait à nos soins le loisir de l'interprétation !

Nous avons eu l'opportunité de retrouver Marcel quand il est entré dans la vie d'Édith, et même le loisir de nous promener incognito sur Broadway en sa compagnie, bien avant son championnat du monde. Ce n'était qu'un promeneur anonyme à New York. Que de gentillesse, que de charme, dans son sourire et dans sa voix étonnamment douce (c'est étrange, comme ces personnages d'une puissance inimaginable ont souvent des petites voix !). Je me souviens d'un échange de ping-pong entre Marcel et Jean-Louis, tous les deux aussi bons joueurs qu'acharnés. En marchant, on parlait évidemment un peu chanson, et aussi un peu boxe. Marcel nous racontait son drame à ses débuts sur un *ring* marocain, quand on lui avait opposé un vieux boxeur en fin de carrière, qu'il avait presque rendu infirme. Après cela il lui rendit visite aussi souvent que possible en apportant des cadeaux pour ses enfants. Et comme le nom de Ray Sugar Robinson était mentionné, il nous disait en retour tout le bien qu'il pensait de lui, avec l'espoir de le rencontrer sur un *ring*, ce qui, malheureusement n'a jamais pu arriver.

Impossible pour nous d'assister à son championnat du monde contre Tony Zale, puisque nous étions dans l'avion en transit entre Hollywood où nous avions quitté Ken Murray, ses oiseaux et Burt Lancaster, pour Montréal où nous étions attendus au Café de l'Est. Sans compter le prix prohibitif des places qui nous aurait, pour le moins, obligés de sacrifier une bonne partie de notre cachet.

42

Le ski

Ma vocation pour le ski s'arrêta très tôt. Les petites pistes du mont Pilat convenaient parfaitement aux envies hivernales dans mon adolescence ardéchoise, quand il y avait une neige suffisante pour une descente tranquille, sans danger, à La Versanne au pied du col du Grand Bois.

Lorsque j'entendais mon oncle Richard prononcer les noms barbares de *Lauberhorn, schuss, Wengen, Stenmark*... qu'il lisait dans son journal aux pages jaunes, tout cela me paraissait bien lointain et irréel.

Et puis, il y eut, au début des Compagnons de la Musique, cette tournée dans les Alpes pour aller distraire nos militaires, qui nous a même permis de connaître un petit village perdu, Val-d'Isère. J'ai essayé de chausser des skis, sans grand succès, les descentes me voyant plus souvent le nez dans la poudreuse. Quant aux remontées, c'était très fatigant, car il fallait utiliser la « méthode en canard » et j'emmêlais mes skis plus souvent qu'il ne l'était permis, les remonte-pentes n'ayant pas encore fait leur apparition. Bref, je ne brillais guère sur des planches, enfin celles-là ! Et, comme je commençais à avoir des responsabilités dans le spectacle, j'en déduisis que je ne devais pas prendre de risques inutiles, « un gâcheur de plâtre » me guettant sûrement en bas des pistes. Alors, j'abandonnai et le ski ne perdit certainement pas un champion...

Mais quelques années plus tard, la radio, la télévision et les journaux glorifièrent les « descendeurs, slalomeurs et géantistes » et je commençai alors à suivre leurs exploits, en bon petit cocardier, comme la France entière. Il y eut James Couttet, Henri Oreiller, Jean Vuarnet et l'envie me vint de connaître ces « chevaliers blancs » comme on les avait surnommés.

Bien plus tard, au cours de vacances à Méribel, je vis à l'œuvre ces filles et ces garçons qui dévalaient des pentes impossibles, à une allure vertigineuse. J'entendis même, dans le brouillard, un « maman » crié par une championne et je compatis, la comprenant, car il fallait une belle dose de courage pour se lancer dans l'inconnu et en plus quand on n'y voyait goutte.

Un soir, à la remise des prix, Annie Famose était sur le podium avec Erika Schinegger – qui, depuis, est devenu Erik – et les jeunes pousses entraînées par Isabelle Mir, toujours la première à chahuter, furent gentiment remises en place par l'« ancienne », Marielle Goitschel :

— Vous vous faites davantage remarquer ici que sur les pistes !

Isabelle commenta pour ses copines :

— C'est parce qu'elle est allée chez le coiffeur aujourd'hui.

Avec Suzanne, nous prîmes goût à ces rencontres, accompagnant souvent les équipes, comme pour cette compétition à Schrunz, en Autriche, où je pus faire, au départ, un gros plan photographique du vainqueur, Karl Schranz, dans le regard duquel on voyait une telle concentration qu'il avait, selon une expression imagée de Raymond Marcillac à une émission sportive, « les yeux à l'arrivée ».

J'étais très amusé de constater que les journalistes accompagnant les champions écrivaient souvent pour des journaux aux idées contraires à leurs opinions politiques, mais sur le sport, ils étaient tous d'accord : il fallait être le vainqueur.

Les deux équipes étaient rayonnantes, splendides, Jean Béranger maternant « ses filles », toutes plus gracieuses et talentueuses l'une que l'autre... Annie Famose, Isabelle Mir dite joliment Mirabelle, Florence Steurer, Françoise Macchi surnommée la Fouése, les jumelles Lafforgue et évidemment les sœurs Goitschel, Marielle, Christine, et toutes les autres.

Chez les garçons, quelle équipe de beaux mâles, de « jeunes premiers », de Jean-Claude Killy à Georges Mauduit en passant par Guy Périllat et Jean-Pierre Augert. Impossible de mentionner tous ces « artistes de la neige », ces garçons et filles avec lesquels je me sentais très à l'aise. Dans le fond, on faisait le même métier public, à la différence évidente que pour nous, la partie était toujours gagnée, mais que pour elles et eux, la bagarre était de tous leurs spectacles. C'est une des raisons qui me font aimer tous ces perfectionnistes, ces chercheurs de victoire.

M. Bonnet, qui avait été l'âme de ces équipes, me faisait penser par sa méthode rigoureuse et sa science à Louis Liébard qui nous avait, par ces mêmes qualités de discipline et de travail, donné ce style qui permit aux Compagnons ce beau parcours, ces belles performances ; un grand esprit sportif étant un des moteurs de notre cohésion. Je retrouvai ces qualités chez tous les artisans des réussites d'équipe, Honoré Bonnet, Jean Béranger pour le ski, Albert Batteux, Aimé Jacquet pour le football et Louis Liébard pour le chant choral.

43

Rencontres

Depuis longtemps, Raymond Devos comptait parmi les grands que j'admirais. En allant voir Maurice Chevalier à l'Alhambra, j'avais découvert ce personnage hors norme qui intervenait plusieurs fois au cours du programme avec des monologues dont je n'avais jamais entendu l'équivalent dans les music-halls que nous fréquentions avec mes camarades. Ce comédien m'avait semblé tellement étrange, avec des textes frôlant le surréalisme, sa *Mer démontée*, ses *Sens uniques* angoissants, tout cela avec un débit inaccoutumé pour nous, joint à une présence physique et un regard étonnamment aigu – un œil « à la Harry Baur » qui, pour moi reste le plus grand comédien français et avec lequel je lui trouvais par ailleurs des ressemblances. René-Louis Laforgue, rencontré dans une émission, me confirma la présence et la « patte » de Raymond dans un spectacle de la Compagnie Jacques Fabbri, *La Famille Arlequin* dont ils faisaient tous les deux partie. Je continuai à suivre l'évolution de sa carrière toujours marquée par sa touche personnelle inimitable. Son spectacle à la Tête de l'Art, le cabaret dirigé par Jean Vilar, l'auteur des *Trois Cloches*, et son spectacle *Les Pupitres* avec toute une troupe ne faisaient que confirmer sa place dans la vie théâtrale.

Une rencontre avec lui en coulisse me donna le plaisir d'une conversation amicale et d'une invitation à la maison à laquelle il répondit par l'affirmative. Il vint en compagnie de son épouse Simone et de Jean Dufour, son secrétaire.

Répondant présent avec Suzanne à l'invitation de Raymond dans sa maison de la vallée de Chevreuse, il se mit à nous raconter des histoires qui auraient dû être sinistres mais devenaient désopilantes avec sa faconde, comme celle de l'enterrement de la mère de Simone, son épouse et la levée du corps dans un de ces grands immeubles d'une dizaine d'étages situé sur un square, non loin de l'hôpital Saint-Antoine : en sortant des W-C, un malencontreux courant d'air chasse les feuilles de papier hygiénique du bord de la fenêtre, qui s'envolent comme les oiseaux de Jean-Michel Folon illustrant l'émission littéraire « Apostrophes » de Bernard Pivot. Raymond, mime émérite, digne élève du maître Ducroux, nous fit revivre ce soir-là l'épisode savoureux de ces feuillets descendant doucement devant les habitants du square, éberlués mais souriants à la vue du gracieux ballet aérien de ces feuilles légères.

Guy Lux, Jacques Chancel et la télévision ne manqueraient pas, plus tard, de s'approprier cette personnalité sortant des normes de notre métier, avec un langage si différent. En peu de temps, il se trouva en haut de l'affiche, vedette cette fois du spectacle dans ce beau vaisseau de l'Alhambra avec, en première partie, un jeune débutant, Johnny Hallyday, qui ne faisait pas encore l'unanimité. Le public du balcon, plutôt jeune, était d'un enthousiasme délirant, qui choquait celui plus conservateur du parterre, allergique à ce beau garçon qui se trémoussait et, comble de folie, allait jusqu'à ramper sur scène en compagnie de son micro. Un ami qui nous accompagnait ne comprenait pas l'enthousiasme de Suzanne pour qui Johnny, manipulant son micro comme un club de golf, ne posait aucun problème, pas plus qu'à la gent féminine présente dans le public, entièrement conquise, elle aussi.

Avant le dîner, Raymond nous annonça une surprise :

— J'ai invité un ami que vous allez aimer, Suzanne et toi.

C'était Georges Brassens que j'avais déjà rencontré à la Porte Saint-Jean, un cabaret de Québec, où il avait eu un immense succès pendant tout son séjour. Je l'avais revu à un souper d'après-spectacle au Grand Hôtel de la Cloche à Dijon où nous étions attablés avec l'état-major des Petits Chanteurs à la Croix de Bois, au cours d'une tournée commune. Georges et son aréopage ont fait leur entrée ; je revois l'image de Mgr Maillet traversant la moitié de la salle pour saluer celui qu'on qualifia de « mécréant » et qui traînait à l'époque une réputation sulfureuse.

Chez Raymond, la soirée ne fut que chaleur et drôlerie : à un chahut que nous faisions amicalement à Georges, celui-ci nous gratifiait en riant d'un élégant : « Qu'on me donne ma canne et mon chapeau ! »

Raymond nous a fait ce soir-là les honneurs et la visite guidée de son grenier, le lieu où s'échafaudait son spectacle. Je retrouvai là une familiarité avec les salles de répétition des Compagnons, avec cette clarinette, ce cor, ce trombone truqué, ces guitares évidemment, même un petit *concertina* qui accompagnait son interprétation du clown qui était soigneusement rangé avec les accessoires, la pile de livres et les masques. En fait un véritable spectacle muet qui n'attendait que le signal du maître de maison pour s'animer, faire rire et pleurer.

On n'avait pas grand effort à faire pour imaginer toute la concentration, tout le travail, toute la sueur qui amenaient ce bonhomme jovial à cette perfection scénique.

Quelques mois plus tard, je reçus un coup de téléphone étonnant de Raymond :

— Peux-tu m'accompagner ce soir sur scène ?

— Au piano ?

— Mon nouveau pianiste, Hervé vient d'avoir un accident de moto et j'ai un spectacle à Olivet, près d'Orléans.

— N'étant pas instrumentiste, je ne peux que te brancher sur mon pianiste, Raoul.

— Bon, je vais prendre contact avec lui.

Étrange coïncidence, j'avais rendez-vous tout à fait par hasard à Olivet pour une histoire d'affiches avec Jean-Pierre qui allait devenir mon régisseur et qui s'occupait justement de la salle où devait se produire Raymond. C'est ainsi que le soir, je pus assister au spectacle le plus étonnant, unique, sans qu'un seul spectateur puisse se douter de la substitution. Suzanne et moi nous étions dans la salle les seuls à être dans la confidence. Raymond avait mis au piano en lieu et place d'Hervé, l'accompagnateur accidenté, son secrétaire Pierre Herran qui joua magnifiquement le jeu sans toucher une seule fois le clavier, Raymond improvisant chaque fois la réplique pour empêcher Pierre de jouer, ce dont il aurait de toute façon été bien incapable. Une virtuosité de grand professionnel. Pas un instant le public ne put s'apercevoir du subterfuge.

Et puis, il y eut Monnaie. Claude Even, un amateur éclairé du spectacle, avait créé un véritable événement dans une salle de cette petite ville située à un jet de pierre de Tours.

C'est nous, les Compagnons, qui avions ouvert le bal en 1978, avec un récital, suivis en 1979 par les Frères Jacques et en 1980 par Raymond, devenu par la suite le parrain de la salle et du festival qui attiraient un public enthousiaste et connaisseur. Je suis encore ému au souvenir du lumineux sourire de Françoise Maucq, la compagne de Raymond, devant une salle comble où tous les spectateurs arboraient un nez rouge pour accueillir Raymond et lui rendre hommage. Il présida, ce soir-là, un beau spectacle, monté par une joyeuse troupe entraînée par Vincent Roca et Xavier Lacouture, qui essayaient d'explorer le cerveau aux multiples méandres de Raymond, ce clown génial.

On se retrouvait souvent chez l'un ou chez l'autre. Notre voisinage permettait ces « réunions au sommet », comme les qualifiait un de mes amis journalistes, celle, par exemple, commencée chez moi et poursuivie dans la maison de Georges où se trouvait aussi Boby Lapointe. Nous avions fait la surprise d'amener Charles, Raymond, Félix Leclerc et un comédien, Jean Dalmain. Mais il nous manquait Bourvil dont le village était « pris en sandwich », selon son expression, entre celui de Georges et le mien. Il venait de nous quitter alors qu'il s'apprêtait à monter un spectacle avec nous. Nous voulions alterner chansons et sketches musicaux car Bourvil était admiratif devant notre maniement des instruments, lui-même orfèvre en la matière. Il jouait du piston et chantait joliment, comme on le sait.

Ces soirées étaient toutes savoureuses et j'étais le témoin de ces joutes musicales entre Georges et Charles pour désigner celui qui « collerait » l'autre sur les chansons d'aujourd'hui ou d'hier, tous les deux installés au piano...

— Tu connais celle-ci ?

— Et celle-là ?

Deux véritables anthologies... incollables, l'un comme l'autre. Tous les deux... tout... ils connaissaient absolument tout !

Et la soirée du referendum sur de Gaulle chez Guy Béart où nous avions passé des heures avec Georges à monter et descendre sur un siège électrique, dans le grand escalier, la maison ayant appartenu à un ambassadeur handicapé moteur ! La nuit avait été rythmée par les intermèdes de Guy téléphonant à l'Élysée pour connaître le déroulement du referendum. De vrais gamins, et je dois l'avouer, pas mal alcoolisés ce soir-là !

À Goupillières nous avions comme voisins la joyeuse compagnie des Biraud, Françoise, cuisinière hors ligne, élevée dans son enfance aux fumets périgourdins et Maurice, véritable seigneur à l'antenne de la station naissante Europe n° 1. Lorsque Maurice pouvait s'évader du studio et moi des salles provinciales, on se retrouvait avec une belle bande de copains, Jean Carmet, Michel Audiard et Georges Géret qui n'avaient pas leur pareil pour un mot d'esprit. Les discussions politiques étaient toujours souriantes et décontractées se terminant invariablement par la vaisselle, accompagnée par la chanson de Sœur Sourire reprise en chœur, *Dominique nique, nique*, qui nous faisait mourir de rire.

À l'élection de François Mitterrand, Maurice avait débarqué à la maison avec un magnifique bouquet tricolore cueilli dans son jardin, pour fêter l'événement. Il était accompagné par deux molosses sauvés du film *Le Miracle des loups* auxquels on avait cassé la queue pour qu'ils ressemblent à de vrais loups. Le dernier déjeuner chez lui s'était terminé à la sortie par une belle bagarre de boules de neige avec Brassens et Annie Famose, après qu'il m'eut questionné au coin du feu, avec angoisse, sur mon opération cardiaque, lui qui semblait tant en forme alors qu'il allait nous quitter quelques jours après.

44

Galopin

Georges Brassens qui gratifiait tous ses amis d'un surnom affectueux, m'avait tout simplement affublé de celui de « galopin ». Au début, quand je me trouvais devant la bruyante troupe des *copains d'abord,* les Fallet, Loulou, Caillart, le « facteur » et les autres qui hantaient la loge de Nicolas, je rougissais un peu de ce surnom, sans doute donné à cause de ma présence chez les Compagnons, ce groupe à l'allure très sage sur la scène.

Je dois reconnaître que l'ambiance des coulisses d'un spectacle de Brassens n'avait rien à voir avec la discipline « compagnonne ». Pendant la séance journalière du changement de cordes de la guitare par l'indispensable Nicolas, on avait droit à la bouteille de whisky bue au goulot passée de main en main, « tournée » pendant laquelle nous étions même accompagnés par Georges : c'était un rituel avant l'entrée en scène. Puis, le Maître quittait la loge en toussant à s'arracher les cordes vocales et faisait son entrée sur le plateau.

Tant de belles choses furent dites sur cet extraordinaire magicien des mots, plein de modestie, mais connaissant toutefois sa valeur, refusant ainsi le titre de poète, ce qui lui valut une homérique confrontation radiophonique avec Brel et Ferré.

Dans sa vie de tous les jours, il affectionnait l'emploi de l'imparfait du subjonctif, ce qui ne réussissait pas à le rendre pédant, tout comme les mots crus ne devenaient jamais vulgaires dans sa bouche, lui qui n'était que pudeur.

Répondant un jour à ma timide demande d'un texte de sa main, il débarqua chez moi avec une liasse contenant des trésors magnifiquement calligraphiés de sa belle écriture tout en rondeurs. Des chansons – et quelles chansons ! – depuis le premier jet, avec les corrections, quelquefois une page pour une phrase, afin d'arriver à la forme définitive, épurée, dont rien ne pouvait être changé sans rompre l'équilibre de ces poèmes dont il refusait le nom. Il y avait là les manuscrits de *La Supplique pour être enterré à la plage de Sète, Le Vieux Léon, Le Grand Chêne, Le Fantôme, Le Pluriel,* que des chefs-d'œuvre... Il faut dire que le premier jet aurait convenu à plus d'un auteur, mais lui suait sang et eau pour arriver à la forme parfaite. Il avait même eu la délicatesse de m'expliquer, dans une lettre, le cheminement de son écriture, une magistrale leçon de construction à laquelle venaient s'ajouter, évidemment, sa sensibilité et son immense talent.

Nous disputions dans sa maison si accueillante de Crespières, arbitrés souvent avec fantaisie par Boby Lapointe, d'homériques parties de ping-pong qu'il gagnait presque toujours, lui, véritable « crocodile » et moi, tellement peu doué pour ce sport. Il m'avait donné le plaisir de retrouver chez lui Boby, ce personnage rencontré autrefois en première partie de Charles Aznavour à l'Alhambra. Je l'avais invité un jour où il « tournait » près de chez moi la scène dans laquelle il jouait un routier qui avait provoqué l'accident avec Michel Piccoli pour le film *Les Choses de la vie.* Alors que j'étais absent, il avait rappliqué à la maison en tenue de camionneur, comme dans le film, avec une barbe de huit jours ! Dorilla, la vieille tante américaine de Suzanne, avait entrebâillé la porte et à la vue de ce personnage hirsute qui demandait Fred Mella, l'avait chassé en *franglais* : « Ici monsieur, on ne reçoit pas les *bums* ! » On a beaucoup ri qu'il soit ainsi traité de vagabond !

Georges m'expliqua un jour sa gêne pour les voisins de sa maison de Paris, obligés de « subir » parfois ses aubades des plus matinales pour cause d'insomnie. Je lui proposai, avec l'accord de mes complices Gaston et René, d'insonoriser son bureau, ce qui lui a permis de chanter et de jouer de la guitare « à pleins tubes », sans déranger âme qui vive à l'heure qui lui convenait. Gaston, bricoleur de génie, avait pris la direction des opérations, devenant ainsi « la tête », quant à René et moi nous avions été relégués modestement au rôle de « bras ». Mais nous avions un assistant en la personne du maître de maison, amusé de mettre la main à la pâte. « N'oubliez pas que je suis fils de maçon », nous disait-il selon son aveu. Il fallait voir la tête des visiteurs ! Louis Nucera et Alphonse Boudard arrivés à l'improviste en nous découvrant tous les quatre couverts de plâtre, n'en revinrent pas !

Nous passâmes là de belles vacances, avec repas servis par un ami de Georges, un restaurateur réputé... Évidemment, on chantait tout le temps et lorsqu'arrivait immanquablement *Quand je pense à Fernande*, je lui avouais qu'un jour, j'aimerais bien chanter cette chanson sur scène, ce à quoi il me répondait que jamais mon public ne l'accepterait... Je la chante pourtant, maintenant, en pensant que là où il se trouve, il doit bien se marrer dans sa moustache.

Il avait invité à déjeuner Maurice Chevalier, une de ses admirations, mais il trouvait la table un peu bancale. Püppchen et Suzanne se mirent alors en chasse d'une nouvelle table et en ramenèrent une autre métallique, laquelle, selon la tradition de la maison de donner un surnom à tout, prit tout de suite le nom de l'invité. À partir de ce jour, on s'amusait en passant à table sur un « monument » de la chanson française !

Et puis un jour, Püppchen, la femme de sa vie a trahi le « secret », et une année passa à redouter le pire qui nous semblait impossible, lui, toujours superbe, avec sa belle moustache blanche et son magnifique sourire. Il nous arrivait, avec

Suzanne, sortant de chez lui, de rester de longs moments silencieux et prostrés dans ma voiture, refusant « l'impensable ».

Un matin, il m'a appelé pour venir déjeuner avec lui en tête-à-tête dans sa cuisine. Nous avons été servis par la fidèle Sophie. Connaissant ses habitudes d'homme du Midi, quand j'ai manifesté l'intention de le laisser faire sa sieste, il a insisté pour que je reste et nous avons bavardé jusqu'à la nuit tombée :

— Où vas-tu encore traîner ? a-t-il plaisanté, connaissant nos vagabondages coutumiers alors que ses voyages lui posaient des problèmes.

— Je pars pour la Suisse avec mes petits camarades. Et toi ?

— À Sète.

— En rentrant de cette tournée, je fais le détour par Sète, avec René, pour passer une journée avec toi.

— Je vous attends tous les deux.

Le lendemain nous partîmes à Genève, René et moi, pour cette tournée qui commençait dans cet ancien temple protestant devenu une belle salle de concerts, à l'aspect un peu sévère mais à la sonorité exceptionnelle, le Victoria Hall. Puis, Yverdon, Neuchâtel, Lausanne, Montreux, Fribourg. À l'entracte du spectacle de Sion, je ressentis une ambiance étrange dans les coulisses, avec les regards fuyants de mes camarades. Dès la fin de la deuxième partie du récital, à peine sorti de scène, je me heurtai à plusieurs micros :

— Que pensez-vous de la mort de Brassens ?

Toute la nuit, j'ai essayé d'appeler les proches. Püppchen, Gibraltar, Jacques Caillart le directeur de sa maison de disques, Mario Poletti, Éric Battista... mais tous les téléphones étaient silencieux ou occupés et c'est l'un de mes regrets de n'avoir pas pu saluer Georges par ma modeste présence, alors que René se proposait de me conduire à Sète pour que je puisse assurer le spectacle du lendemain en Suisse.

L'image ne s'effacera jamais de Georges sur le pas de la porte, souriant, son chat Kikou dans les bras.

45

Félix

C'est pendant notre second passage au Québec que la troupe théâtrale des Compagnons de Saint-Laurent, sous la direction du père Legault, nous lança une invitation à leur centre de répétition. Nous échangions des liens d'amitié qui firent long feu, puisque certains comédiens comptent toujours parmi mes amis. Lorsque, avec mes camarades, nous les avons remerciés en chantant, pour leur chaleureux accueil, je pus apercevoir dans l'escalier du fond de la salle la présence discrète de celui qui allait devenir, quelque temps après, le porte-parole des Québécois en France, Félix Leclerc. Le beau Félix, timide, qui n'a pas osé nous adresser la parole !

Mais à notre retour à Paris, nous avons eu le privilège d'entendre des chansons de lui, des chansons qui devaient faire plus tard une belle carrière : *Le Petit Bonheur, Moi, mes souliers, Bozo,* et *Le Train du Nord* qui avait d'ailleurs un très bel effet d'écho que nous avons repris pour *Les Cavaliers du ciel,* une chanson que nous avons enregistrée dans le même studio de Montréal.

Quand Mitty Goldin, l'éternel directeur de l'ABC, nous interrogea sur un certain Félix Leclerc dont il avait entendu parler par Jacques Canetti, nous lui demandâmes immédiatement de le prendre dans notre programme en première partie, ce qui a failli provoquer un infarctus à sa sœur, habitant Paris et découvrant sa venue par les affiches alors qu'elle ne savait même pas qu'il avait quitté le Québec.

Depuis ce jour, Félix est entré dans ma famille, si je puis dire, retrouvant lui et les siens à chaque occasion dans les bons et même les tristes jours, quand il voulait rentrer chez lui, l'air de Paris ne remplaçant pas celui de son cher *lac des Deux-Montagnes*.

Il faut dire que sur scène, son succès l'étonnait et l'embarrassait car ce qui le gênait le plus, c'était, pendant les applaudissements ce qu'il appelait dans sa belle langue imagée, « le saluage » !

Il habitait à l'époque un petit hôtel de Saint-Germain-des-Prés dont il aimait la simplicité. Son voisin de chambre était un virtuose de la guitare qu'il passait des heures à écouter :

— C'est tellement musical ! Quel régal.

En fait, c'était un petit hôtel célèbre, le Cristal, qui hébergeait Django Reinhardt et pas mal de musiciens de jazz. Mais comme Félix était le spécialiste des « menteries québécoises », un sport langagier qui consistait à s'exprimer entre la réalité et l'exagération poétique, on se demandait s'il avait vraiment ignoré l'identité de son célèbre voisin de palier. On ne le saura malheureusement jamais.

Un soir, à un dîner chez Charles, il raconta une histoire de son cru qui laissa sans voix François Truffaut et Robert Enrico, deux metteurs en scène qui, pourtant, ne s'en laissaient guère conter. Le sujet de la conversation, allez savoir pourquoi, avait pour thème « les grenouilles ». Le nom de Jean Rostand étant évoqué, Félix prit la parole :

— Chez nous, les grenouilles, contrairement aux vôtres, sont énormes. On les appelle les *wawarons*. Vous n'en avez pas, ici, de ce format. Un jour, un Français a eu l'idée d'en ramener une à Paris, peut-être pour M. Jean Rostand. Le voyage s'est bien passé et le Parisien a eu l'initiative, pour la santé de sa grenouille, de lui faire prendre un petit bol d'air, pensant la reposer du voyage, afin qu'elle soit en pleine forme. Il l'a amenée sur une berge de la Seine. Le *wawaron* a pris son élan et d'un seul bond est allé se casser la gueule sur l'autre rive !

J'eus le plaisir de lui faire connaître la Camargue où l'on se retrouvait dans des soirées chaleureuses avec les *gardians,* tous bouche bée à l'écoute de ses chansons, de ses histoires tellement exotiques et de sa belle voix grave de « raconteur » savoureux. Félix, lui aussi trouvait à son goût ces gens simples qui savaient lui parler avec un accent plein de soleil de leurs chevaux et de leurs taureaux.

De retour à Paris, Suzanne, sa compatriote, décida un jour de réunir quelques-uns de ses amis pour un repas. Furent invités Marcel Amont en compagnie d'Alice Kessler, Maurice et Françoise Biraud, Georges et Aïda Garvarentz. Étaient absents Brassens et Francis Blanche, retenus par des spectacles à leur grand regret. Il nous manquait de plus la présence de Raymond Devos et Fernand Raynaud, amis fidèles également.

Ce soir-là, j'utilisai un pieux mensonge, car je savais qu'il y avait un léger nuage entre nos comiques qui s'accusaient souvent de se « piquer » les idées. Voici la fin du dialogue avec Fernand :

— Nous aimerions réunir à un dîner quelques intimes de Félix dont tu fais évidemment partie.

— C'est une excellente idée.

— Es-tu libre à cette date ?

— Dis-moi quels sont les invités.

— Amont, Biraud, Aïda Aznavour et Georges son mari, Félix bien sûr et Raymond.

— Tu es certain que Raymond va venir ?

Et là, je mens pour la bonne cause :

— Il vient.

— Ah ! Et il sait que je viens ?

— Oui. (Deuxième mensonge !)

— Alors, d'accord, je serai là avec Renée, sans nous attarder, car je dois être à Bagatelle où je suis invité en fin de soirée.

En voilà déjà un !

C'est maintenant facile pour Raymond puisque je n'ai plus à mentir. Là se passe donc le même genre de dialogue :

— Qui sera là ?

— Marcel, Georges, Maurice, Aïda et son mari, Félix évidemment et Fernand.

Je ressens un froid au bout du fil :

— Tu es sûr que Fernand va venir ?

— Il me l'a promis. (Je n'avais plus besoin de mentir.)

— Alors, d'accord, je viens avec plaisir.

Et c'est ainsi que nous avons passé une des soirées les plus brillantes que l'on puisse imaginer, nos deux comiques faisant échange de leurs meilleurs mots, chacun se levant à tour de rôle, pendant que l'autre préparait dans sa tête la réplique pour ne pas lui laisser la vedette. Raymond triomphait et puis c'était le tour de Fernand d'essayer d'« enterrer » amicalement Raymond avec Maurice, ce faux jeton qui mettait de l'huile sur le feu ! Et au milieu de tout ce feu d'artifice d'esprit, ce cher Félix complètement médusé par nos deux compétiteurs qui dépensaient une telle énergie pour nous faire rire. La soirée se termina à 3 heures du matin par des tours de magie de Fernand, un de ses talents inconnus, Fernand assez malin pour aller jusqu'à prendre Raymond comme complice, lequel, consentant, retrouvait dans sa poche, des cartes mystérieusement envolées. Les gens de Bagatelle sont encore en train d'attendre...

Et chaque fois que j'ai revu Fernand, c'était la même interrogation :

— Quand est-ce que tu nous réinvites ? demandait-il avec son bel accent auvergnat.

Fernand, je l'avais retrouvé quelques mois auparavant dans des circonstances amusantes. Un soir, nous rentrions à la maison par l'autoroute de l'Ouest. Lorsque nous avons passé le tunnel de Saint-Cloud dans une circulation active de fin de semaine, Suzanne qui a beaucoup plus que moi l'œil aux aguets, me dit : « Mais c'est Fernand ! » En effet, Fernand était en train de faire de l'auto-stop sur le côté de l'autoroute. Il était vêtu comme en scène de son manteau beige avec son chapeau, un bidon vide à la main, et essayait de trouver une âme charitable pour le conduire à une pompe à essence. On aurait dit qu'il jouait un de ses sketches. L'inimaginable, c'est que personne ne l'avait reconnu, sauf l'œil vigilant de mon épouse ! Je l'ai évidemment pris en charge et nous continuâmes de nous voir de temps en temps, quand les spectacles nous en donnaient l'occasion.

Mais pour en revenir à Félix qui était le prétexte de ces retrouvailles, une foule de souvenirs me reviennent en mémoire comme cette soirée à la Porte Saint-Jean à Québec où Félix nous cria depuis la salle un titre de chanson « en chantier », pas encore intégrée au spectacle car elle était loin d'être au point, *Le Galérien*, sur une musique de Léo Poll, le père de Michel Polnareff. Devant l'insistance du public chauffé par Félix, mes petits camarades décident de lui faire plaisir, alors que j'étais loin de posséder les paroles. Mais comme ça semblait faire tellement plaisir à Félix qui avait un faible pour la musique russe, je me lance. À-Dieu-va !

« *Je m'souviens...* » Et là, je m'souviens de rien. Impossible de trouver le texte de Maurice Druon. Avec angoisse, j'ai improvisé toute l'histoire de ce pauvre garçon qui n'avait pas voulu écouter sa mère, et qui s'était retrouvé en train de ramer aux galères, emmené par les soldats du roi, cela sous l'œil goguenard des Compagnons qui se demandaient, tout en m'accompagnant de leurs bouches fermées, comment j'allais bien pouvoir m'en sortir. Et ce qu'il y a d'étonnant, c'est que tout le monde a trouvé cela émouvant !

46

Las Vegas

Las Vegas était pour nous la ville du rêve éveillé, où, paraît-il, avec un peu de chance, on pouvait arriver clochard et repartir cousu d'or. Le *Super Chief*, un train mythique, une des légendes de l'Ouest, nous y avait conduits pour notre première visite au Nevada. Ce furent trois jours et trois nuits dans ce train où l'on pouvait tout trouver, de l'épicerie à la pharmacie en passant par le salon de coiffure ou la blanchisserie, le bureau de poste, sans oublier le cinéma.

Nous avions quitté Chicago dans l'Illinois après la visite de notre copine Kim Novak que nous avions connue au Palmer House. Elle était venue nous embrasser ou plutôt saluer Jean-Louis, ce qui lui valut chez nous le surnom de Madone des Sleepings ! Iowa... Nebraska... Colorado... New Mexico... Arizona... et enfin Nevada. Dans le Nebraska, une tempête de neige rabattit un troupeau de chevaux sauvages sur la voie, ce qui occasionna un arrêt de plusieurs heures en pleine tempête, mais dans ce genre de voyage, le temps ne comptait plus. La vue, bien au chaud, depuis le wagon-salon vitré à l'arrière du train, valait le plus beau des westerns. Le train, par ailleurs, prenait tout son temps avec de longs arrêts après lesquels on remontait dans nos wagons avec la petite marche tenue par le *wattman* noir de service, comme dans les films. À l'étape d'Albuquerque, une ville indienne, nous nous sommes équipés de *jeans*. Nous étions probablement les premiers Français à adopter cette mode. Et puis, il y avait le spectaculaire *ten gallons hat* qui complétait la panoplie du parfait *westerner*. Le *Super Chief* nous débarqua à Kingman, ce qui nous permit une excursion dans le Grand Canyon au fond duquel nous sommes descendus par des petits sentiers dominant des falaises effarantes, qui n'avaient pas l'air de faire peur à nos vaillants petits mulets. On logeait dans des rustiques cabanes en bois, toutes simples, dominant ce paysage sublime Le soir, nos guides indiens venaient se délasser en nous offrant un spectacle de danses. Ils étaient magnifiques dans leurs parures de cérémonie.

À Las Vegas, nous découvrîmes un village ou plutôt deux, North Vegas et Down Town, reliés par une route toute droite dans le désert, semblable à un ruban, au bord de laquelle il y avait, tous les deux ou trois kilomètres un de ces hôtels pour joueurs, aux noms prestigieux comme le Sands, le Flamingo ou le Thunderbird, notre domaine dont le directeur avait été le comptable d'Al Capone.

J'allai chercher Suzanne et Odette Laure, qui venait, elle, rejoindre Guy. Le minuscule aéroport était situé à l'époque en plein désert, alors que, maintenant, la ville tentaculaire l'a presque avalé, comme j'ai pu le constater au cours d'un voyage récent. C'est aujourd'hui un immense terminal, signe du progrès et surtout de la réussite monstrueuse de cette capitale du jeu où l'on trouve même des machines à sous à la sortie des pharmacies et des églises.

Pendant que nous étions sur la scène du Thunderbird, « Oiseau de feu », Jacqueline, l'épouse de Jo, avait entraîné les autres femmes pour aller jouer quelques silver dollars, lourdes pièces qui avaient cours dans les saloons. Jack, un brave croupier plein de mansuétude, se permettait, avec l'accord de la direction, de leur conseiller ce qu'il fallait miser au black-jack, afin qu'elles se retrouvent ric-rac, leur faisant perdre de toutes petites sommes, chose qui ne pouvait pas provoquer une scène de ménage...

Nous avions tous loué des voitures et des maisons. La nôtre donnait sur le *strip* et nous offrait la vue imprenable sur le Flamingo, l'hôtel préféré de Nat King Cole. Et nos jardins donnaient sur le désert, ce qui nous permettait de faire sécher facilement notre linge avec mille kilomètres de désert.

Nous faisions deux shows par jour séparés par le *chuck-wagon,* buffet gargantuesque préparé par des chefs français où l'on pouvait tout avoir pour un dollar, vin, whisky ou bourbon compris.

On nous annonça un soir la présence dans la salle de Groucho Marx, une de nos idoles, qui nous avait fait rire et rêver avec ses frères au temps du Point du Jour quand nous allions les voir dans un petit cinéma de Lyon. À notre sortie, après les compliments, il nous offrit ce commentaire laconique : « Le soliste doit être juif ou italien ! » Il avait tapé en plein dans le mille !

Le lundi, jour de relâche, nous permettait d'assister au show spécial offert par les artistes, pour ceux qui ne jouaient pas ce soir-là. Nous avons pu voir et entendre Eddy Fischer qui descendit dans la salle pour nous saluer, et même Frank Sinatra avec sa bande du *Rat Pack* : Sammy Davis Junior, Peter Lawford et Dean Martin qui arrivait avec un faux air de pochard, un verre de whisky à la main, « direct from the bar ». Il paraît qu'il ne buvait plus à l'époque, mais cette entrée faisait partie de son personnage.

À notre deuxième séjour à Las Vegas, nous arrivions d'Hollywood pour nous retrouver près du lac Tahoe à Reno, la capitale du divorce, qui aimait se prénommer « la plus grande petite ville du monde ».

Jean avait pris la place de Marc, qui nous avait quittés pour épouser Yvette Giraud. Jean était comme moi, passionné d'équitation. De retour d'un galop dans le désert, partis du Last Frontier Village, nos deux petits chevaux indiens, des *broncos,* avec du poil aux pattes, décidèrent d'accélérer l'allure et devinrent tout simplement incontrôlables. Ce pauvre Jean buta contre un poteau à l'entrée du *corral* et se retrouva avec un genou éclaté, juste une semaine avant notre contrat à l'Ambassador Hotel de Los Angeles. Impossible donc pour lui de monter sur scène avec un plâtre, carcan qui le tenait prisonnier du pied à la taille. Mais l'équipe fit face courageusement, car Jean était un élément important dans la marche du spectacle. On travailla dur pour remplacer sa présence puisqu'il n'était pas possible d'annuler le contrat. Décision fut prise de se retrouver à Los Angeles, avec une semaine de « battement » devant nous.

Jo, René et moi, avions décidé de partir de Reno pour rejoindre Los Angeles dans notre vieille Hudson achetée cent dollars, qui consommait autant d'eau que d'essence.

— On va s'offrir une petite fantaisie, comme rien ne presse. Nous avons un très bel itinéraire en prenant à travers les montagnes Rocheuses, ce qui va nous permettre de joindre l'utile à l'agréable, puisque c'est un raccourci pour la Californie, où nous longerons la côte pour atteindre Los Angeles. Le paysage de montagne doit être magnifique, d'autant que nous avons un temps idéal. Pas un nuage.

Nous voilà quittant Reno en plein soleil, mais dès l'attaque des premières rampes, le temps tourna au gris, et quelques rares flocons de neige commencèrent à voleter autour de la voiture. Voilà que le ciel s'obscurcit. C'est inimaginable de voir ainsi la montagne changer en quelques instants. Les flocons se mettaient à tomber de plus en plus serrés et nous nous sommes rapidement retrouvés sous une tempête, dans un paysage qui était devenu carrément menaçant. Plus on montait et moins on voyait la route. Pour arranger le tout, on s'aperçut que les essuie-glaces avaient rendu l'âme. Ils devaient déjà être en panne à Reno, mais comme il faisait grand soleil, on ne s'était rendu compte de rien. Évidemment, pas âme qui vive à l'horizon.

Aveuglés par le blizzard, nous prîmes la seule décision raisonnable. Il fallait faire demi-tour, après une manœuvre suicidaire sur une route à une voie, en plein tournant et avec une neige aveuglante. On descendit en essayant de chasser la neige du pare-brise avec le bras passé hors de la portière ouverte, une situation bien inconfortable ! En une heure, nous étions revenus sous le soleil.

Il n'y avait pas d'autre route que *Death Valley*, « la Vallée de la Mort », qui porte si bien son nom. Il fallait décliner aux autorités son identité et la marque de sa voiture avant de rentrer sur cette voie car en cas d'ennui, les *rangers* devaient nous envoyer du secours. Avec une chaleur au-dessus de 40° C la panne peut être dramatique et il faut reconnaître que notre vieux tacot pouvait très bien nous lâcher en plein désert. C'était déjà arrivé à d'autres imprudents qui y avaient laissé la vie, nous avaient prévenus les *rangers*.

— Nous avons eu à intervenir il y a quelques jours pour des inconscients. Heureusement que nous prenons les heures de passage à l'entrée. Nos collègues nous signalent la sortie. Aussi, prenez vos précautions. Good luck, God bless you.

On avait fait une grosse provision d'eau avant le départ dans ce paysage lunaire dont la route passe même à un point sous le niveau de la mer. C'était d'une beauté à couper le souffle, avec ce sable et ce sel, bien que l'air soit brûlant, mais la voiture se comportait sagement, désaltérée avec un énorme bidon d'eau tous les cinquante kilomètres.

Nous optâmes pour une nuit à Furnace Creek, une oasis au milieu de Death Valley, qui nous accueillit après avoir avisé les *rangers* de notre étape improvisée. Là, nous trouvâmes un monde que nous avaient révélé les westerns, avec des hommes venus d'on ne sait où, qui pratiquaient un jeu primitif en lançant des fers à chevaux, pariant à celui qui serait le plus près d'un simple piquet fiché en terre. On n'était plus dans le même monde, avec, en prime, un ciel d'une pureté telle qu'on avait l'impression de pouvoir toucher les étoiles. Nous n'avions pas perdu au change.

Le lendemain, nous avions déjà repris la route pour Los Angeles et son *smog*, cadeau de la circulation démente sur son autoroute à huit voies, pour notre série au Coconut Grove, qui m'avait toutefois permis d'aller écouter dans un club voisin un certain jazzman talentueux, Gerry Mulligan. Il m'avait fait découvrir, avec son saxophone génial, des chefs-d'œuvre tels que *Nights at the Turntable.*

47

Columbia Concerts

Viviane, l'épouse de Gérard, avait vécu une enfance assez extraordinaire chez sa tante, Lily Pons, une *megastar* du MET, le Metropolitan Opera de New York. Après une belle carrière en France et en Europe qui l'avait vue tutoyer les sommets de la gloire, Lily Pons avait adopté la nationalité américaine en épousant le prestigieux chef d'orchestre Andre Kostelanetz. Entre autres personnages qu'elle avait marqués sur la scène, elle était sans conteste la plus merveilleuse *Lucie de Lammermoor* de Donizetti. Viviane avait donc vécu aux États-Unis une adolescence privilégiée, accompagnant sa tante dans ses tournées de concerts et de récitals à travers l'Amérique.

Invités un soir par Lily Pons et Andre Kostelanetz, nous sommes arrivés tout intimidés dans l'un des plus beaux appartements de New York, avec une vue sur l'Hudson. Cet endroit accueillait des toiles superbes, de Matisse, Renoir, Picasso ou Gauguin. Mais la plus étonnante surprise pour moi était la présence de mon idole, dont j'étais tombé amoureux à l'époque de mon baccalauréat, en voyant à Grenoble le film *San Francisco* avec Clark Gable, Spencer Tracy et surtout la sublime Jeanette MacDonald. Elle était là... Le rêve éveillé ! Elle avait la plus belle des voix, et possédait une silhouette d'une rare élégance.

Parmi les invités, il y avait deux personnages importants qui dirigeaient une association nommée Columbia Concerts produisant les grands solistes classiques internationaux, de Yehudi Menuhin à David Oistrakh en passant par Richter, Isaac Stern et bien d'autres.

— Seriez-vous d'accord de faire une tournée pour nous ?

Il y avait de quoi être estomaqué par une pareille proposition, quand on pensait aux artistes dont ils s'occupaient, tout simplement l'élite de la musique mondiale.

— Mais nous ne sommes pas des classiques, loin des grands artistes que vous invitez, d'autant que la formule de notre spectacle n'a rien d'intéressant pour vos auditoires, n'est pas du tout certaine d'être goûtée par vos spectateurs.

— Détrompez-vous, la formule de votre spectacle est tout à fait compatible avec notre organisation et parfaitement susceptible de convenir à nos audiences. Nous avons un système d'abonnements qui couvre la plupart des villes américaines. Les abonnés assistent chaque année à une dizaine de concerts ou de récitals. Nous serions heureux de vous inclure dans notre *planning*, convaincus, après vous avoir vus au Playhouse Theater, que vous intéresseriez ces publics, d'autant plus qu'il y a beaucoup de jeunes, notre organisation desservant grand nombre d'universités.

— Nous serions donc très heureux d'avoir votre accord. Pensez-vous, en cas d'acceptation pouvoir nous consacrer une quarantaine de dates l'année prochaine ?

— C'est tellement inattendu. Il nous faut réfléchir avant de prendre une décision aussi importante, mais cela n'est guère envisageable avant 1954, l'année 1952 étant déjà entamée et complète, et 1953 doit nous ramener au Waldorf Astoria, Cleveland, le Québec, Las Vegas, Reno, Los Angeles, sans oublier quatre mois à l'Opera House de Blackpool, le Portugal et pas mal de villes en France.

C'est Jean-Louis qui se fit notre interprète, car je dois avouer que pour ma part, je n'ai guère le sens des dates. On me dit « rendez-vous » dans tel théâtre, je consulte l'itinéraire, je prends mes cordes vocales, et je me mets en route !

— C'est avec plaisir que nous vous voyons très occupés. Essayons de trouver une possibilité pour 1954. Nous sommes prêts à discuter des conditions avec Monsieur Clifford C. Fischer, par ailleurs, un ami. Tout sera évidemment organisé, avec transports par *Greyhounds*, trains ou avions pour les grandes distances, ce qui est souvent le cas...

Ils nous offraient une tournée dans les mêmes salles de concerts que les grands concertistes, cela semblait incroyable. L'année suivante nous voilà partis avec enthousiasme pour six mois, sillonnant les États-Unis du nord au sud et de l'est à l'ouest, en bus, en train ou en avion. Mais la tournée était toujours précédée par un passage obligé chez notre ami Ed Sullivan.

Ed était un véritable phénomène de télévision. Son émission, *Toast of the Town* était le plus important show de variétés américaines, regardé chaque dimanche par près de cent millions de personnes, du Nord du Canada jusqu'au Sud du Mexique et *coast to coast* aux États-Unis, c'est-à-dire de l'Est à l'Ouest. Ed avait été responsable pour beaucoup dans le lancement d'Elvis Presley qui avait fait chez lui un passage controversé par un certain public conservateur et pisse-froid, effrayé par ses déhanchements. Il faut reconnaître que « ça déménageait » avec lui, c'était loin des *crooners* qui faisaient partie de l'ordinaire américain. Les Beatles avaient d'ailleurs réservé leur premier passage à *Toast of the Town.*

Ed avait le chic pour réunir dans son programme la vedette du moment avec le personnage dont on parlait ou dont on allait parler, toujours en avance, cela avec son éternel charme italo-irlandais – malgré son côté un peu coincé qui lui donnait l'allure d'un athlète accidenté, ce qu'il avait probablement été, puisque c'était un ancien sportif reconverti en *reporter.* Souvent imité, mais en fin de compte il était irremplaçable.

Il nous avait pris en affection après avoir assisté à l'*opening night* du Playhouse Theater à la suite duquel il avait fait un magnifique article sur Édith et sur nous. En ce qui concerne Édith, elle faisait partie des personnes qu'il aimait et elle le lui rendait bien. Quant à nous, il nous trouvait toutes les qualités, jusqu'à nous présenter comme les « résistants ayant libéré Paris » ! Il nous mettait en joie, en essayant de parler français, écorchant notre nom un jour en nous appelant les « Champignons de la Chanson » ! C'est lui qui avait dit dans sa chronique que nous étions bien partis pour revenir en France à l'âge de Mistinguett, devant l'accueil du public américain !

Avant chacun de nos passages chez lui, il nous invitait dans le plus grand restaurant français de New York, à l'époque le Gourmet, où nous croisions les visages connus de Charles Boyer ou de Louis Jourdan et même un jour de Marcel Cerdan. Invités par Ed, on les retrouvait tous à notre table.

Ed habitait étrangement un appartement croulant de livres, dans un hôtel où il nous conviait pour choisir les chansons de notre passage. On lui soumettait plusieurs titres et on arrivait à un accord. Mais à l'heure de l'émission, c'était inévitablement *The Three Bells*, car il avait un faible pour la version anglaise des *Trois Cloches*. Ce qui fait que, lorsque nous débarquions de l'avion, le lendemain du passage à l'émission, au fin fond des montagnes Rocheuses, à cause des gros plans, les gens me saluaient avec un « Hey, Jimmy Brown ! », le nom du héros de la version américaine des *Trois Cloches*.

Nous fîmes trois tournées Columbia Concerts de cinquante jours chacune, à travers les États-Unis, de l'Arkansas au Nouveau Mexique, de la Californie au Wyoming, du Texas au Massachusetts, au soleil brûlant, dans la neige, dans toutes sortes de salles, depuis les grands théâtres de trois mille places, les halls de concerts, les universités, les églises baptistes, les synagogues même, voyageant dans des trains, des avions, des *Greyhounds*, ces grands bus qui sillonnent l'Amérique, partant tous les matins pour des étapes insensées. Parfois des prises de bec entre les épouses de mauvaise humeur venaient animer la monotonie de ces interminables journées de route, mais quand on débarquait dans les coulisses, c'était l'harmonie et la grande forme obligatoire. Toute la troupe se retrouvait sur son « trente et un », souriants et de bonne humeur.

Au cours d'une de ces tournées, lorsque nous faisions escale à Orange dans le Texas, pendant que nous répétions, nos épouses faisaient du « lèche-vitrine ». Tout à coup, Brigitte, l'épouse de Jean fit irruption en pleurant comme une Madeleine à cause d'une coiffure ratée. Jean se précipita avec nous chez l'auteur du délit, l'esprit d'équipe voulant qu'on prenne fait et cause pour le copain. Jean commença à sermonner avec véhémence le pauvre homme en français. Le coiffeur prit peur et se précipita en tremblant vers un tiroir d'où il sortit un vieux pistolet à barillet datant pour le moins de la guerre de Sécession. Tout se termina par des éclats de rire, car je suis convaincu que la vieille pétoire ne devait plus être chargée depuis longtemps. En tout cas le barbier, lui, ne s'était pas déridé.

Une autre de nos nombreuses et longues étapes eut pour but un concert à la Nouvelle-Orléans. Un nom magique pour nous, « *New Orleans* », auquel nous rendions hommage dans notre spectacle par un défilé qui évoquait le retour musical d'un enterrement, chacun maniant un instrument, cuivres et grosse caisse, comme cela se faisait encore à l'époque dans les faubourgs populaires. J'ai eu le temps d'aller prendre quelques clichés dans le quartier français, avec ses balcons ouvragés et le célèbre *Streetcar named desire* cher à Tennessee Williams, non plus un tramway, mais déjà un autobus ordinaire lors de notre voyage. Je revois ces images avec un serrement de cœur à la pensée de ces gens venus dialoguer avec nous après le spectacle, toute une colonie parlant joliment un langage au mélange d'accent des *bayous* mâtiné de vieux français. Ils étaient très avides de nous questionner sur Paris évidemment, mais aussi sur la Normandie ou le Poitou dont leurs ancêtres étaient originaires, disaient-ils. Évidemment, nous ne pouvions éviter la visite des petits cabarets où tâchait de survivre la tradition musicale, célèbre dans le monde entier. Malheureusement nous n'eûmes pas la chance d'y entendre un Louis Armstrong.

Le lendemain matin, au réveil, Mimi et Hubert eurent la triste surprise de constater le vol de leurs dollars pendant la nuit, sans le moindre soupçon d'une quelconque présence nocturne dans la chambre. Quant à René qui sacrifiait chaque soir à la coutume des chaussures laissées dans le couloir devant la porte pour être cirées par le veilleur de nuit, il eut la surprise en sortant, le lendemain matin, de constater qu'elles s'étaient « fait la malle ». Mais ces petits incidents n'altéraient pas notre bonne humeur, et nous reprîmes la route. Il nous est parfois arrivé de chanter dans des lieux étonnants, comme cette vieille synagogue désaffectée où nous avons eu droit à la présence amusante d'une chauve-souris attirée par la lumière, volant en rase-mottes, repartant dans le noir en traçant des sillons dans les spectateurs médusés qui baissaient la tête et qui jouaient le jeu en accompagnant de sifflements le voyage de la jolie petite intruse. Pour une fois, le spectacle, très drôle, était de notre côté.

Ces tournées étaient passionnantes, bien que très exténuantes, à cause des énormes distances que nous avalions dans notre *Greyhound* conduit de main de maître par un Fred téméraire qui, parfois, prenait des risques sur des routes enneigées. À l'arrivée, il y avait la mise en place scénique, qui nous demandait un soin méticuleux, avec l'adaptation à la scène du jour, chaque fois différente de celle de la veille, ce qui nous procurait parfois des surprises. Mais nous nous sommes toujours arrangés au mieux. Tous les instruments devaient être réaccordés, par suite des changements de température, un jour la chaleur du Texas, suivie le lendemain du froid des Rocheuses.

Une autre épreuve redoutable nous attendait après le spectacle. C'était la réception obligatoire et incontournable offerte par le comité organisateur où l'on prenait plaisir, évidemment, à avaler les sandwiches délicieux confectionnés par de braves dames qui faisaient des efforts pour prononcer quelques phrases en français. Elles nous demandaient systématiquement de raconter notre vie, après le préambule invariable « What do you think of America ? » Alors, on leur parlait de la gentillesse des publics et on les voyait rassurées de nous savoir heureux d'être aux États-Unis, ce qui était vrai, à part un ou deux franchouillards qui rouspétaient du manque de steak frites et de vin rouge, car dans certains États c'était le *régime sec*.

En *South Carolina*, la famille Cannon, propriétaire d'un immense domaine, qui était à la tête d'une des plus grosses affaires de coton, organisa une réception somptueuse qui nous a permis de rêver dans leur maison ancienne qui ressemblait au décor d'*Autant en emporte le vent.* Seuls manquaient Clark Gable et Vivien Leigh, même s'il y avait les domestiques noirs qu'on aurait crus tout droit sortis du roman de Margareth Mitchell.

Nos itinéraires démentiels nous permettaient néanmoins de contempler des paysages grandioses, toujours changeants, de Yosemite Park au Colorado, et de profiter d'instantanés rares comme cette étrange installation construite par des Indiens, qui, seuls, jouissaient du droit de pêche près de leur réserve. Ils avaient bâti de gigantesques échafaudages sur le fleuve Columbia qui leur permettaient, avec d'immenses épuisettes, une pêche miraculeuse de saumons de belle taille, qui remontaient à la source pour frayer. Cette compensation leur était bien due. C'était la moindre des choses.

Pour le retour en France, cette année-là, une grève du personnel de la compagnie maritime, la Cunard, nous a mis dans l'embarras puisque nous devions absolument revenir rapidement. Une nouvelle aventure avait été programmée dans un théâtre parisien. Il fallut se décider à prendre l'avion, un nouveau moyen de transport pour nous, nous qui n'avions traversé jusque-là qu'avec les transatlantiques, sur lesquels nous commencions à avoir nos habitudes, et presque à connaître les secrets des coursives, des ascenseurs et des « bas-fonds ». Nous arrivions même à mettre des noms sur les visages des équipages français et anglais !

48

Minnie Moustache

Les longues heures de ces grands voyages de ville en ville, zigzaguant à travers les États-Unis, furent utilisées pour imaginer une comédie musicale dont nous rêvions depuis longtemps. Jour après jour était née une envie de grand spectacle, avec des décors, des costumes, un orchestre, une histoire à construire et à faire vivre. Elle prit forme en 1956 au Théâtre de la Gaîté Lyrique sous l'affiche de *Minnie Moustache*. Inspirés par les gigantesques espaces que nous traversions, nous étions arrivés à l'idée d'un western, une histoire de chercheurs d'or traversant l'Amérique en chariots bâchés, en fait, la saga de *Wells Fargo*, une légende de l'Ouest américain. Nos pérégrinations devaient nous conduire du Klondike et de ses mines d'or jusqu'à la ville magique de San Francisco, après mille embûches aventureuses et de nombreuses rencontres.

Robert Manuel, transfuge de la Comédie-Française, assumait la mise en scène, avec grand orchestre et plus de cinquante personnages dont certains particulièrement hauts en couleur. Jean avait écrit les *lyrics* avec André Hornez, sur une musique superbe du compositeur Georges Van Parys, l'auteur d'immortelles chansons, dont *Un jour tu verras* écrite en collaboration avec Mouloudji, le refrain populaire de *Comm' de bien entendu* ou *La Complainte de la Butte* sur un texte de Jean Renoir, si bien chantée par Cora Vaucaire. Il avait accumulé de nombreux titres de gloire pour avoir composé des musiques célèbres, comme celles des films de René Clair ou même de Buñuel. On l'avait affectueusement surnommé « Jojo la verticale » à cause de sa passion des mots croisés. Quand on arrivait chez lui, on était accueilli d'une façon originale et pour le moins inhabituelle, par un *mainate* qui sifflait *La Marseillaise.*

À la Gaîté Lyrique, Georges Wakhevitch qui avait lui aussi travaillé avec Jean Renoir et les plus grands du cinéma, nous avait brossé de magnifiques décors et dessiné des costumes qui semblaient vraiment *d'époque.* Jean Lefebvre faisait partie de la distribution avec la composition hallucinante d'un ivrogne prêcheur. Il satisfaisait là sa véritable passion, le chant, avec sa belle voix de basse qui lui avait rapporté un prix au Conservatoire. Sa rivalité amicale envers Armand Mestral nous amusait beaucoup quand il affirmait descendre, en chantant, une *quarte* plus bas que lui, ce que lui contestait évidemment notre « Figaro » de l'ABC, tous les deux champions de la mauvaise foi.

Nous avions mis au point un *Barbershop quartet* dans la tradition folklorique américaine et j'avais même un duo avec une petite Indienne de rencontre à la jolie voix, Thérèse Laporte, une des premières Québécoises qui apparut sur une scène française. Cette chanson me posait des problèmes pendant les répétitions, car je devais chanter une mesure à 5 temps dont j'ignorais jusque-là l'existence.

Tout avait été mis au point après des répétitions qui nous avaient demandé plusieurs mois. La qualité musicale, les décors et les costumes, les interprètes et même la figuration avaient demandé une sérieuse exigence. Mais le manque d'essence dû à la crise de Suez fit malheureusement capoter cette belle aventure et nous força à mettre la clé sous la porte de la Gaîté Lyrique, pour une bonne centaine de personnes, en comprenant l'équipe technique. Il fallait changer de plan. Nous nous en retournions donc à nos vagabondages à travers le monde et avant tout à travers la France.

En fait, nous avons repris la route pour une curieuse tournée d'été qui comprenait presque exclusivement des salles de casinos : Annecy, Vichy, Châtelguyon, Biarritz, Hossegor, Luchon, La Baule – où nous retrouvions l'ami Max Favalelli qui se joignait à nos éternelles parties de volley-ball –, Deauville, Nice, Divonne, Monte-Carlo, et j'en oublie.

À Monte-Carlo, c'était cette fois-ci au Sporting d'Été – donc en plein air face à la mer – que l'un des plus grands galas de la saison avait lieu, au bénéfice de la Croix-Rouge monégasque. Notre copain Henri Astric, Riquet, encore lui, le héros à la pochette blanche qui avait déclenché quelques années auparavant le feu d'artifice du Sporting d'Hiver, était toujours le directeur artistique.

Inquiet pour le déroulement de notre spectacle, à cause des jeux de lumière complexes illustrant nos chansons qui devaient être synchronisés sur un mot ou un geste, il demanda la présence de Suzanne dans la cabine des éclairagistes pour leur donner le « top » de départ. Pour s'y rendre, obligée de passer à travers les tables pour rejoindre la régie, elle avait donc dû endosser une superbe robe du soir au même titre que les stars féminines qui brillaient dans le public !

Notre passage à la Gaîté Lyrique n'avait pas empêché le travail sur de nouvelles chansons. Après avoir entendu le Calypso de Harry Belafonte, nous avons pensé que ce morceau était parfaitement dans le droit fil de notre répertoire. Ceci nous avait donné l'idée de monter une série de ces belles musiques exotiques, comme *Day O*, *Reviens Lisa* ou *Pâques à La Trinité*. En véritables forcenés de l'enregistrement, nous avons « mis en boîte » ensuite *Gondolier*, *Marianne*, *C'était hier* et *Premier Matin*. Lors de nos nombreuses séances d'enregistrement, nous ajoutâmes une reprise de la merveilleuse chanson de Charles, *Sa jeunesse*, titre qui était la parfaite illustration de l'immense talent de ce phénomène, surtout quand on pense qu'il a écrit ce bijou à dix-neuf ans.

Un passage à Paris nous permit peu après d'être les invités d'une manifestation mondaine, un gala annuel spécial, la Nuit de la Chancellerie. Sur la scène du palais de Chaillot, se trouvait tout ce que le spectacle comptait de grands noms, français, anglais, américains et italiens. Fernandel, Jouvet, Raimu, Yvonne Printemps, Pierre Fresnay, Cary Grant, Yul Brynner, James Mason, Lollobrigida, Sophia Loren et cent autres ! Au milieu de ce rassemblement hétéroclite en tenue de gala, seuls les Compagnons en bleu et blanc faisaient tache. La tradition voulait que le président de la République qui assistait au spectacle vienne saluer les artistes en cercle dans les immenses salons du palais de Chaillot. Cette année-là c'était le général de Gaulle qui présidait. Comme il avait un problème de vue, il a hésité en entrant et s'est dirigé vers notre groupe qui formait une énorme masse blanche. Il faut reconnaître que nous étions les plus repérables, d'abord à cause de notre placement face à l'entrée. Son garde du corps lui souffla notre nom et, comme je me trouvais au milieu du premier rang, il me prit les mains : « Mes Compagnons ! »

Nous nous le sommes rappelé en riant avec Tessier, son garde du corps, en nous retrouvant au Parc des Princes, pour un match de football.

49

Israël

Les voyages nous firent découvrir le monde, nous offrant en cadeau une vie qui nous donnait l'illusion de la richesse, alors que nous n'étions que les invités de ces réceptions, où, pourtant, nous étions les hôtes privilégiés.

Pendant notre passage à la Gaîté Lyrique, il nous est arrivé une proposition de spectacle à l'occasion des festivités du 10e anniversaire de l'État d'Israël, présentée par deux personnages qui avaient fait spécialement le voyage depuis Tel-Aviv, M. Gillon et Ginzberg.

— Vous êtes très connus chez nous, et nous serions heureux de vous organiser un séjour, d'autant que le pays reçoit un bon nombre de Français. Vos chansons passent aussi sur nos radios et nous avons beaucoup de demandes.

Mais il nous fallait d'abord assumer une tournée en Afrique du Nord signée depuis plusieurs mois, pour laquelle un impresario inconscient, pour le moins farfelu, nous avait fait une proposition incongrue :

— Je n'ai pas les moyens de prendre toute l'équipe. Pouvez-vous venir à quatre ?

Nous partîmes tout de même à neuf mais avec un impresario moins hurluberlu. Nous passâmes par Bône, Alger et Oran, où dans une ambiance nerveuse, inquiétante, il y avait une fouille humiliante des spectateurs à l'entrée des salles. Néanmoins la tournée se passa sans incident. C'était un bonheur d'offrir quelques heures d'oubli à ces gens qui vivaient des jours dramatiques, chaque heure dans la crainte d'un attentat.

— Merci de nous faire respirer un peu de cet air qui nous manque ici.

Cette tournée se termina à Tunis où nous fûmes reçus à l'ambassade de France.

L'escale à Paris nous servit pour passer en studio et terminer l'enregistrement de nos dernières chansons. Nous étions fin prêts pour repartir découvrir un nouveau pays et un nouveau public.

À l'aéroport de Tel-Aviv, nos deux organisateurs israéliens nous accueillirent. Nous découvrîmes que c'étaient en fait des personnages qui avaient été importants pendant la lutte pour l'indépendance contre les Anglais. Ils s'étaient reconvertis pacifiquement en s'occupant du développement culturel de ce pays, faisant venir les grands solistes classiques en Israël. Gillon était par ailleurs l'ami intime de Yehudi Menuhin et de pas mal d'autres célèbres concertistes.

Nous nous sommes retrouvés à l'hôtel Ramat Aviv dans des bungalows simples mais confortables, un hôtel qui s'est avéré à ce moment-là un peu le « centre de vie » de Tel-Aviv. Le personnel était très sympathique, et nous tissions rapidement des liens d'amitié avec celui-ci, notamment avec Benny, un barman très cultivé qui parlait un beau français et avait épousé une professeur de lettres. Il avait été élevé au Caire chez les Jésuites. Un autre de nos interlocuteurs était Benny Conforti, un sportif célèbre, l'ancien entraîneur de l'équipe nationale de football. Les sujets de conversation ne pouvaient donc pas manquer entre nous. Après un round d'observation, nous nous entendîmes tout de suite très bien et en peu de jours, nous nous retrouvâmes avec une bande d'amis, comme le « Roi de l'orange de Jaffa », un *sabra* éduqué en Angleterre.

Le Ramat Aviv était, sous un ciel aux étoiles si proches, le rendez-vous à la mode du Tout Tel-Aviv où venaient se joindre à la *hora*, la danse traditionnelle, les comédiens de théâtre et la jeunesse dorée. On y croisait le fils du Premier ministre Ben Gourion ainsi que Yaël Dayan, la fille du général borgne vainqueur de la guerre du Néguev. Cette dernière était toujours accompagnée de sa copine qui pleurait toutes les larmes de son corps quand elle nous racontait ses misères de danseuse de ballet obligée de porter des affreuses godasses pour les marches de l'armée dans laquelle elle faisait le service obligatoire, elle qui était habituée aux petits chaussons.

Il y avait une vie foisonnante à travers tout Israël, pays privilégié par la visite des gens du spectacle du monde entier. À Tel-Aviv, trois théâtres en pleine activité refusaient chaque jour des spectateurs. Le ZOA programmait un concert classique en matinée, alors que la soirée nous était réservée. Le Cameri affichait des spectacles satiriques dans lesquels on attaquait les mœurs et la politique avec une verve qui « n'y allait pas avec le dos de la cuillère », comme on dit. Et puis, il y avait le Théâtre National Habima où j'eus le bonheur d'assister au grand classique du théâtre juif, *Le Dibbouk*, avec celle qui en avait été la créatrice à Moscou dirigée par Stanislavski, la Rovina. Bouleversante et d'une jeunesse incroyable malgré ses soixante-deux ans dans le rôle de Léa. *Le Dibbouk* est un spectacle d'avant-garde qui avait eu notamment une influence sur le théâtre est-allemand et le théâtre tout court car il fut joué sur les scènes du monde entier. Il y avait dans la troupe un comédien à la voix d'or, Klatchkine que j'avais beaucoup de plaisir à retrouver aux soirées du *Ramat Aviv*. Et cet étonnant couple de chanteurs Ilka et Aviva, qui s'accompagnaient avec cette flûte magique taillée dans un roseau, comme par un berger de l'Antiquité ! N'oublions pas Zepora Rubens, qui avait été à la naissance de ce beau village d'artistes, Ein Hod.

Quand nous disposions de quelques heures, nous faisions des échappées pour visiter les ruines de Césarée, la forteresse de Massada, impressionnant vestige d'une lutte sans merci où les juifs rescapés avaient choisi la mort plutôt que la reddition face aux légions romaines.

Un chauffeur de taxi, armé d'un revolver, car les attaques étaient fréquentes, nous conduisit avec Guy et Gérard à la mer Morte. Suzanne y fit l'expérience du bain insubmersible à cause de la teneur en sel, cela dans un désert qui est maintenant, paraît-il, rempli d'hôtels pour touristes, alors qu'à cette époque il n'y avait personne si ce n'était la statue de Loth qui dominait cette étrange mer, dans ce paysage lunaire situé sous le niveau de la mer.

C'est à cette époque que les Israéliens ramenèrent au pays les juifs yéménites partis depuis la nuit des temps. Ils étaient tellement légers que les avions pouvaient transporter le double de passagers. Leurs silhouettes étaient d'une minceur incroyable. Ceci était dû au fait qu'ils avaient toujours utilisé une diététique naturelle, une véritable alimentation biblique à base de lait de chèvre sans graisse animale. Les avions israéliens ne les ont même pas impressionnés, car ils savaient, dans leur sagesse ancestrale, qu'un grand oiseau blanc devait venir les chercher pour les ramener un jour vers la Terre Promise.

Nous avons ainsi pu parcourir le pays, la Galilée, la Samarie, la Judée, pilotés par notre chauffeur régisseur autrichien, Hermann, qui utilisait les deux seuls mots français de son répertoire, « demi-saison », pour qualifier le public qui se montrait moins enthousiaste que celui de la veille. Avec trois tournées, nous sommes devenus des hôtes privilégiés à Tel-Aviv, Beersheba, Haïfa et Jérusalem, où ce fut la surprise d'apercevoir dans la salle Mme Golda Meyer et la magnifique crinière argentée de Ben Gourion. C'était un public en or, comme le dit en hébreux le titre de la chanson *Yeroushalaïm shell zahaf*, dont le public reprenait spontanément le refrain avec nous. Le père Roger, de la mission Notre-Dame de France, était une personnalité respectée par tous. Il nous fit visiter le *Mea Shearim* avec les écoles talmudiques. Nous découvrîmes le véritable capharnaüm, *Kfar Nahum*. Nous avions le privilège d'avoir partout un public enthousiaste, attentif à notre musique et dans un cadre idéal. Le général Moshé Dayan, héros de la guerre du Néguev, donna un soir une réception en notre honneur et j'ai failli provoquer un incident diplomatique, alors qu'il nous faisait visiter sa collection inestimable d'antiquités recueillies dans le désert. Je m'étais imprudemment appuyé sur une des vitrines contenant ses trésors et celle-ci a fait mine de basculer. Je l'ai vu pâlir, et son seul œil valide, qui avait séduit tant de femmes, s'est transformé en lance-flammes. Heureusement pour moi, la vitrine retrouva miraculeusement son équilibre !

J'eus droit un jour à une surprise étonnante. Le directeur de l'hôtel avait fait déposer dans ma chambre une bouteille de champagne. Il avait lu dans un journal de Tel-Aviv un entrefilet relatant mon élection au conseil municipal de mon petit village de Goupillières. Il avait certainement dû penser que je devais avoir été nommé au moins ministre du président de Gaulle !

Nous avions décidé, avec Suzanne, de faire le voyage via la Grèce où nous eûmes la surprise de retrouver à l'Hôtel d'Angleterre d'Athènes notre ami Charles avec lequel nous visitâmes l'Acropole où nous étions seuls, sans autre âme qui vive que la silhouette d'un pasteur anglais dans le lointain. « *Astonishing !* »

Pendant le voyage en taxi en route vers Delphes, à chaque halte, nous étions invités à goûter l'agneau pascal qui rôtissait devant chaque maison, ainsi qu'aux œufs peints auxquels s'ajoutait l'incontournable verre de « raisiné ». Étonnamment, cette année-là, nous célébrâmes trois Pâques : la catholique le jour du départ de France, l'orthodoxe à Athènes avec un défilé nocturne aux flambeaux et la semaine suivante la *pass over* juive à Tel-Aviv, fêtée avec tout le rite traditionnel dans la famille Gillon où nous étions invités, Suzanne et moi. Il est certain qu'après ça, nous devons être triplement bénis !

50

La tournée italienne

J'attendais avec impatience la tournée organisée dans le pays de mes origines, anxieux de connaître l'accueil du public italien à notre spectacle, tellement différent de la *canzonetta* et de l'opéra.

Avant ce voyage, notre calendrier nous conduisit à Lisbonne où une incroyable réception donnée par une grande famille nous a permis de serrer l'auguste main du père de Juan Carlos, l'actuel roi d'Espagne en exil. Recommandation avait été suggérée aux dames de faire la révérence, ce que refusait catégoriquement Suzanne, allergique aux royautés dont elle payait les dividendes à cause de son origine de citoyenne britannique. Quand est arrivé son tour, la vigoureuse poigne du grand gaillard royal lui fit plier le genou pour un semblant de révérence. L'honneur était sauf !

Notre seule tournée italienne commença par le Teatro Quirino, une très belle salle devant le Tout-Rome, avec la présence de l'émouvante Anna Magnani, l'héroïne de *Rome, ville ouverte*. Elle nous avait fait pleurer lors d'une projection privée à Paris, offerte et présentée par Roberto Rossellini en personne, organisée spécialement pour Édith et les Compagnons. J'étais sorti de la salle tellement bouleversé, que j'avais erré groggy, incapable de retrouver mon chemin pour rejoindre la rue de l'Université, pourtant toute proche.

L'organisateur de cette tournée italienne, au joli nom de Remigio Paone, nous concocta une première partie française sous l'étiquette pourtant prometteuse de « Ballet des ambassadeurs ». C'était, en fait, une troupe d'un amateurisme infini qui risquait de nous faire beaucoup de tort si les spectateurs pensaient que c'était une programmation de notre choix. Une conférence de presse permit de remettre les choses à leur place. Congédiés à la suite d'une colère de l'organisateur qui ne connaissait visiblement pas ces tristes « ambassadeurs », nous les avions remplacés au pied levé par un *récital* en deux parties. Les critiques nous ont encensés le lendemain en affirmant que nos mimes « étaient dignes d'un pur chorégraphe moderne », que nous étions un *coro di stupefacente bon gusto,* et même que notre spectacle était un divertissement *purissimo* !

Quant à l'hôtel, nous avions trouvé par le plus pur hasard une chambre, *camera matrimoniale* au lit gigantesque, un véritable champ de bataille, donnant sur la Fontana di Trevi, rendue plus tard célèbre par Marcello Mastroianni et Anita Ekberg dans le film *La Dolce Vita.* Au cours d'un déjeuner dans le petit restaurant situé au rez-de-chaussée, le *Fedelinaro* (la pissotière !), un Anglais très distingué vint me féliciter pour notre spectacle et lorsqu'il se présenta en la personne de John Gielgud, Suzanne – qui connaissait très bien le théâtre anglais – faillit s'évanouir.

— C'est avec Laurence Olivier l'un des plus grands comédiens shakespeariens !

À ma grande honte, j'ignorais son nom que je n'ai plus jamais oublié. J'ai eu la chance de le voir depuis au théâtre, à Londres et à New York où il jouait *Hamlet* et *Richard II,* avant qu'il ne devienne par la volonté de la reine d'Angleterre, Sir John, le grand serviteur du théâtre shakespearien.

Nous enchaînâmes avec Bologne, une très jolie ville avec ses deux tours. Nous avions profité là-bas d'un jour de grève générale pour chanter gratuitement devant un public d'étudiants coiffés du bonnet à l'ancienne ressemblant à la *faluche,* la coiffure traditionnelle des étudiants français.

Notre séjour italien s'est terminé par une semaine à Milan au Teatro Manzoni, avec une première partie assurée par Anton Karas, qui avait eu un phénoménal succès en composant la musique du film *Le Troisième Homme* de Carol Reed dans lequel il jouait de la cithare. C'était un petit bonhomme rigolard, parlant un sabir dans lequel on devinait un zeste de français, d'italien et d'un dialecte d'Autriche d'où il était originaire. Il couchait dans sa loge pour faire des économies. Depuis, il a probablement acheté tout le Tyrol avec ses énormes droits d'auteur.

Nous retournâmes incidemment en Italie quelques années plus tard, au Festival de San Remo, pour y chanter une chose très fade, *Io tu e le rose*, une chanson sans intérêt. À ce festival participaient Sonny and Cher et un jeune chanteur, Luigi Tenco, qui s'est suicidé dans la chambre de Dalida.

Ce furent chaque jour de merveilleuses vacances pour nous, avec des paysages de rêve, la lumière unique de la Toscane, et beaucoup de gens agréables avec, cependant, un contact assez superficiel. Peut-être sommes-nous passés un peu à côté du public italien alors que nous nous sentions en pleine communion dans nos tournées chez les Anglo-Saxons ? L'Italie, à ma petite déception, ce n'était étrangement pas notre tasse de thé, et je l'ai toujours regretté.

Ce qu'il y a d'amusant, c'est que nous connûmes réellement un véritable public italien uniquement le soir d'un de nos nombreux galas à Monte-Carlo. Nous occupions lors de cette représentation les loges du quatrième étage du Sporting. Or, pour rejoindre la scène, il nous fallait descendre par l'ascenseur grillagé. En passant près des cuisines, les employés, pour la plupart italiens, nous ayant reconnus entonnèrent une petite bluette, une chanson traditionnelle italienne que nous venions d'enregistrer. *Quel mazzolin di fiori* fut reprise en chœur par nous et par tout le personnel rayonnant, ravi de ce beau concert improvisé.

51

La Russie

Ce voyage en Russie dont nous rêvions depuis longtemps, nous réserva quelques situations étonnantes, toujours pleines de contrastes : un jour l'enthousiasme était au rendez-vous et le lendemain... c'était la douche glacée.

En transit entre Moscou et Kiev où démarrait notre tournée d'un mois, nous avions fait escale à notre demande sur la très belle place Rouge. La troupe avait alors été accueillie par une nuée de jeunes en quête de « stylibilles », de cigarettes et de bas nylon. Nous leur avions offert ce que nous pouvions et, en échange, ils nous offrirent généreusement des insignes militaires et du Parti.

Débarquées à l'aéroport de Kiev le premier jour de printemps, nos épouses se virent couvertes quant à elles de fleurs après un voyage en avion en compagnie de paysannes avec de gros paniers d'où dépassaient comiquement des têtes de canards vivants, cela allait de soi.

Sur les murs de l'hôtel Ukraïna, on pouvait admirer des fresques monumentales honorant les moissonneurs, dont nous allions connaître l'un des auteurs au cours d'une promenade photographique dans un parc superbe, avec d'admirables coupoles dorées scintillantes dans des cerisiers en fleurs. Là un dialogue surréaliste s'engagea avec la traductrice d'un des peintres officiels de la ville qui avait déjà assisté à notre spectacle, parlant un beau français, avec juste ce qu'il fallait d'accent slave.

— Mon camarade demande adresse pour écrire Picasso.

— Vous écrivez simplement Picasso, Saint-Paul-de-Vence, France.

— Niet, Bateau Lavoir, Montmartre !

— Picasso n'y est plus depuis bien longtemps. Il habite une grande datcha dans le Midi de la France.

— Impossible !

Lorsque quelques noms de peintres célèbres arrivaient dans la conversation, ils ne pouvaient pas croire que mon frère René possédait un Pissarro et moi un Rouault, peintres qui, pour eux, n'avaient place que dans les musées.

— Alors, grrrands capitalistes ?

— Non, modestes collectionneurs... amateurs.

Le dialogue était difficile !

Siferopol ressemblait à une véritable ville de westerns, avec des rues qui n'étaient pas encore goudronnées, pleines de touristes bizarrement vêtus de costumes semblables à des pyjamas. Yalta, qui doit surtout sa célébrité à la conférence tripartite de 1945, était pour sa part une belle ville touristique avec un charme désuet. Là-bas la surprise a été de chanter dans un grand cirque. Il fallut adapter le spectacle pour que tout le public puisse nous voir, ce qui ne fut pas une mince affaire, à cause de nos « numéros visuels » qui gagnaient à être vus de face, alors que nous tournions le dos à une partie des spectateurs.

Leningrad, redevenue depuis Saint-Pétersbourg, était un joyau qui ne gardait aucune trace extérieure de la guerre grâce à une reconstruction très rapide et respectueuse. Nous avions peine à imaginer que le musée de l'Ermitage, dans lequel il y a la collection des richesses ayant appartenu à la tsarine Catherine II et les sublimes Matisse à couper le souffle, avait été restauré à l'identique alors qu'il avait subi de terribles dommages. Il nous fallait nous résigner pour les visites à mettre des chaussons, tandis que nos épouses durent laisser leurs talons aiguilles au vestiaire, de crainte d'abîmer les parquets. Notre séjour a été enchanté par un déjeuner sous une tonnelle blanche dominant le Dniepr où nous assistâmes à un défilé rafraîchissant, d'une autre époque, de jolies petites filles avec des gros *choux* blancs et roses dans les cheveux.

À Moscou, nous étions logés dans un hôtel plus que sommaire, l'Ostankino situé tout près de la prison illustrée par Soljenitsyne. Nous nous retrouvâmes un beau jour dans l'immense hall à faire la grève avec la troupe américaine de *Holiday on Ice*, suite à la décision incroyable de la direction de nous loger avec un étranger à trois par chambre. Tout s'arrangea grâce à l'intervention du consul de France et notre séjour s'acheva dans un hôtel civilisé, le Leningradskaïa. Il fallait cependant montrer patte blanche face à la garde-chiourme et presque lui demander un visa pour aller chercher le *kéfir* et le café du petit déjeuner au bout de notre étage.

Il y eut un rayon de soleil pendant notre visite du Kremlin. Nous vîmes arriver de loin une silhouette d'une élégance et d'une grâce qui nous changeaient des fortes femmes maniant le marteau-piqueur dans les rues, lesquelles, il faut le reconnaître, n'avaient jamais un regard d'envie devant les étrangères.

— Marlène !

Après un petit bavardage avec elle et Burt Bacharach – le chef d'orchestre de son spectacle dans lequel elle était accompagnée par notre copain Didi Duprat qui était le seul guitariste avec Paul McCartney et Jimi Hendrix à jouer à l'envers – je manifestai à Marlène l'intention de faire une photo.

— D'accord Fred, pour une, mais vous attendez mon signal.

Il valait mieux ne pas la rater ! Elle choisit le bon angle et le bon éclairage, en l'occurrence le soleil, le meilleur des projecteurs pour effacer les rides, ce qui fait qu'on ne les distingua aucunement sur son visage et que disparut « des ans, l'irréparable outrage » ! Une grande professionnelle.

L'hôtel Leningradskaïa situé près de la gare du Transsibérien nous donna l'opportunité de voir défiler les représentants de toutes les ethnies, avec leurs énormes baluchons remplis de provisions et de pain, en prévision de leur voyage qui durait de longs jours et parfois même de longues semaines. Les hommes étaient superbes, impressionnants, avec des longues moustaches pendantes, nous menaçant de regards assassins quand on faisait mine de les photographier.

Durant mon temps libre, j'avais essayé vainement d'obtenir la permission de porter une cartouche de Gauloises que Charles m'avait demandé de faire parvenir de sa part à Ilya Ehrenbourg. On me répliqua à chaque essai :

— Impossible de le voir. Il est malade.

À Riga, ville effervescente et provocante, dans la salle à manger de l'hôtel, un orchestre de vieux personnages en smoking, essayait de jouer des classiques américains. On se serait cru dans *Le Bal des voleurs* d'Anouilh. Des toasts à la vodka étaient portés aux Français par les dîneurs qui, pour respecter la tradition, jetaient par-dessus leur épaule leur verre qui se fracassait sur un mur. Le lendemain, notre guide fut convoqué au rapport avec Anna notre interprète. Anna qui, bien que n'ayant jamais mis les pieds chez nous, parlait un français parfait et même n'hésitait pas à utiliser des tournures argotiques.

Il faut reconnaître que si le public était des plus chaleureux pendant le spectacle, une mer humaine nous attendait à la sortie qui s'ouvrait comme le Jourdain au passage des Hébreux. La foule applaudissait sans un mot, dignement et silencieusement, totalement en contraste avec l'enthousiasme bruyant dans le théâtre. On sentait que les gens avaient peur de nous parler. Il est vrai qu'on n'en était pas encore à la *glasnost*.

52

Le Brésil

Le voyage pour le Brésil fut interminable. On aurait presque pensé au retour à l'époque héroïque des débuts de l'aviation. Vingt heures de vol dans un Constellation à hélices où nous n'étions heureusement pas très nombreux, ce qui nous a permis de prendre nos aises et de nous allonger confortablement.

Nous fîmes d'abord une escale à Dakar avant le grand saut pour atteindre une ville au nom mythique de Pernambouc, devenue maintenant prosaïquement Recife, où nous avons atterri aux aurores pour une autre escale sur une piste qui nous semblait verglacée à travers les hublots. Mais, sitôt sortis pour se dégourdir les jambes, nous voilà transformés en montgolfières par une épaisse chaleur humide qui gonfle nos vêtements malgré l'heure très matinale ! Ce verglas n'était vraiment qu'une illusion d'optique.

Deux heures de plus et c'est Rio, avec une arrivée éblouissante sur le Christ du *Corcovado*, le *Pào de Açucar*. C'est avec un ravissement toujours renouvelé que j'aurai tous les jours la chance d'admirer de ma chambre du Copacabana Hotel une des plus belles baies du monde. Nous allions rester dans ce décor unique pour chanter tous les soirs pendant un mois. L'arrière du palace flirtait avec une forêt très dense qui s'infiltrait dans la ville. Quelques jours avant notre arrivée, le bruit avait couru qu'un automobiliste avait été piqué par un serpent enroulé autour de son volant !

La grande salle du spectacle était surtout remplie d'une clientèle internationale, des familiers de Paris comme de Londres ou New York, parlant français, anglais et surtout cette langue à la belle musicalité qui a donné naissance à la bossa-nova. Nous reçûmes beaucoup d'égards chez ces gens très fortunés mais très snobs, qui écoutaient avec attention nos refrains français, car, pour une fois, nous n'avions pas mis au répertoire la « chanson du cru » que nous puisions en général dans le folklore du pays visité et que nous interprétions en VO comme témoignage de remerciement au public, ce qui le touchait beaucoup.

Quelques jours après notre arrivée, nous partîmes, Guy, Gérard, René et moi, en compagnie de Marcel Camus à la recherche des personnages du film *Orfeu Negro* qu'il était en train de préparer. Dans les *favelas* nous fûmes accueillis avec curiosité par une horde de gamins intrigués par notre parler. Un ami brésilien leur ayant expliqué le motif de notre visite, c'était à qui prendrait la pose comique pour essayer de conquérir le rôle. Il faut avouer qu'ils avaient déjà à cet âge le sens gracieux du geste et de l'attitude. Les *favelas* sont ces villages bâtis ou plutôt improvisés avec toutes sortes de matériaux hétéroclites qui vont de la caisse de whisky en bois dont on peut encore lire la marque, à des moellons, des briques récupérées ou volées, le tout soutenu par des poutres arrivées on ne sait d'où, formant des cabanes incertaines recouvertes de plastique et même quelquefois tout simplement de cartons, d'affiches ou de vieilles feuilles de journaux. On voyait sur le sentier défiler des silhouettes gracieuses et dansantes, portant des bidons sur la tête, car l'eau n'arrivait pas encore jusque-là.

Marcel Camus nous avait promis aussi de nous faire assister à une *macumba* :

— Vous allez voir, c'est fantastique, ça vaut le coup d'œil, mais soyez discrets. J'aurai peut-être la chance d'y trouver les personnages de mon film.

Rendez-vous avait été pris une nuit après le spectacle, toujours avec Guy, Gérard et René, intéressés par cette « expédition ». Un taxi nous emmena sur une petite route de terre battue qui montait en serpentant vers le Christ du *Corcovado*. Il nous abandonna tout près d'une cascade qui coulait sans bruit, nous donnant l'illusion de vivre un film muet. Un quart d'heure de marche se passa dans une forêt étouffante avec, pour toute lumière, une ridicule lampe de poche. Pour être discrets, nous étions discrets, malgré les branches serrées et les pentes glissantes ! Marcel semblait bien connaître son itinéraire car il était venu plusieurs fois pour les « repérages » de son film. Quelques minutes plus tard, nous nous sommes retrouvés dans une clairière pour assister à un spectacle hallucinant de milliers de petites bougies et de minuscules autels sur lesquels voisinaient pêle-mêle un crucifix, une madone, la photo de Brigitte Bardot, des fleurs artificielles piquées çà et là, des petites statuettes représentant grossièrement des joueurs de football et même une feuille de papier portant des caractères incompréhensibles, semblables à des hiéroglyphes. Tout cela et mille autres choses composaient un décor absolument fantasmagorique, dans une ambiance d'hystérie collective. Les participants, dont certains appartenaient à la haute société *carioca* comme nous avait prévenus notre guide, étaient uniformément vêtus de blanc. Marcel nous avait parlé de directeurs de banques, d'employés de l'administration, enfin, pas du « tout-venant ordinaire », mais bien de gens importants socialement.

Quant à nous, nous étions dévorés par une escadrille de moustiques sanguinaires qui semblaient ne s'intéresser qu'à notre peau. À croire que les personnages présents étaient immunisés.

René, désigné avec autorité par un homme aux yeux révulsés, entra dans le jeu. Le personnage qui poussait des cris et se prenait pour un oiseau le fit s'agenouiller, un verre de bière à la main, et lui imposa une grande feuille de palmier sur les épaules, comme un adoubement pour une cérémonie chevaleresque. Il avait un regard complètement dément. Tout cela était entouré de chants, de cris et danses hystériques. On aurait pu se croire dans une folle comédie musicale, s'il n'y avait eu une odeur d'humus, d'humidité, de poulets grillés et ces maudits moustiques qui ne nous laissaient aucune trêve et nous piquaient jusqu'au sang. Mais je ne regrette pas cette expérience passionnante et, je dois le dire, ludique ! Quant à Marcel Camus, il était toujours à la recherche de ses personnages.

Après les *favelas* et les *macumbas*, nous avons atterri au stade Maracana, immense, très impressionnant, de plus de cent soixante-dix mille places, qui avait vu une finale dramatique de Coupe du Monde de *futebol*, perdue par le Brésil face à l'Uruguay sur un but meurtrier de Schiaffino, le bourreau du Brésil, et un autre de Alcides Ghiggia. À la suite de ce « désastre national », un *carioca* désespéré s'était suicidé en plein stade. Ce sport représentait presque une religion d'État, au point que les kiosques à journaux lui étaient entièrement consacrés. Les Affaires étrangères n'étaient pas leur préoccupation première à ce moment-là.

Et c'est là, au cours d'un match, que Marcel a découvert son héros en la personne du footballeur Breno Mello. Quant à son héroïne, Lourdès de Oliveira, elle faisait déjà depuis longtemps partie de sa vie. Marcel put terminer son film qui obtint un grand succès français et international, avec l'oscar du meilleur film étranger et la Palme d'or du festival de Cannes en 1959.

Au Copacabana Hotel, nous avons eu le bonheur de recevoir la visite de notre amie Amália Rodriguez, une immense star là-bas, qui avait débuté sa carrière française dans notre programme de l'Olympia, en compagnie de Dario Moreno et de Catherine Sauvage qui avait comme accompagnateur Michel Legrand. Amalia a été une spectatrice attentive au récital spécial que nous avons offert, à elle et à nos amis dans le beau petit théâtre qui jouxtait la grande salle. Notre public de fidèles qui comptait, outre la colonie française, Marcel Camus et toute la bande du film *Orfeu Negro* et Annabelle, la future Mme Bernard Buffet.

Dans la journée, il me suffisait de traverser la route aux trottoirs décorés de mosaïques pour assister à la fête de la plage entièrement transformée en terrains de *futebol*, avec des buts qui surgissaient comme par miracle d'on ne sait où. Quel spectacle éblouissant que ce football acrobatique, pieds nus dans le sable, qui était peut-être en train de voir naître un futur Pelé. Tout cela sous un ciel chargé de cerfs-volants de toutes les formes et de toutes les couleurs.

Rio nous gâta par sa mise en scène et ses décors.

53

Le Japon

La tournée au Japon fut un véritable modèle d'organisation. Jamais auparavant, nous n'avions vu ça dans nos nombreux périples : les instruments de musique et les accessoires étaient déjà en place, rangés sans erreur par une équipe de machinistes lorsque nous arrivions pour la prise de contact avec la scène. Guitares, mandolines, clairons, cors de chasse, grosse caisse, différents saxophones, clarinette, caisse claire, bombardon, flûtes, hautbois et même triangle et ocarinas, sans compter les différentes coiffures, écharpes, perruques, parapluies, cela multiplié par neuf, sans oublier les costumes de scène ! Tout était méticuleusement à sa place et à un endroit précis sur des tables derrière le rideau de fond, car les entrées et les chansons s'enchaînaient sur un rythme très rapide comme un mouvement d'horlogerie, pendant que le présentateur annonçait la chanson.

Pourquoi tant d'accessoires ? Je me permets une petite digression sur le côté visuel de notre production. Nous étions un « spectacle complet », autant musical que scénique, ce qui explique la carrière internationale et la longévité du groupe. En plus du côté choral, il y avait l'intervention de la danse, de la pantomime, du burlesque et surtout l'emploi d'une soixantaine d'instruments qui apparaissaient en contrepoint du chant, puisque nous étions notre propre orchestre accompagnateur. Alors, un gag visuel avait autant de portée à Castres ou Grenoble qu'à Rio ou à Tokyo.

En outre, nous avions toujours la politesse de rajouter à notre répertoire cette chanson originale du pays visité, ce qui mettait en joie le public, ravi de l'entendre avec notre accent français. En japonais, il n'y eut aucun problème car la langue, étrangement, est facile à articuler. C'est Marc avec Yvette Giraud, une grande vedette là-bas presque naturalisée japonaise, qui eurent la gentillesse de nous apprendre une comptine populaire assez aisée pour faire illusion. En russe, *Kalinka* était tout à fait à portée de nos cordes vocales, en anglais, c'était *The Three Bells* et *Somewhere Beyond the See.* En italien, avec *Quel mazzolin di fiori*, j'étais dans mon jardin, mais en allemand, ce fut une catastrophe, car je suis malheureusement allergique à la belle langue de Goethe, ce que je regrette.

Nous fûmes redevables d'une petite surprise à l'hôtel Ginza de Tokyo. Une nuit, grand branle-bas, alerte à l'incendie. On nous demanda au téléphone d'évacuer nos chambres sans délai. Or, c'était tout simplement Jean-Louis qui fumait dans sa chambre un de ses énormes cigares journaliers, déclenchant le système antifumée très sensible ! Par chance, nous évitâmes les jets d'eau qui auraient dû accompagner l'alerte. L'affolement général fut suivi d'une bonne crise de rire de tous les clients que nous avons retrouvés dans le hall en tenue de nuit. Ils ont tous fait preuve de la fameuse politesse orientale, souriants sans l'ombre d'une critique.

À Tokyo et dans tout le Japon, ce fut un plaisir de trouver tous les soirs un public prêt à rire de nos gags. Avant notre départ de Paris, un travail intensif avec un professeur avait permis à chacun de nous d'expliquer le thème d'une de nos chansons que les spectateurs avaient l'air de comprendre parfaitement, comme le prouvaient ces hochements de tête accompagnant nos efforts. Il paraît d'ailleurs que nous nous tirions plutôt honorablement de cet exercice linguistique.

Le long voyage entre les villes dans un train rapide, concurrent de notre TGV, nous récompensa d'une vue magnifique sur le Fuji Yama, la montagne sacrée, tout comme ces temples de Kyoto aux jardins de graviers avec leur alignement d'une précision étonnante qui symbolise toute la spiritualité de ce peuple.

Je garde en souvenir l'image de notre visite au *point d'impact* de cette terrible bombe atomique qui détruisit Hiroshima et changea le monde. Notre silence fut rompu par les rires insouciants d'une école enfantine, nous faisant revenir à la vie, comme ces enfants.

54

Les Compagnons

Ce sont les rescapés des Compagnons de la Musique qui formèrent les Compagnons de la Chanson. La séparation fut pénible car nous quittions Louis Liébard, l'âme d'une jolie formation dans laquelle il tenait toutes les manettes : chef de chœur, arrangeur, technicien hors pair et même metteur en scène puisqu'il avait imaginé la gestuelle de *Perrine était servante*, *Martin prend sa serpe*, *Marianne s'en va-t-au moulin*, autant de petits bijoux dont les effets visuels épatèrent plus d'un critique, français, canadien, anglais, américain, israélien et même russe...

Mais il nous fallait partir en désaccord avec ceux qui prenaient la relève et qui, pourtant, allaient suivre notre mauvais exemple peu de temps après notre départ. Nous avons eu la surprise de les découvrir à Las Vegas, et de sympathiser avec ceux qui avaient pris le nom des « Cinq Pères ». Ils avaient été baptisés par l'impayable Francis Blanche qui, au même programme qu'eux dans un cabaret, argua :

— Vous ne savez pas comment vous appeler ? Vous êtes cinq, donc vous avez cinq paires de couilles... Pourquoi pas vous appeler « Les Cinq Paires » ?

Et le nom resta. Je ne sais pas si l'anecdote est vraie, mais ça ressemble fort à l'esprit de Francis qui nous avait donné depuis longtemps des preuves de son humour, parfois « à la limite » !

L'inattendu était toujours au rendez-vous avec lui. Après un déjeuner dans sa maison d'Èze qui avait une pièce par étage avec vue imprenable sur la mer, il nous embarqua dans sa *Topolino*, une minuscule voiture italienne décapotable en zigzaguant sur la route étroite, à la grande frayeur de Suzanne fraîchement débarquée du Canada où les routes sont tirées au cordeau. Il arriva à Monte-Carlo dans l'allée qui faisait face au casino en criant aux promeneurs, la tête dépassant de la décapotable : « Est-ce qu'il y a quelqu'un qui sait comment arrêter cette fichue voiture ? » Je suis convaincu que les autochtones connaissaient le farceur, puisqu'ils riaient à notre passage. Une autre fois, en tournée avec nous dans le Nord, il nous raconta un scénario abracadabrant. Le producteur d'un film vint voir le metteur en scène et lui dit, navré, qu'il fallait mettre la clé sur la porte, les finances étant au plus bas.

— Qu'à cela ne tienne, j'ai une proposition à vous faire. Un de mes amis nous propose un stock de pellicule rose à moitié prix. On pourra finir le film !

Il avait par ailleurs prouvé son talent comme parolier de chansons avec ce joli texte mis en musique par Trénet, *Débit de l'eau, débit de lait,* devenu un classique. Un jour, il nous apporta aussi une chanson écrite avec son complice Gérard Calvi, *Le Prisonnier de la tour*, qui a été également chantée par Édith.

Tous nos spectacles avec lui ont donné naissance à des moments impayables de folie, comme cette dernière de Bobino au cours de laquelle Francis, qui passait en première partie, fit irruption pendant notre parodie des Concerts du Conservatoire, au moment où Jean-Louis, maniant les timbales, se réveillait en criant : « Feu ! » Nous avons vu alors apparaître un monstre casqué, avec hache, lance à incendie et tout l'équipement d'un pompier d'opérette, hurlant :

« Où est le feu ? » Nous eûmes du mal à reprendre le cours de notre spectacle !

C'était la tradition, à l'époque, de la « blague de la dernière », où toutes les fantaisies étaient permises, comme celle qui arriva à Édith, au cours de laquelle elle vit apparaître dans le trou du souffleur deux yeux dessinés au charbon de bois, sur une vraie paire de fesses, au beau milieu de laquelle était plantée une pipe. Je ne dirai pas l'auteur de cette énorme plaisanterie d'un goût plus que douteux, un comédien ami d'Édith, laquelle eut du mal à terminer sa chanson dramatique, alors que le public ne pouvait évidemment pas deviner ce qui provoquait son fou rire.

55

Jean-Louis

Louis Jacob fut dans l'obligation de changer de nom, comme la plupart d'entre nous qui étions dans l'impossibilité de garder notre identité pendant la guerre. Il choisit le patronyme de Jean-Louis Jaubert, mais le surnom familier de Lolo, qui lui avait été donné par ses parents dans son enfance alsacienne, fut adopté par tous ses copains.

Prince des séducteurs, on ne peut pas compter ses succès féminins, de Piaf à Madeleine Robinson, en passant par Kim Novak et une multitude de belles blondes, que nous avons vues, admiratifs, défiler dans les coulisses.

Élément pondéré et équilibré, il avait le don de ramener le calme pendant les tempêtes qui faisaient parfois rage, dénominateur commun à toutes les équipes. Nous nous étions mis d'accord sur cela avec Pierre Jamet, des Quatre Barbus, et Paul Tourenne, des Frères Jacques, qui participèrent avec moi à quelques expositions photographiques. Complices, nous échangeâmes avec le recul nécessaire chacun des petits problèmes occasionnés par la vie de groupe qui se révélaient être toujours les mêmes.

Admirateur de Ray Ventura, Lolo nous faisait mettre au point, pendant les pluches obligatoires des pauvres légumes du Point du Jour, des sketches « à la manière de... » qui furent utilisés pendant beaucoup de nos spectacles, chose qui était complètement à contre-courant de notre répertoire folklorique de l'époque.

Je me revois, assis sur un dossier de chaise, un foulard sur les cheveux pour donner la réplique à Lolo dans la chanson de Francis Blanche :

Quand allons-nous nous marier
Nous marier, nous marier ?
Quand allons-nous nous marier ?
Mon cow-boy adoré
Nous ferons ça dimanch' prochain
Dimanch' prochain dimanch' prochain
Nous ferons ça dimanch' prochain
Ou peut-être demain...

C'était déjà un signe de notre fascination pour l'exotisme américain ! Jean-Louis était aussi un accro de football, mettant à l'épreuve nos pauvres réflexes de gardiens de but improvisés, avec des reprises de volée éblouissantes qui, pour nous, étaient inarrêtables... On le jugeait digne de l'équipe de France !

Sur scène, outre sa voix de basse, il était le présentateur maison, le Monsieur Loyal de notre cirque. Avec sa place au deuxième rang, celui des « grands », il occupait un poste stratégique qui lui permettait de jauger la recette, en évaluant le nombre de spectateurs qu'il apercevait dans l'encadrement des têtes des « petits » du premier rang. À l'entracte, il était capable de nous révéler la recette de la soirée, à quelques francs près...

C'était toujours un plaisir d'aller rendre visite aux parents de Jean-Louis qui nous accueillaient à Colmar avec le traditionnel *kouglof* et le vin d'Alsace, alors que son père, Hippolyte, présentait avec fierté ma future épouse Suzanne à toute la ville lors de son arrivée en France, au cours d'une visite guidée :

— C'est une Canadienne, la fiancée du soliste des Compagnons de mon Lolo.

Mme Jacob nous attendait en écartant les rideaux, surveillant l'arrivée des voitures. Jean-Louis, un modèle de fils, ne laissait passer aucun jour sans leur envoyer ne serait-ce qu'une carte postale où qu'il se trouve, au bout du monde, geste auquel il est toujours resté fidèle.

Après une idylle avec Madeleine Robinson, dont il eut une fille, Sophie, il fit un mariage d'amour avec une splendide créature, Marie-Pierre, qui avait toutes les qualités, mais qui nous a malheureusement quittés très tôt, trop tôt...

56

Albert

Édith l'avait baptisé « la tache de soleil » parce qu'il se démarquait par sa tignasse rousse au milieu de tous ces bruns. Ce petit paysan illettré était arrivé de son Sud-Ouest un beau jour chez les Compagnons. Nous comprîmes rapidement qu'Albert, à qui j'avais appris les rudiments de l'orthographe et qui se mit par la suite à écrire des poèmes, avait plus d'un tour dans son sac. Acrobate et illusionniste mais affligé d'une voix à la Donald Duck, il faisait apparaître sur scène un duo de colombes qu'il trimballait dans ses bagages et qu'un jour il a trouvées rôties, car elles avaient voyagé trop près du gazogène, un de nos moyens de transport d'alors. Sa dentition parfaite aurait pu servir de réclame, tant elle était superbe, toujours entretenue au gros sel de cuisine. C'est ma grand-mère Luigia qui lui a cousu son premier pyjama, un vêtement qui lui avait été inconnu jusqu'à ce jour-là.

À Miami, un jour de déprime pour un chagrin d'amour, il se mit à boire, et je revois Lolo et Paul en train de le faire courir en rond, loin du Latin Quarter pour ne pas alerter les clients. C'était une méthode comme une autre pour le dessoûler afin qu'il puisse assurer le spectacle. Il pleuvait des hallebardes et Albert criait : « Maman, ils me cognent ! », alors qu'il était seulement bousculé. La méthode eut du bon puisqu'une fois séché, il se présenta sur la scène dans sa forme habituelle, c'est-à-dire avec une présence scénique rare. À la suite de notre visite des studios à la Paramount d'Hollywood, un producteur avait émis l'idée de l'engager, lui trouvant « une gueule », pour sa ressemblance avec James Cagney.

C'est lui qui assumait sur scène les trois personnages de notre chanson du *Cirque,* tour à tour illusionniste, clown et acrobate à la barre fixe dans cette chanson écrite sur mesure où un amoureux était éconduit par une belle écuyère :

Oublie ton cœur
Écoute ma chanson
La vie est pleine d'illusions...

Il avait acquis en Dordogne une petite maison baptisée emphatiquement « Le Domaine des Trois Cloches » qu'il avait été obligé de revendre après son départ des Compagnons. Son père avait appris la nouvelle par des voisins. Ne pouvant se faire à l'idée de quitter cette modeste maison dans laquelle Albert les avait installés lui et sa mère, il montait la garde assis sur une chaise, le fusil de chasse posé sur les genoux, en attendant l'acheteur éventuel qui oserait franchir le seuil.

Les parents d'Albert étaient de bien braves gens, des métayers à qui il avait promis une belle vieillesse en les accueillant dans sa maison. La première fois qu'ils sont venus nous entendre à Périgueux pour un spectacle en plein air, Mme Albert mère m'avait accueilli par : « Ah, c'est vous qui chantez le plus fort ! »

Il nous abandonna pour tenter une carrière solo qui le conduisit à Montréal. Ne manquant pas d'idées, il fut soutenu par de bons auteurs et compositeurs. C'était un bon Compagnon. Je l'aimais bien.

57

Jo

Jo atterrit chez les Compagnons de la Musique après m'avoir demandé de soumettre sa candidature à Louis Liébard, le seul à posséder le droit de décision. Je connaissais bien Jo pour l'avoir rencontré souvent, quand il venait chercher son neveu Jean-Paul à la sortie de la classe, à l'époque où je remplaçais un instituteur prisonnier en Allemagne. Jean-Paul, le plus petit des quarante-deux élèves, me dépasse maintenant d'une tête. Quant à Jo, il m'impressionnait avec son chapeau à bord roulé à la Anthony Eden et son allure très décontractée. Il se vantait d'avoir eu son baccalauréat après six essais infructueux.

Il était séduit par notre vie de bohème, lui, issu d'une famille de papetiers connue dans le monde entier. Le Chef Liébard m'avait fait entendre que son mètre quatre-vingt-dix était un obstacle à l'uniformité de l'équipe. Mais ma ténacité a eu raison de cet argument, et l'Autorité a fini par donner le feu vert pour son admission. « On peut toujours faire un essai ! »

Il n'a pas hésité à quitter le château familial pour venir rejoindre cette bande de baladins dans une maison glaciale de Lyon. Ce fut une recrue de choix, sa très haute taille dominant le groupe. Il possédait par ailleurs une magnifique voix de basse et pour couronner le tout, il avait un solide humour qui faisait la joie d'Édith. Une bonne approche du piano et de la guitare fit de lui un des personnages clés de l'équipe. En outre, il se mit courageusement à la basse électrique et fut un bon soutien quand l'ère *post a capella* signa l'entrée des guitares et puis... des soixante-dix instruments musicaux !

Son érudition lui permis de participer à une émission de télévision *Les Chiffres et les Lettres* et même de nous écrire les textes des *Cavaliers du ciel* et de *Mona Lisa.* Il était d'autre part un excellent cruciverbiste, doublé d'un verbicruciste, puisqu'il composait des grilles de mots croisés appréciées d'un grand journal du soir.

Il avait la passion des grosses voitures qui lui causèrent quelquefois des infidélités, comme cette américaine décapotable avec laquelle il entra de front dans une épicerie de Belleville-sur-Saône, du temps où l'autoroute A6 était encore en gestation, nous obligeant à traverser les villages. C'est l'épicier, indemne, qui fut étonné de reconnaître un des Compagnons qui venait faire ses courses dans son magasin, d'une façon originale ! Heureusement, ses aventures se soldaient toujours par des dégâts matériels sans blessure. Un autre jour, dans cette même région, près d'Arnay-le-Duc, fatigué par les kilomètres, il se réveilla dans un tas de graviers qui, heureusement, bordait la route et l'empêcha de tomber dans le ravin. Il était avec Gérard pour sa dernière aventure avec cette grosse cylindrée, en route pour un spectacle dans le Nord, sur des chemins impossibles car pavés sur lesquels toute tentative de vitesse était dangereuse. À l'arrivée sur un des rares morceaux d'autoroute fraîchement inaugurés, il dit à Gérard :

— On va enfin pouvoir faire de la vraie vitesse, sur une vraie route. Accroche-toi, je pousse le moteur.

Il l'a fait, et dans un grand nuage de vapeur, il coula une bielle. Le moteur avait rendu l'âme.

La voiture vendue, il arriva au spectacle quelques jours après avec un des premiers véhicules japonais, « si petit pour lui si grand », pensait-on. Il lui aurait fallu un chausse-pied pour y entrer. Grandeur et décadence !

À Annonay, c'était un contraste infini entre mes parents d'origine modeste et ceux de Jo, d'une classe aristocratique, des grands bourgeois descendants d'une lignée qui comprenait les Montgolfier et les Seguin, ce qui n'empêchait pas M. Frachon père de traverser la rue pour venir converser tout simplement avec Baptiste qui tirait sa voiture à bras, tout intimidé et confus, en blanc de travail, avec des taches de peinture.

Au cours des années, nous fûmes tous victimes, chacun à notre tour, de plaisanteries d'un goût plus ou moins douteux, ressemblant à des blagues lamentables de collégiens. Un jour, la main d'un mauvais plaisantin mit, dans sa valise personnelle de scène où régnait l'ordre le plus strict, une crevette à l'odeur envahissante. Tous au courant, nous attendions la réaction qui n'a pas tardé, jetant la panique chez l'auteur du délit :

— Le jour où j'aurai trouvé le coupable, je lui promets d'aller déféquer dans sa valise

En fait, il l'avait dit en des termes beaucoup plus crus !

Mais, avec son sens de l'humour, il prenait toujours ces avatars avec philosophie, faisait beaucoup rire Jacqueline, sa femme, toujours prête à la danse, comme d'ailleurs Patricia, leur fille née à Montréal qui est devenue ma filleule, laquelle a hérité de la bonne humeur de leurs deux caractères.

Nous n'étions pas les derniers à apprécier leur humour et leur désinvolture. Ils nous ont quittés tous les deux, il y a peu de temps.

58

Guy

Guy Bourguignon se destinait au cinéma, avant de rejoindre le groupe. Décorateur, cameraman de talent, il avait réalisé un film sur nos tournées françaises et étrangères, illustré par un commentaire de Françoise Dorin. *Quarante mille kilomètres avec les Compagnons de la Chanson* eut les honneurs de la télévision. Personnage distrait, il oublia un jour sa caméra professionnelle sur la décapotable louée en Californie, laquelle, évidemment, se fit la malle au premier cahot.

Dans son enfance, Guy avait déménagé de Boulogne-sur-Mer à Périgueux au gré du changement de poste de son père directeur de banque. Ses parents avaient mis un jour leur salon à la disposition des Compagnons pour une répétition : ils ne gardèrent aucune rancune envers René qui leur brisa un authentique fauteuil Louis XVI en effectuant, avec réalisme, un saut acrobatique indispensable pour le sketch du *Conservatoire.*

Avant la guerre, M. Bourguignon avait une voiture dans laquelle, en fin de semaine, il emmenait Guy pour une aventure folle :

— Viens, je connais une route où je pourrai faire de la vitesse. On pourra faire du 80. À condition que tu ne dises rien à maman !

Sa vie a basculé un jour lorsqu'il s'éprit d'une splendide brune, Ginette, baptisée plus tard Ginou par Édith qui en fit sa confidente et son amie. Elle était un véritable titi parisien en jupon, souvent amenée clandestinement en tournée par Guy. Elle se trouvait par exemple en Norvège, sans que nous nous en doutions le moins du monde, alors que nous passions au théâtre Edderkoppen.

Un matin, dans une crise de jalousie, voulant étrangler Ginou, il fut mis KO par Marc Bonel, l'accordéoniste d'Édith. Celui-ci vit son poing ensanglanté, Guy avait une dentition proéminente et c'est ce pourquoi une mauvaise langue l'avait surnommé « l'ouvre-boîte » !

Son parler anglais était le plus bel exemple d'accent français parodique, plus vrai et moins étudié que celui de Maurice Chevalier. Pour lui, le « snack-bar » ne fut jamais que le « snake bar », le bar pour serpents ! J'ai le souvenir de la mine ébahie d'un *red cap* en gare de Washington auquel Guy demandait de s'occuper de nos nombreux bagages de scène :

— I sink you has bezer get anozer chariot for ze bagages.

Le plus drôle, c'est que le porteur le comprit et il alla chercher un chariot supplémentaire !

Guy était aussi le roi de la gaffe. On nous avait invités en 1948 à notre premier voyage aux États-Unis, dans un centre médical où trottinaient des petits vieux coiffés de casquettes nordistes. Ils étaient les derniers survivants de ces gamins qui portaient les messages pendant la guerre de Sécession. Dans cet hospice étaient également soignés les grands blessés de la campagne de Normandie. Guy, avec son accent inimitable, traduisit mot à mot une formule française à un amputé qui lui disait son émotion de revoir des Français et de réentendre notre langue :

— It makes you a beautiful leg.

« Ça vous fait une belle jambe. » Il disait cela à un unijambiste sur un siège roulant...

Un matin, il était absent pour une répétition de télévision. En plaisantant, j'ai cité ce mot de Brassens, sans me douter qu'il était malheureusement prémonitoire :

Quand l'un d'entre eux manquait à bord
C'est qu'il était mort

Il nous quitta un mois après, des suites d'une terrible maladie, alors que nous étions obligés de chanter aux Anciennes Belgiques de Bruxelles. Ce que nous fîmes, les larmes aux yeux et le cœur en bandoulière. Nous prîmes la route en pleine nuit, bravant le brouillard et le verglas, pour l'accompagner jusqu'à Vence dans ce beau cimetière du Midi où on vit discrètement de noires silhouettes féminines se cacher derrière les arbres. Quel bel hommage...

59

Marc

Quand j'ai débarqué au Point du Jour, à l'invitation du Chef Liébard en septembre 1943, je fus très impressionné par le personnage beethovénien de Marc Herrand, l'Alsacien Marc Holtz, un pianiste remarquable. C'est lui qui prit la succession de Louis Liébard en faisant nos arrangements, dont celui des *Trois Cloches*, qui a été notre marque de fabrique. Sa direction musicale était d'une grande rigueur, nécessaire pour prendre la suite du Chef, ainsi il ne pouvait que nous mettre sur des bons rails.

Transfuge d'Alsace pour éviter l'embrigadement dans les jeunesses hitlériennes, il avait franchi la ligne de démarcation de la « zone Nono » pour atterrir dans le Sud-Ouest où Jean Verline, grand spécialiste de chant choral, l'avait découvert et sélectionné pour l'équipe naissante des Compagnons de la Musique. Il en devint vite l'un des éléments majeurs, aussi bien musical que scénique, par des dons étonnants de pianiste et de comique burlesque.

Époux d'Yvette dont il avait une fille, il partit pour une autre Yvette, Giraud, et eut une belle carrière en France et au Japon en devenant son chef d'orchestre, son arrangeur, son pianiste et son mari.

Un talent musical inventif joint à un sens comique irrésistible faisait la terreur des directeurs de salles qui, sous le charme, tremblaient lorsqu'il s'acharnait à réduire leur piano en pièces. En dehors du piano, il excellait aussi à la guitare, avec une bonne voix dont l'étendue lui permettait de passer avec facilité et une grande justesse de la tessiture de baryton à celle de ténor et même de *haute-contre*, qui n'était pas du tout de mon registre. Un vrai musicien, une *grande pointure*.

60

Paul

Bien que Paul passât trop peu d'années chez nous, il eut le temps d'apporter ce qu'il avait acquis à l'école de Ducroux, le maître du mime Marceau.

Seul Parisien de la bande, il nous avait été présenté par René Lamoureux – un décorateur affichiste originaire comme lui de son 13e arrondissement –, et nous avait rejoints pour quelques mois. Ses frères étaient fiers d'être comme lui de vrais titis, cousins avec ceux dont Alphonse Boudard a si bien raconté l'histoire, ces personnages que Paul côtoya dans son enfance place d'Italie.

Au cours de notre premier séjour au Canada avec Édith, il était tombé amoureux des yeux verts de Françoise. Il l'avait épousée et ramenée en France.

En 1950, nous partîmes pour la revue du London Casino. Au bout de quelques mois, Paul nous demanda de le remplacer pour cause de santé, et aussi parce que Françoise avait le mal du pays. Les voilà donc tous les deux à Montréal. Après des débuts difficiles comme vendeur chez Archambaud, une importante maison de disques, il devint une énorme vedette de télévision en créant un beau personnage, Picolo, dans la tradition de la *commedia dell'arte*, cousin de notre Arlequin, encore présent dans toutes les mémoires québécoises. À chaque voyage de Paul vers la

France, la plupart des passagers de toutes les générations le saluent familièrement à l'aéroport d'un « Salut Picolo ».

À l'initiative du maire de Montréal Jean Drapeau, il conçut une roulotte qui, en s'ouvrant, devenait une grande scène, lui permettant de porter dans toute la Province l'animation à la manière des Copiaux de Jacques Copeau et des Tréteaux de France de Jean Danet.

Du côté théâtre, outre le comédien truculent, il réalisa de fort belles mises en scène, comme *La Tour Eiffel qui tue*, *L'Opéra d'Aran* de Gilbert Bécaud ou *Les Précieuses ridicules* de Molière. C'est à cette époque qu'il transforma une synagogue désaffectée en petit théâtre ultramoderne devenu un théâtre d'essai, le Quat' Sous.

Un ouvrage ne suffirait pas à rendre hommage à ce personnage aux mille facettes. Je garde le souvenir de ce petit bonhomme gouailleur, qui saluait M. Bonnet, ambassadeur de France à Washington, croisé entre deux avions, par un « Bien le bonjour à votre dame ! » Les Bonnet nous recevaient sans protocole à l'ambassade et Paul était devenu le « chouchou » de la maîtresse de maison dont elle demandait toujours des nouvelles quand nous chantions au Palmer House de Washington.

61

René

Lorsque Paul nous annonça son intention de nous quitter, il suggéra l'idée à Jean-Louis de demander à mon frère René s'il serait intéressé de venir nous rejoindre pendant quelques mois en prévision de la rentrée à l'ABC après la fin de notre contrat au London Casino. Il savait que René chantait et était musicien, bon clarinettiste de surcroît.

J'étais complètement opposé à la suggestion de débaucher un autre fils pour « faire l'artiste » comme moi, alors que la petite entreprise de mon père Baptiste ne connaissait pas la crise ! Mais Suzanne, mon épouse, toujours de bon conseil, me dit que je n'avais pas le droit de prendre cette initiative négative sans en parler à l'intéressé. De Londres, je téléphonai à la maison familiale :

— René, tu es bien assis ?

— Oui, qu'est-ce qu'il y a ?

— Peux-tu venir me rejoindre à Londres pour quelques mois ?

— Ah bon ? Pourquoi ?

Pas plus étonné que ça !

— Pour prendre la place de Paul qui nous quitte pour retourner au Canada.

— Laisse-moi tout de même en parler à Jacky, répondit-il.

Et quelques jours plus tard, après en avoir parlé avec son épouse, j'allai le cueillir à Victoria Station. Il était maigre comme un chat écorché à cause de son travail de dix heures par jour de peinture, et vert du mal de mer après cette traversée houleuse sur le *Channel* !

Sur-le-champ, il travailla comme un forcené en vue de cette rentrée parisienne. Albert aidait à mettre au point la mise en scène et la synchronisation de ses gestes dans nos chansons, alors que de mon côté je lui faisais potasser les partitions vocales. Je ne le lâchais même pas pendant les transports dans le métro londonien, mon appartement se trouvant au-delà de Marble Arch, à la station Strathern Place.

Outre tous ces cauchemars de dièses, de bémols et de mimes scéniques, il devait découvrir une vie complètement nouvelle pour lui, menée à un rythme tellement différent du sien jusqu'à ce jour, et pour corser le tout, dans un pays qu'il ne connaissait pas. Mais, comme il était musicien et motivé, il put faire face, ce qui fit qu'après une quinzaine de jours, il débuta sur scène et s'est immédiatement coulé dans le moule de l'équipe. Il apprit même le *God Save the Queen* qui terminait à l'époque tous les *shows* de Londres, dans un anglais qu'il ne comprenait évidemment pas.

Il est devenu l'homme à tout faire des Compagnons, toujours prêt à apprendre à la maison un nouvel instrument, selon le besoin scénique. S'il avait la bénédiction de son épouse Jacky et de ses filles, Françoise et Cathy, sous le charme de sa flûte traversière, elles fuyaient aux premiers accents rébarbatifs du clairon de nos *Tourlourous* ! Son éventail musical va maintenant de la guitare à la clarinette, en passant par la cornemuse, le hautbois, instrument ingrat qu'on appelle familièrement le « piège à canards » chez les musiciens.

Je garde le souvenir de René, lorsque j'étais en vacances chez lui à Cavalaire, partant seul sur son voilier, et jouant au large du cor de chasse, car on avait besoin de cet instrument dans une parodie. Il y avait sur la plage tout un auditoire amusé et charmé, heureux à l'écoute de ce concert inattendu qui arrivait du large.

Il continue, d'ailleurs, avec deux copains d'enfance, et possède comme moi cette envie de chanter, un véritable virus...

62

Hubert

Henri Lancelot avait, lui aussi, changé de nom et d'identité pour se soustraire au STO, le Service du travail obligatoire. Il avait pris le nom d'Hubert, qui lui est finalement resté. C'était le beau garçon de la troupe, le jeune premier. Frank Gaignaire disait que, pendant une tournée en Ardèche, « toutes les filles voulaient le marier », ce qui est arrivé avec Mireille, familièrement Mimi. Elle avait joint sa jolie voix au groupe à l'époque où les Compagnons avaient intégré trois présences féminines.

Il venait d'une famille d'anciens soyeux lyonnais qui avaient eu quelques déboires avec les finances, ce qui n'empêchait pas M. Lancelot père, un homme très élégant, de monter à Paris toutes les semaines pour prendre des leçons de danse de salon. Hubert maniait la gaffe avec génie, tel ce voyage en wagon-restaurant suédois où, à la fin d'un déjeuner en tête-à-tête, il voulut consulter pour moi un document dans une valise posée entre les plats. En la refermant, il coinça la nappe et les deux repas, avec les vins, les desserts et les cafés, qui prirent la direction du filet où il avait l'intention de remettre son bagage ! Déjà le soir de ma première rencontre, au spectacle de Lamastre, en sortant dans la chanson *Marianne s'en va-t-au moulin,* il avait tout bonnement renversé la batterie. Quand, dans une réception, on entendait un bruit de verre cassé, sans se retourner, on commentait, sans douter de l'identité du maladroit : « Sacré Hubert ! »

Il avait dû faire face à la plus terrible épreuve. Au cours d'une tournée américaine, nous avons appris une nuit la disparition d'une de ses filles. Comment peut-on annoncer à un ami une nouvelle aussi épouvantable ? La famille Compagnons serra les rangs et il nous fallut tout notre courage pour obéir à la tradition du spectacle américain : « The show must go on... »

Je me souviens très bien de sa voix de baryton car en plus d'un joli timbre, il avait un solide volume vocal qu'il fallait plutôt refréner.

Outre le bon bridgeur, c'était un redoutable tennisman qui nous flanquait de terribles corrections quand, avec René, on avait l'occasion de l'affronter en double avec son complice Jean-Louis. En ce qui concerne la cuisine, il ne faisait pas mentir la tradition lyonnaise, capitale d'une gastronomie saluée dans le monde entier. En somme, c'était un champion.

63

Gérard

Gérard Sabbat était le comique au « nez qu'il pleut dedans », comme disent les Lyonnais ses concitoyens à cause de son appendice nasal en trompette.

Toujours souriant et de bonne humeur, Gérard était tout le temps disponible.

Il avait atterri chez les Compagnons de la Musique car il était fasciné par ce groupe vocal qu'il entendait lorsqu'il avait ses fenêtres ouvertes. Il habitait le Point du Jour où nos harmonies avaient l'air de charmer le voisinage. Sa mère, une jolie femme, chantait dans la chorale paroissiale. J'avais entendu son père dire que quand le ciel redevenait bleu à la fin d'un orage, on pouvait y tailler le fond de culotte d'un gendarme. Il parlait en connaisseur, faisant lui-même partie de la maréchaussée.

Arrivé en culottes courtes, Gérard fut adopté et fit son apprentissage dans ce qu'on appelait l'équipe technique, qui ne montait pas encore sur les planches. C'était pour ainsi dire le vivier de l'équipe de scène. Mais rapidement, il fut propulsé au premier rang et marqua sa place par son personnage chahuteur toujours en conflit avec Guy – dans nos spectacles, cela s'entend. Il existait entre eux un éternel désaccord qui donnait lieu à un antagonisme scénique perpétuel, alors que dans la vie ils s'entendaient comme larrons en foire.

Ses mimiques étaient irrésistibles. Par exemple, lorsque Guy l'empestait de son cigare, dans notre évocation d'*Un jour de fête en Louisiane*, ou pendant que nous défilions en *bowler hat* et bretelles colorées, jouant chacun d'un instrument comme au retour des enterrements à *New Orleans* !

Gérard avait épousé Viviane, la nièce de la grande Lily Pons avec qui elle avait vécu plusieurs années aux États-Unis. Jolie fille, elle avait gardé cette désinvolture, ce côté *relax* que nous avaient apporté le *chewing-gum* et le *Coca-Cola*. Suzanne s'était tout de suite entendue avec elle, car elles parlaient toutes les deux parfaitement l'anglais et avaient le même recul humoristique sur la vie en France et en Amérique. Pendant les longues absences de leurs maris qui n'arrêtaient pas de voyager, elles se voyaient souvent, allant canoter de concert sur la Marne.

Viviane, revenant en France, avait retrouvé une famille d'artistes à l'originalité bohème dans cet appartement parisien où l'on n'était même pas étonné de voir passer un cercueil en plein repas dans la salle à manger, à cause de l'étroitesse de l'escalier menant à l'appartement du dessus.

Gérard et Viviane eurent deux fils, avant qu'elle ne nous quitte à la suite d'un terrible accident en Afrique du Sud.

Appelé par le service militaire obligatoire, Gérard céda sa place pendant un an à un alsacien, Mario Hirlé, pianiste, accordéoniste et compositeur, qui collaborait avec la troupe du Barabli, la compagnie de nos amis alsaciens Vogel et Muller. Mario, bon musicien, put réaliser son rêve à Hollywood qui était de rencontrer Stan Kenton, à qui il vouait une admiration musicale sans bornes.

Juste retour de manivelle pour Gérard, comme un hommage au lieu d'origine de ce *gone* lyonnais : une place au nom des Compagnons de la Chanson a été inaugurée tout près de chez lui, grâce à la maire Mme Pesson. C'était en 2003. Ce fut une belle cérémonie à laquelle ont participé les « survivants », auxquels sont venus se joindre M. Francisque Collomb, sénateur-maire de Lyon, et Mgr Barbarin, arrivé à vélo, comme dans une chanson de Charles Trénet.

La foule était aussi heureuse que nous, et je dois avouer que la chanson *Je reviens chez nous,* reprise en chœur par toute l'assistance, le maire de Lyon et la maire du Point du Jour, sans oublier l'archevêque Mgr Barbarin – devenu depuis cardinal –, ne fut jamais davantage de circonstance.

64

Jean

Pendant une de nos nombreuses tournées d'été, faisant escale au Lavandou, notre spectacle en plein air fut troublé par les accents d'une trompette venus d'un cabaret voisin. Suzanne, qui était la seule femme tolérée en tournée à cause de son statut d'étrangère, fut déléguée pour demander au perturbateur d'attendre la fin de notre prestation. Elle se trouva face à un beau garçon torse nu, tout bronzé, lequel, sans être un adepte des Compagnons, a gentiment accepté de mettre une sourdine à son instrument. C'était Jean Broussolle.

Quelques mois plus tard, en 1952, nous l'avons de nouveau croisé à Aix-les-Bains où il faisait la saison dans l'orchestre du casino. Il nous proposa sa candidature, « au cas où ».

L'année suivante, l'occasion se présenta, Marc nous ayant fait part de son intention de voler de ses propres ailes en devenant l'homme de cœur d'Yvette Giraud et par la même occasion, son chef d'orchestre. La candidature de Jean nous est revenue en mémoire, d'autant que le personnage, charismatique et au beau physique d'hidalgo, était très intéressant car auteur, compositeur, musicien, et même chanteur. Un petit dialogue s'engagea sur les douze mille kilomètres entre Las Vegas et Aix-les-Bains.

— Allô, Jean ? Tu es peut-être surpris de notre appel. Allons droit au but. Nous avons eu l'occasion de parler de ta candidature, es-tu toujours d'accord pour rentrer chez nous ? Marc nous quitte, et tu sais tout le bien que nous pensons de toi. Il y a une place à prendre. D'abord, es-tu disponible ?

— Je suis en pleine saison, mais j'avoue que ce serait assez extraordinaire de retrouver l'équipe. En tout cas, je suis heureux que vous ayez pensé à moi.

C'était aussi simple que ça. L'accord fut conclu, sans contrat, comme avec tous les autres et, à notre retour en septembre, Jean était prêt, avec son sérieux bagage musical à prendre la route avec nous. Il s'adapta très rapidement à l'équipe, devenant, grâce à nous et à son talent, l'un des meilleurs auteurs français du moment. Il nous concocta quelques titres à succès, *Vénus, Le Marchand de bonheur, Bras dessus bras dessous, Le Cœur en bandoulière, Alors raconte* avec Gilbert Bécaud, et une bonne centaine d'autres, la plupart sur des musiques de son complice Jean-Pierre Calvet.

Il collabora d'autre part aux chansons avec un jeu scénique pour lesquelles il nous faisait travailler les instruments avec Jean-Pierre, comme cette parodie des Tourlourous, avec une sortie entraînée par neuf clairons où toute la troupe était coiffée de casquettes de *comiques troupiers 1900,* qui fut tellement forte et irrésistible qu'au cours d'un spectacle en plein air en Auvergne, Fernand Raynaud – pourtant super-vedette et « régional de l'étape », comme on dit au Tour de France – refusa de passer après ce numéro dévastateur, craignant pour son succès. « Je reviendrai plus tard ! » Il nous fit travailler aussi *Le Baron Gontran* qui nous permettait une sonnerie de cor de chasse en *toyottant,* selon les termes des *aficionados* de vénerie, dont moult sont venus nous complimenter pour notre sonorité ! Il y avait aussi *Les Écossais,* qui débutait par une gigue travaillée avec un maître de ballet, que nous dansions, coiffés du chapeau melon, avec parapluie. La chanson se terminait par un défilé au son des cornemuses, de la grosse caisse et des tambours que nous étions allés spécialement quérir à Édimbourg, avec écharpes et bonnets aux couleurs des *tartans* du cru. Nous avions également mis à notre répertoire une véritable *jam session* avec neuf instruments, chacun le sien, banjo, clarinette, saxophone, trombone, tuba, cymbale sur pied, caisse claire, guitare et Jean-Louis se régalant avec le *washboard,* la planche à laver, authentique instrument de lessive, que les musiciens de *New Orleans* utilisaient pour donner le rythme.

Au temps où nous étions étudiants
Au temps où c'était l'événement
Quand l'orchestre de Sidney Bechet
Accompagnait Luther et sa clarinette
Gréco, ses longs cheveux dans le dos
Faisait les beaux jours des Deux Magots
Et au Flore, quand elle était là
On retenait son fauteuil
Mais on ne le cassait pas...

Toujours à la recherche de couleurs nouvelles pour le spectacle, une année, nous avions décidé de mettre à notre répertoire un intermède avec une séquence de *claquettes.* Pendant les longues semaines de nos passages à l'Olympia, on se retrouvait le matin dans un studio de la salle Pleyel, avec Jacques Vernon, le professeur de Jean-Pierre Cassel, comédien et surtout, danseur bien plus doué que nous. Jacques, je l'avais rencontré dans les coulisses d'un spectacle de Charles. Quand je lui avais soumis notre idée, il m'avait assuré : « Je suis certain d'obtenir de bons résultats avec l'équipe. » En avant la musique !

Ces séances courageuses avaient au moins l'avantage de nous faire perdre quelques grammes que nous allions reprendre en allant déjeuner dans un restaurant russe du coin. Malgré le travail sérieux et notre enthousiasme, la chanson n'a malheureusement jamais vu le jour, au grand soulagement de Jo, tout près de la dépression nerveuse. « Ne t'inquiète pas, on te donnera un pas plus facile », essayait de le rassurer notre maître de ballet.

À la fin de l'Olympia, les chaussures ferrées ont été rangées aux oubliettes, réalisant que nous étions loin de la grâce de Fred Astaire et de Gene Kelly qui ne risquaient pas d'être en concurrence avec nous !

Il y a eu encore une bonne dizaine d'autres fantaisies, toujours accompagnées d'interventions musicales, avec des instruments parfois hétéroclites, comme cette histoire de *Tyroliens* se terminant par une arrivée en fanfare au Paradis, avec des auréoles comme il se doit, accompagnés par d'étranges cuivres que nous avions dégotés en Allemagne de l'Est qui faisaient un boucan inimaginable et, il faut l'avouer, pas très harmonieux, mais diablement efficaces.

Tout cela nous permettait de faire plaisir au public et de nous éclater avec des accessoires et des instruments qu'on arrivait à manier avec plus ou moins de bonheur, qui faisaient immanquablement de l'effet sur les audiences. C'était du « spectacle complet » qui enthousiasmait les publics, français, japonais, brésilien, russe ou américain, et il faut reconnaître que Jean y était pour beaucoup.

Il avait par ailleurs écrit, avec son complice André Popp, cette véritable symphonie *Piccolo saxo,* comparable à *Pierre et le loup* de Prokofiev. Elle raconte la *saga* de la découverte des instruments de musique lesquels, en s'assemblant l'un après l'autre, comme des personnages vivants, arrivaient à créer l'orchestre. Ce morceau était accompagné d'un commentaire plein d'humour dit par François Périer. Beaucoup d'enfants lui doivent leur première découverte de la musique, puisque, à une époque le disque faisait partie du programme des écoles.

Jean, comme auteur de paroles, n'était pas en reste. Avec son ami Sacha Distel, ils avaient écrit cette chanson *Oh, la belle vie* devenue un classique puisque chantée par les plus grands, dont Sinatra, *The Good Life.*

Par ailleurs, il maniait une forme d'humour pour lequel j'étais complètement client. Il ne manquait jamais à chaque escale aérienne de me commenter ce qui fut un « vol manifeste ». À l'arrivée, il n'avait qu'à croiser mon regard, sans rien dire, pour que nous partions d'un rire complice pour commenter ce voyage, rire qui demeurait un mystère pour nos camarades.

Brigitte, superbe tanagra blonde, la femme de sa vie, lui donna deux enfants, Valérie et Olivier, avec lesquels il vécut somptueusement en Camargue, se consacrant à son élevage de chevaux andalous qu'il faisait tourner dans son arène privée, se levant et se couchant avec le soleil.

Je n'aperçus la mère de Jean qu'à l'occasion d'un spectacle à Jœuf, en Lorraine, où habitait la famille nombreuse des Broussolle, ce qui expliquait les problèmes que posaient les voyages pour elle, alors que le père venait souvent nous accompagner comme pendant cette tournée en Russie. Lui était un petit bonhomme discret toujours souriant, avec d'éternelles lunettes noires.

Quel déchirement d'aller à son enterrement dans ce si beau et majestueux cimetière des Baux-de-Provence, par une journée de grand vent et de plein soleil.

65

Jean-Pierre

Quand, en 1956, Albert nous quitta pour tenter sa chance, Jo et Hubert nous ont mentionné un musicien qu'ils avaient eu l'opportunité d'apprécier dans un bar de Menton, Jean-Pierre Calvet, pour qui le répertoire des classiques de jazz n'avait aucun secret. Il chantait tout, en VO, depuis *Blue Sky* jusqu'à *Sentimental Journey* en passant par *Road 66*, qui faisait la joie des marins américains en escale sur la Côte d'Azur, ses auditeurs privilégiés.

Outre le chanteur, c'était un brillant guitariste, un premier prix de trombone au Conservatoire, qui avait même joué dans la fosse avec l'orchestre du Grand Théâtre de Monte-Carlo.

L'adaptation fut rapide, avec l'encouragement d'Édith qui l'a immédiatement trouvé « dans la note », et c'est un fait avéré qu'il fut tout de suite dans le coup, la partie musicale et l'accompagnement étant des plus faciles pour lui qui lisait les partitions comme nous lisions le journal. C'était un véritable virtuose, jonglant au solfège avec les clés de *sol*, de *fa* et d'*ut*, avec les dièses et les bémols. Dans le domaine technique, rien ne lui posait de problème.

Avec cela, c'était un garçon adorable, toujours prêt à travailler à des arrangements, à nous amuser en racontant des histoires de paysans piémontais dont il possédait même le dialecte, puisqu'il avait passé son enfance à Menton, à proximité de l'Italie. Cela nous permettait de faire avec René des réflexions que les autres Compagnons enrageaient de ne pas comprendre. Il avait beaucoup d'humour et un accent dans lequel on discernait une petite pointe d'ail.

— Si tu devines ce que j'ai dans mon panier, je t'en donne une grappe, disait-il en parodiant l'accent des saison niers qui passaient la frontière pour venir travailler à la cueillette des citrons à Sainte-Agnès.

C'était un petit Vincent Scotto, un compositeur populaire, comme en témoigne *Le Marchand de bonheur*, ou *Emmène-moi au bout du monde* – superbe chanson offerte à la créatrice d'Irma la Douce, Colette Renard –, sans oublier les premières chansons écrites pour Céline Dion avec son ami Eddy Marnay.

Il faut dire qu'il avait passé son enfance dans une famille musicienne, avec des parents qui avaient joué longtemps de la mandoline en virtuoses, et même donné des concerts. Sa sœur Cécile, premier prix de solfège et de chant au Conservatoire, était entrée dans les chœurs de l'Opéra de Monte-Carlo. On voyait souvent arriver la 2 CV des parents pendant les répétitions car leur plaisir était de suivre notre itinéraire vagabond.

Il eut deux enfants, Sandra et Stéphane, après un mariage avec Hélène dont il divorça pour épouser Annie, un véritable ange qui l'accompagna fidèlement jusqu'à une fin terrible qu'il n'avait pas méritée, laquelle ne lui permit pas de retrouver sa belle maison perchée au-dessus de Sainte-Agnès où il se consacrait, entre les tournées, à la culture des citrons et où sa mère le gâtait avec les meilleurs beignets de fleurs de courges de toute la Provence.

66

Gaston

Le « petit dernier » Michel Cassez, dit Gaston, à cause de son personnage de gaffeur emprunté à une silhouette de BD, fut une recrue de choix qui apporta avec lui un souffle de jeunesse et de désinvolture.

Un bel avenir s'ouvrait pourtant devant lui, car il coprésentait une émission de télévision, et surtout, il était prêt pour une brillante carrière musicale. Tous les jazzmen américains, tel Dizzy Gillespie par exemple, sollicitaient sa participation pour leurs tournées européennes.

Il faisait merveille avec son sax baryton, et j'ai encore dans l'oreille les improvisations qu'il nous offrait accompagné par son complice Jean-Pierre à la guitare, pendant que nos techniciens Serge et Patrice mettaient la dernière touche à la sonorisation et aux éclairages de notre spectacle.

La présence de sa moustache avait provoqué beaucoup de commentaires quelquefois acerbes de spectateurs et même de certains Compagnons, qui n'admettaient guère qu'il puisse sortir de l'univers glabre qui était une de nos caractéristiques physiques. Je dois dire que c'était donner une importance excessive à ce petit fétiche dont Gaston ne voulait surtout pas se séparer !

Il s'avéra être un beau personnage scénique, bon musicien, bon chanteur, et même auteur maison puisqu'il a composé une chanson-sketch, *L'Homme-orchestre*, dans laquelle il maniait avec bonheur une dizaine d'instruments qu'il portait sur lui, allant du triangle à la grosse caisse, sans oublier le bombardon, la sirène et l'ocarina.

Lui aussi, rentré chez nous pour un remplacement de quelques mois, se trouva embringué pendant plus de douze ans, faisant la joie des spectateurs par ses foucades inattendues, car il était imprévisible. Un improvisateur extrêmement efficace qui dépassait parfois le cadre rigide et discipliné qui était le nôtre, et qui, tout en me surprenant, me mettait de son côté et faisait de moi son complice.

Avant de nous rejoindre, il avait été le chef d'orchestre de Claude François, avec lequel il partait pour de longues tournées, en compagnie de son épouse et de ses chiens dont il ne se séparait jamais. Un brin soupçonneuse, Josépha s'enferma un soir dans son coffre de voiture pour surveiller d'éventuelles aventures féminines de son coquin de mari et c'est en entendant son rire que Michel alias Gaston découvrit sa présence, alors qu'il était, par chance, seulement en discussion avec un de ses musiciens.

Le père de Michel était un douanier affecté à la poursuite des trafiquants de tabac qui passaient en fraude par un petit « ris » à la frontière entre la Belgique et la France. La nuit, dans sa jeunesse, il se mettait en embuscade avec sa chienne Rita qui grognait à l'approche d'un supérieur, mais qui tirait à la chaîne quand c'était le « coupable », son flair lui faisant découvrir sans erreur le fautif qui avait pourtant pris le soin d'enlever ses sabots. Et là, commençait la poursuite, se terminant toujours par la victoire de « l'Ordre ». M. Cassez père ramenait alors le trafiquant à la maison. Son épouse, après avoir fait sécher les chaussettes, leur servait à manger et le lendemain matin après le petit déjeuner et après être passés au bureau de la douane, les deux « adversaires » se séparaient en se disant « à la prochaine ».

À la dissolution du groupe, Gaston reprit ses activités de jazzman et intégra de grandes formations, qu'il continue, encore aujourd'hui, de diriger avec brio.

Un vrai musicien, avec des talents multiples : chef d'orchestre, auteur, compositeur, arrangeur et, ce qui ne gâche rien, un excellent comique.

67

La télévision

Avec mes petits camarades les Compagnons, nous connûmes bon nombre de radios et de télévisions de par le monde avec, évidemment, une forte participation aux antennes françaises. À tel point qu'une certaine presse a même ironisé un jour se demandant si nous ne couchions pas dans les coulisses des studios, tellement nous y étions omniprésents !

À midi, c'était presque journellement un rendez-vous avec Roger Féral et Jacques Chabannes. Nous avons vu défiler tous ceux qui feraient une affiche de rêve irréalisable, comme Barbara, Guy Marchand, Claude Nougaro, Gilbert Bécaud, Eddy Mitchell et ses Chaussettes Noires, Yves Montand, Alain Souchon, Aznavour avec et sans Roche, des étrangers comme Roger Moore, d'autres anglais, et même Édith qui y avait fait plusieurs apparitions, dont certaines avec nous. Et puis, tant d'autres ! Je n'oublie pas Danièle Gilbert dont la popularité fut telle que lors d'un certain festival de Cannes, les foules s'agglutinaient autour d'elle en dédaignant complètement les stars de l'écran qui défilaient sur le fameux tapis rouge pour avoir le privilège d'avoir un autographe de Danièle.

Le soir, c'étaient les émissions de variétés des Carpentier ou de Sacha Distel, avec encore les mêmes têtes, les *Sports*

Dimanche de Raymond Marcillac qui virent éclore un débutant prometteur et ô combien talentueux, Michel Drucker, devenu depuis un « maître de cérémonie » unique et incontournable, jonglant aussi bien, si je peux dire, avec les têtes couronnées, les superstars, les champions sportifs qu'avec les petits débutants auxquels il donne leur chance. Un grand professionnel dont nous fûmes souvent les invités.

Sa mère, installée dans les coulisses, jouait au bridge avec des amies pendant les répétitions et ne ratait jamais une seule note des chansons. Son père, le docteur Drucker, nous avait invités, Jean-Louis et moi, à un très amical déjeuner concocté par sa jeune nouvelle épouse, le lendemain d'un passage à Vire. Sur le seuil de la porte, au moment du départ, suite à un geste brusque de Jean-Louis pour caresser le chien de la maison, celui-ci, en réaction de surprise, mordit la main caressante ! Ma vision de ce docteur en train d'administrer une piqûre antirabique dans la fesse de mon camarade, pantalon baissé aux chevilles, au sortir d'un bon et joyeux déjeuner, est une des images amusantes de notre florilège des petits incidents, car il va sans dire que la morsure n'était que bénigne.

C'est au cours d'une de ces nombreuses émissions qu'arriva un petit bonhomme, un gringalet qui commençait là une carrière fantastique en parodiant la curieuse diction du Premier ministre de l'époque, Jacques Chaban-Delmas. C'était un gamin qui a bien honoré son patronyme, Thierry le Luron, un adorable garçon que j'ai eu le privilège de revoir souvent à la maison par la suite quand il passait en première partie de notre spectacle avec Pierre Desproges, accompagné par un pianiste débutant, Richard Clayderman.

Je me rappelle les premières « variétés » inoubliables de Jean Nohain d'une folie inouïe, au cours desquelles les événements les plus étonnants pouvaient survenir, telle cette émission à la fin de laquelle les Compagnons, méconnaissables, grimés en vieux présidents de la République, se sont jetés avec toute la troupe dans une piscine qui servait de cadre ! Les présentateurs, Jean Nohain et André Leclerc ainsi que les autres artistes, hommes et femmes, de même que les techniciens auxquels sont même venus se joindre des spectateurs dans l'euphorie générale, plongeaient en direct ! Cette télévision naissante était démente et sans retenue.

Il y avait aussi les *Joies de vivre* présentées par Henri Spade et la belle Jacqueline Joubert, la mère d'Antoine de Caunes, qui nous donnaient une fois de plus le plaisir de chanter avec Édith et même avec Charles qui avait un jour pris ma place dans *Le Galérien*.

Toutes ces émissions bon enfant (et combien d'autres !) étaient regardées par la France entière sur une chaîne unique. Quel spectacle étonnant de voir des foules amassées sur les trottoirs devant les vitrines des marchands d'appareils, regardant avec patience en piétinant dans le froid et la pluie.

À l'étranger, certaines émissions frisaient la fantaisie débridée, comme celle de Rio, TiVi Toupi, la télévision brésilienne balbutiante mais néanmoins nationale. Des débutants maniaient les caméras en dansant, ce qui nous donnait l'illusion de participer un peu à leur carnaval.

Un jour, à la demande de la télévision de Berlin, nous devions retrouver le chef d'orchestre von Karajan et, étrangement, notre Michel Simon. Le voyage était prévu en avion le matin de la répétition avec un enregistrement le soir même, dans les conditions exactes du direct qui ne devait pourtant avoir lieu que le lendemain. La télévision allemande, prévoyante, filmait avec prudence l'émission entière, et la faisait défiler le soir du passage sur l'antenne pour le public, en parallèle avec la « vraie », afin qu'elle prenne le relais en cas d'interruption. Les téléspectateurs ne devaient se rendre compte de rien s'il y avait eu un incident technique. On n'était jamais trop prévoyant ! C'est la seule fois que j'ai vu ce procédé un peu étrange, il faut l'avouer.

Le rendez-vous était fixé à l'aéroport Charles-de-Gaulle dans la matinée, mais je dus faire face à un problème angoissant sur l'autoroute de l'Ouest : un bouchon pare-chocs contre pare-chocs rendant impossible l'accès des boulevards périphériques, donc de l'aéroport. Je pris une décision suicidaire, tentant de revenir en marche arrière sur la bande interdite du bas-côté de l'autoroute, me faisant traiter, avec raison, de tous les noms d'oiseaux par les automobilistes bloqués. J'avais l'espoir que la police verrait mon manège et viendrait à mon secours, ma seule possibilité de sauvetage. C'est avec soulagement que je vis arriver par le bas-côté également deux motards de la police auxquels je pus expliquer la raison de ma dangereuse manœuvre. Par chance, ils furent plus que compréhensifs, puisqu'ils m'ouvrirent la voie jusqu'à Roissy où j'arrivai avec une escorte digne d'un ministre ! Qu'ils en soient encore remerciés. Quand je suis monté dans l'avion dont Jean-Louis était arrivé à faire retarder le départ, j'aperçus tous les passagers silencieux, avec un regard désapprobateur qui en disait long, et tout de même une lueur dans l'œil de mes camarades, rassurés pour l'émission.

Nous avons tous respiré à Berlin en croisant la grande roue vedette du film *Le Troisième Homme.*

68

La belle aventure

Il faut reconnaître que nous avons été les enfants gâtés du spectacle, une « réussite de jeunes ». Quand on pense que le groupe montait sur la scène à Broadway, avec une moyenne d'âge de vingt-deux ans !

Les doigts des deux mains suffisent largement à se souvenir des artistes de notre pays qui ont laissé une trace aux États-Unis.

Maurice Chevalier fut longtemps le symbole du Français type, avec sa gouaille, son accent bien étudié et travaillé. Il était une immense vedette de music-hall et de cinéma. On se souvient de son duo avec Jeanette MacDonald dans *La Veuve joyeuse* et tant d'autres films.

Lucienne Boyer, avec son *Parlez-moi d'amour*, chanta un hit tel que les New-Yorkais lui ont ménagé un accueil royal sur la 5e Avenue entièrement décorée à la couleur du bleu de sa robe de scène, des millions de feuilles de papier tombant de tous les buildings de Manhattan.

Un autre Boyer, Charles celui-là, fut sans aucun doute un grand du cinéma.

Jean Sablon dont la voix de velours fit chavirer le cœur de toutes les Américaines.

Édith Piaf, évidemment, dont on connaît toute la carrière au Versailles, et dont le souvenir de cette voix inoubliable se perpétue. Pour les Américains, elle est le symbole de notre pays.

Marcel Cerdan, artiste du *ring*, Français qui laissa un grand nom dans le sport.

Et puis il y a le petit Charles, qui a conquis là-bas ses galons de Grand, avec des chansons qui ont été des *hits* par lui ou par d'autres interprètes, comme cette *Mamma*, en anglais évidemment par Ray Charles et *She*, qui culminèrent dans les *charts* américains.

Quant à nous, les Compagnons, nous qui arrivâmes inconnus dans les bagages d'Édith, nous eûmes la chance, après l'adoubement du Playhouse Theater de New York, de connaître une aventure unique, de belles salles, de magnifiques paysages et des rencontres de personnages étonnants, avec, partout, un accueil privilégié.

Pour faire suite au succès fantastique de Judy Garland, le Palace nous offrit, honneur inattendu, un contrat de deux semaines sur cette scène prestigieuse. Le dernier rideau tombait chaque soir sur une *standing ovation*, cette sortie réservée seulement aux succès exceptionnels, qui ne nécessitait pas la présence du chauffeur de salle préposé qui, maintenant, fait lever le public pour saluer le premier venu.

69

L'érable

Le premier nom canadien qui me fit rêver, comme d'ailleurs beaucoup de Français, fut celui de Maria Chapdelaine, évoquant, pour nous autres adolescents, un monde exotique.

Aussi, quand, petit scout, je vis débarquer dans notre groupe un garçon surgi d'un village de là-bas à l'accent qui fleurait bon la vieille France, il me donna l'illusion d'être un familier de François Paradis, l'amoureux de Maria, et de la rivière Péribonka qui ne pouvait couler dans mon imaginaire que dans des forêts d'érables. Il nous avait fait découvrir des noms inconnus, pleins de mystère, d'*orignal*, de *moose*, de *caribou*, des noms qui sonnaient avec un parfum de terroir.

J'ignorais que plus tard, son nom, Trembley, pourtant bien de chez nous, me ferait connaître la grande artiste qui avait prêté sa voix aux poètes canadiens Nelligan, Leclerc et Vigniault. Elle devait transformer son patronyme en Monique Leyrac, une splendide chanteuse qui cultivait un *look* indien assorti évidemment des nattes portées avec une rare élégance. Une véritable *icône* de la tradition québécoise.

Venue un jour en Europe pour chanter devant la princesse Margareth d'Angleterre, elle émit le souhait, en compagnie de Suzanne, de visiter les musées londoniens.

Un jeune homme timide ayant manifesté l'intention de se joindre à la visite, elles eurent la surprise de découvrir un garçon d'une culture et d'une connaissance éblouissantes. Il était capable de citer le musée où se trouvait la réplique de telle toile de Renoir, de Giorgione et de mille autres, ayant visité aux quatre coins du monde ces musées qui n'avaient pas de secret, pour lui. Il s'appelait Luc Plamondon, ce fut l'auteur des premiers textes de chansons de Monique accompagnée par le piano d'André Gagnon devenu, depuis, un concertiste très apprécié.

Luc fit un chemin remarquable, ouvrant la voie des comédies musicales qui secouèrent et transformèrent le paysage du spectacle français, comme avec Michel Berger, *Starmania* et *Notre-Dame de Paris* avec Richard Cocciante. Nul doute qu'il apporta un souffle nouveau à grand renfort de belles voix de là-bas, parmi lesquelles il y a celle d'une des plus grandes, Diane Dufresne, qui prit place auprès d'Édith, Monique Leyrac et Judy Garland au zénith de mes chanteuses préférées. Un sacré « Quatuor de Grandes Dames ».

70

Salvador Dalí

J'eus la chance incroyable de rencontrer Salvador Dalí au cours d'une de nos traversées transatlantiques sur l'*Île de France,* pendant lesquelles la tradition voulait que nous offrions deux galas gratuits, l'un pour l'équipage et l'autre pour les passagers. À ma grande stupéfaction, le Maître, au lendemain de ce gala, vint me faire des compliments, nous invitant, Suzanne et moi, à prendre une tasse de thé avec lui, en toute simplicité. Et nous voilà, installés dans un salon, dialoguant comme de vieilles connaissances avec ce fabuleux personnage, un des maîtres de la peinture moderne, une des personnalités dont j'admirais l'œuvre pour laquelle j'avais eu le coup de cœur à Knokke-le-Zoute où chaque année, les propriétaires de ce casino belge organisaient des expositions prodigieuses. J'avais pu ainsi découvrir, grâce à eux, James Ensor qui m'a passionné, malgré son univers cruel et son obsession de la mort, avec sa fameuse *Entrée du Christ dans Bruxelles* et ses masques si expressifs, si extraordinaires. C'étaient de fameux amateurs, ces frères Nellens, les directeurs du casino, à rendre jaloux les « intoxiqués » de peinture et de sculpture dont je fais partie.

De Dalí, j'avais pu contempler les *Montres molles* qui m'avaient ouvert les yeux sur l'esprit surréaliste, alors que j'étais un béotien sur cette forme de peinture. Aussi, avoir le privilège de se trouver devant cette icône qui nous traitait familièrement, me permettant même gentiment de prendre des photos, fut une expérience inoubliable. Dalí nous fit son grand numéro de charme, commençant par l'anecdote de ses « moustaches antennes », lesquelles étant certains jours trop captatives, devaient alors être raccourcies... Puis, pêle-mêle, il nous affirmait qu'il était le seul à pouvoir ramener Picasso sur le bon chemin de la peinture ! Il nous parla de son invention du cinéma tactile et olfactif qui devait permettre de retrouver au bout des doigts et dans l'air les sensations ainsi que les parfums présents sur l'écran... Et puis il y avait les bêtes à Bon Dieu sous les paupières et les instruments métalliques jetés sur une plaque de marbre pour crisser, afin de créer une réaction calmante des nerfs, et puis... et puis... Éblouissant, un magicien... Les heures me semblèrent des minutes.

Merci, M. Dalí. Nous gardons, Suzanne et moi, un souvenir mémorable de cette après-midi rare en compagnie d'un artiste unique.

Quant à Picasso dont Dalí nous disait être le seul à pouvoir « le ramener à la peinture », je le rencontrai d'une façon inopinée au cours d'une tournée sur la Côte d'Azur. En traversant l'Estérel en voiture, j'eus l'imprudence de prendre un tournant trop à gauche, manquant de toucher une décapotable bleue dans laquelle il y avait un couple. Suzanne s'est écriée : « Picasso ! » et j'ai été fusillé par deux yeux terribles, le plus beau regard du monde.

71

Les croisières

Souvent, depuis la séparation des Compagnons, je fus invité sur des bateaux pour chanter à l'occasion de croisières. Il faut reconnaître que c'est terriblement agréable de pouvoir joindre au plaisir du spectacle l'opportunité de visiter des lieux exceptionnels, d'y être accueilli avec un tapis rouge dès la montée à bord, à condition toutefois d'être épargné par le mal de mer ou le mauvais temps. Ce qui n'avait pas été le fait, par exemple, de ce couple rencontré au Pôle Nord, deux malchanceux qui n'avaient jamais pu, même après cinq tentatives, voir le Spitzberg, constamment caché par le brouillard. Mais l'optimisme mène parfois à la réussite. Ils eurent la chance d'avoir du soleil à leur sixième essai et du coup, comblés, ils revinrent une septième fois !

C'est pendant ce même voyage avec Suzanne, Jean-Paul Rouland et son épouse, que nous trinquâmes sur la banquise avec un champagne frappé par les glaçons fournis sur place et gratuitement par le pôle Nord lui-même ! Le retour, en passant près des îles norvégiennes de Lofoten, permit à mes connaissances géographiques de s'enrichir à la découverte de visu du fameux Maelström, le vrai, devenu le symbole d'une mer agitée et tourbillonnante, alors qu'à son passage la tradition mouvementée n'a pas été respectée, puisque nous profitâmes d'un calme olympien par grand soleil.

Auparavant, l'escale à la pimpante petite ville de Bergen nous offrit son averse journalière que nous commenta, devant notre surprise, un restaurateur plein d'humour : « L'année dernière, il a fait beau tout le 15 juin ! » C'est là que j'ai découvert l'existence d'une petite pousse qui se transforme en arbre véritable en une seule nuit, comme s'il voulait illustrer la vie des *trolls*, ces personnages du folklore nordique.

Un autre de ces voyages privilégiés, aux îles Galápagos, avec la compagnie de Georges de Caunes et son épouse, me fit connaître les tortues tricentenaires et le bain avec la présence des otaries femelles. Les mâles, jaloux, leur ont refusé à force de grands cris ressemblant à des cornes de brume, la permission de nager avec nous. Ils ont réprimandé les jeunes folles qui se risquaient à nos jeux, cela sous l'œil des iguanes, ces monstres antédiluviens démesurés, plus effrayants que dangereux.

Au Costa Rica, se trouve l'un des plus extraordinaires musées ethnographiques qui mérite à lui seul le voyage, sans compter l'impressionnant passage du canal de Panama la nuit, avec le départ depuis les eaux du Pacifique qui rejoignent celles de l'Atlantique par des écluses géantes perdues dans une forêt tropicale inquiétante, qui a l'air de cacher tous les monstres de la création. Cette belle croisière avait débuté à Guayaquil, un nom qui faisait rêver, mais qui était en fait celui d'une pauvre ville où nous sommes juste arrivés pour prendre le bateau, peu de temps après Noël. Des lampions multicolores pendaient encore lamentablement dans ces rues d'une tristesse à pleurer.

Un incident étonnant m'arriva dans une autre croisière à laquelle la participation de mes cordes vocales était souhaitée. Je devais chanter à Gibraltar, au moment du passage de la Méditerranée à l'Atlantique. Pendant la répétition technique sur le bateau, avec mon régisseur Jean-Pierre, après le départ d'Algésiras, un steward envoyé par Suzanne est venu me demander la clé de ma valise.

— Mais, ma valise n'est pas fermée à clé !

Dans la cabine, c'était la surprise, non seulement il y avait un cadenas que je ne connaissais pas, mais cette valise ressemblait comme une sœur jumelle à la mienne et pourtant, elle ne l'était pas. Une petite étiquette discrète indiquait le nom de sa véritable propriétaire, Mme Moncorgé. J'avais pris par erreur à l'aéroport la valise de Mme Gabin !

Évidemment, impossible d'avoir son numéro de téléphone. L'angoisse montait d'avoir à ouvrir ce bagage à la douane, ce qui est fait devant un huissier et des gabelous marocains. Je me résolus à téléphoner à Lino Ventura qui était souvent venu nous préparer des pâtes *al dente* à la maison. Au moment où je pris le téléphone, ma fille Laurence m'appela de Paris pour m'annoncer alors qu'elle était en mesure de me dire comment joindre Mme Gabin. Laurence se trouvait tout à fait par hasard à table avec la per sonne qui avait été témoin du mariage de la fille de Jean Gabin. Je pus donc rassurer Mme Moncorgé sur sa valise !

Le lendemain, en arrivant à Ouarzazate à travers une vallée magique, j'entendis à la radio la mort de Lino que j'avais failli appeler la veille.

72

Édith

On riait beaucoup avec Édith, car, contrairement à ce que peuvent évoquer ses chansons, c'était une femme toujours prête au rire, à faire toutes sortes de plaisanteries. Nous avons eu des soirées très drôles pendant nos tournées avec elle ou plus tard quand nos routes se croisaient à des moments inattendus. Comme par exemple à ce spectacle des Compagnons au Théâtre de Verdure de Nice où, pendant la seconde partie de notre récital, un murmure, comme un petit vent, souffla sur les spectateurs : « Édith Piaf est là, parmi nous. » À notre final, on commença à entendre de discrets « Une chanson... une chanson... *Les Trois Cloches... Les Trois Cloches* », appels du public qui sont devenus de moins en moins timides et de plus en plus présents. Impossible de résister à cette vague de demandes, et voilà Édith obligée de monter sur scène pour nous rejoindre, elle qui avait tenu à nous faire la surprise de sa venue incognito, alors que nous ignorions parfaitement sa présence.

— Merci de votre gentillesse, mais je suis venue applaudir mes amis, les Compagnons, et il n'est pas question de chanter, d'autant plus que je vous dois une confidence : j'ai un problème avec les paroles, car il y a longtemps que nous n'avons pas chanté ensemble. Je ne vais tout de même pas vous chanter la... la... la...

Un grand rire du public : « Mais si ! Mais si ! »

— Mais comme je vois et j'entends que vous insistez, je vais essayer de retrouver les paroles que Fred va me souffler, pendant que Jean-Louis et les autres Compagnons s'occuperont de vous. On verra ce qu'on peut faire.

Nous voilà partis vers le fond de la scène, bras dessus, bras dessous, dos tourné aux spectateurs, à essayer de retrouver sans aucune difficulté les paroles que nous n'avions évidemment pas oubliées.

— Alors, voilà... Nous sommes prêts... Si on se goure, vous ne nous en voudrez pas. Inutile de vous dire que je suis heureuse et que ça va bien se passer... À vous Fred.

Et, en effet, tout se passa merveilleusement, avec un texte sans faute, une musique et un accompagnement idéal de mes petits camarades, ainsi qu'une Édith n'ayant pas une hésitation. C'était le miracle et c'était d'ailleurs chaque jour un miracle renouvelé. Le public était heureux, autant que nous et, je dois le dire, autant qu'elle, qui était ravie d'avoir une occasion lui permettant de se retrouver avec nous.

C'était un tel plaisir de chanter que nous avions créé un petit événement, du temps de nos tournées communes, une innovation. Nous fredonnions, sans micro, tous derrière le rideau fermé, avant qu'il ne s'ouvre pour notre première partie, une chanson de Marguerite Monnot et Henri Contet, *Et elle chantait,* dont j'assurais la mélodie et où Édith soulignait l'histoire par un contre-chant sans paroles.

La fille en noir qui va et vient
Dans la chanson que je vous chante
N'avait ni toit, ni feu, ni rien
Rien que le ciel pour toile de tente
On l'entendait rire et chanter
Sur les chemins, par les collines,
Volant des fruits dans les vergers
Quand les cloches sonnaient « matines »

Et elle chantait,
Pour le grand vent qui la battait
Pour le soleil qui la brûlait
Le long des routes...

Cela se passait dans le murmure du théâtre en train de se remplir, avec pour fond cette belle musique d'un public « en attente ». C'était chaque fois une sensation étonnante d'entendre les voix de cette salle devenir de moins en moins présentes, en découvrant nos harmonies sorties de nulle part, avant la cérémonie du roulement et des trois coups frappés, avec le « brigadier » qui annonçait l'ouverture du rideau rouge. C'est toujours un moment de grâce, ce moment qui précède le spectacle.

Il y eut aussi ce récital à la salle Pleyel où, encore une fois, le public obligea Édith à monter sur scène pour se joindre à nous, malgré son bras en écharpe dû à un accident de voiture. Quelque temps après, elle nous confia qu'elle n'avait pas été remboursée de l'accident par la compagnie d'assurance qui jugeait qu'elle pouvait bien chanter, puisqu'elle en avait donné la preuve manifeste en montant sur scène avec nous.

Un matin, une rumeur se répandit dans Paris comme une traînée de poudre. « Édith Piaf est à l'hôpital, avec des problèmes graves. » Déjà, en tournée, des alertes l'avaient obligée d'annuler des spectacles avec son jeune mari, Théo Sarapo.

Toutes les radios, alarmistes, faisaient état de la présence d'Édith à l'Hôpital américain à cause d'une occlusion intestinale. Lui rendre visite me semblait du domaine de l'impossible avec toutes ces barrières à franchir.

Mais je savais qu'avec Danièle Bonel, l'épouse de Marc l'accordéoniste, le couple fidèle entre tous, il m'était possible d'arracher quelques minutes de présence. En effet, Danièle me dit au téléphone que je pouvais venir rendre visite à Édith, à condition, vu son état, de rester très peu de temps dans la chambre et surtout, de la faire parler le moins possible pour ne pas la fatiguer, selon les directives de la Faculté.

Arrivés au début de l'après-midi avec Suzanne, nous nous trouvâmes devant une armée de photographes. Danièle vint nous chercher, et nous entrâmes à pas de loup dans une grande chambre, où, près du lit, veillait l'infirmière, Mme Bordenave, Mamie pour Édith, laquelle était sous une batterie impressionnante d'appareils médicaux.

— Édith, nous sommes venus vous embrasser et vous dire à quel point vous nous manquez.

— Votre visite me fait un grand plaisir, mais asseyez-vous un moment.

Nous souvenant des consignes de discrétion et de silence, nous hésitions.

— Mais, Édith...

— Vous êtes pressés ?

Alors, on s'installa. On retrouva là celle que nous aimions, avec son bon gros rire, malgré la situation peu confortable dans laquelle elle se trouvait. Heureuse de nous voir, elle insista pour nous garder l'après-midi entière, en nous rappelant les aventures drôles qui nous étaient arrivées pendant nos tournées communes. Elle riait tellement fort, qu'on craignait de voir éclater son ventre gonflé.

— Non, non, restez encore... Vous vous souvenez des étiquettes de votre valise, au retour d'Oslo ? C'était moi !

Nous pleurâmes de rire en nous rappelant l'énorme blague qu'elle avait montée et dont j'avais été la victime. Au début de nos tournées communes, je m'étais ruiné pour acheter une splendide valise en cuir, sur laquelle j'étais fier de coller les étiquettes des grands hôtels où nos premiers cachets sérieux nous permettaient de descendre. Au retour de la tournée en Scandinavie, en arrivant à la gare du Nord, je fus surpris du sourire des voyageurs sur le quai, à la vue du gros bagage sur mon épaule. Intrigué, je m'aperçus que les précieuses étiquettes avaient été soigneusement décollées pour être remplacées par d'autres, de boîtes de conserves, de carottes, des petits pois... J'avais évidemment compris au sourire d'Édith qu'elle était l'instigatrice de cette blague et nous en rîmes ensemble ce jour-là, comme quelques années plus tard, dans cette chambre de l'Hôpital américain.

— Vous souvenez-vous des pâtes que je vous faisais cuire dans ma salle de bains de l'hôtel de Stockholm ? C'est là que j'ai mis le feu au siège des toilettes avec le réchaud à gaz de Marc Bonel !

Je lui rappelai le jour où elle vint embrasser l'équipe et les femmes, en faisant ce compliment un peu salé à la cantonade, devant un public médusé, qui n'en croyait pas ses oreilles :

— Mesdames, vous êtes belles comme des bites ! lâcha-t-elle au grand scandale des clients de l'hôtel

On riait de plus belle.

Suzanne lui remit en mémoire la lettre merveilleuse qu'elle nous avait envoyée à notre mariage, pour nous dire à quel point elle s'était trompée quand elle voulait nous mettre en garde contre les « confidences sur l'oreiller », pensant que les femmes seraient les « fossoyeuses » de l'équipe, alors qu'au contraire, elles en avaient été le « ciment », par leur compréhension et leur patience infinie.

Tard dans l'après-midi, nous quittâmes Édith, très émus, pensant bien qu'une fois de plus, elle passerait à travers. À entendre son rire, notre Édith nous semblait éternelle, elle qui nous avait avoué avoir passé avec nous une des plus belles époques de sa vie, une vie dans laquelle avaient défilé tant de personnages hauts en couleur, tels Jacques Bourgeat, *Jacquot,* Simone, *Momone*, la copine des mauvais jours de la dèche, celle qui faisait la quête quand Édith chantait aux coins des rues, avec qui elle allait s'abriter sous les portes cochères, et puis mille autres, tel ce *Chanteur sans nom* qui la faisait mourir de rire, un joyeux luron qui, d'autre part, ne manquait pas de talent et qui aurait pu réussir sous son véritable nom de Roland Avelys.

Une fois de plus, la Faculté accomplit ce miracle de la tirer de ce mauvais pas, mais ce n'était qu'un sursis qu'elle lui accordait.

Avec les Compagnons, nous lui rendîmes visite chez elle à son invitation.

— Alors, Fred, je ne vous reconnais plus. Vous avez oublié votre appareil de photo.

— Non, mais je n'aurais jamais osé vous demander...

— Courez le chercher.

C'est le dernier souvenir d'Édith que je veux garder, cette image que j'ai prise d'elle, accoudée au piano, où elle est si émouvante. Très peu de temps après elle nous quittait pour aller rejoindre un de ses amis, parti le même jour qu'elle, Jean Cocteau, un autre Grand.

73

Trénet

Mon admiration pour Charles Trénet ne date pas d'hier. Il est difficile d'imaginer aujourd'hui, saturés de sons et d'images, le coup de cœur ressenti à la projection, dans mon petit cinéma de patronage, de *La Route enchantée.* Il fleurait dans ce film un ton nouveau, loin des chansons guimauve que nous serinaient les copains d'école, fiers de les avoir écoutées au « poste » de radio. Loin aussi, de l'ambiance sérieuse de l'opéra de papa. C'était, tout à coup, une folie poétique qui m'envahissait, irréelle, et qui me donnait l'impression, en sortant du cinéma, de ne plus toucher terre. Bien que ce soit loin d'être un chef-d'œuvre, je crus assister ce jour-là à un miracle.

Puis, lorsque la radio est enfin arrivée à la maison, je me suis régalé en trouvant, sur le cadran, certaines stations aux noms mystérieux comme *Sottens* et *Hilversum*, dont j'ignorais jusqu'à ce jour la situation géographique. Je brûlais d'entendre des disques que j'aimais, les Comedian Harmonists ou des mélodies classiques avec la belle voix grave de Charles Panzera et quelquefois surtout, quel bonheur, des chansons de Trénet.

Impossible d'imaginer alors que je ferais plus tard la connaissance de ce personnage poétique haut en couleur, qui, jour après jour devint l'ami des Compagnons. C'était un fidèle de nos spectacles, comme il en fait mention dans sa chanson sur le music-hall.

J'adore aussi ces grands garçons
De la chanson, les Compagnons, ding, ding, dong...

Chaque rencontre créait un événement joyeux, car le personnage n'était jamais triste. On faisait la fête, dépassant souvent le raisonnable. À table, Trénet raffolait des mélanges, bière, vins rouge et blanc, whisky, cognac, chartreuse verte, et j'en passe ! Je nous revois, un jour à Biarritz le raccompagnant après un repas lourdement arrosé, dans la décapotable américaine immaculée de Jean-Louis qui faisait grise mine, terrorisé à la pensée des dégâts qui auraient bien pu se produire !

Par la suite, après *Mes jeunes années,* il devint un de nos « fournisseurs » en chansons, battu toutefois, pour le nombre, par un autre Charles, je veux évidemment parler d'Aznavour.

Nous avons adapté sa *Chanson de l'ours* qui nous permettait des effets scéniques, une danse, une intervention de chorale d'enfants, ainsi que l'évocation d'une fête au village avec le discours du maire. Cette chanson qui prenait un petit côté satirique était très appréciée des critiques américains qui comprenaient parfaitement le français, avec sa chute tellement d'actualité à l'époque. Je crois qu'elle l'est toujours et le restera longtemps.

Tout marche mieux à la mairie
Ah s'ils avaient le même ours à Paris...

Ses variations sur sa chanson *Le Bon Roi Dagobert* nous permettaient des trouvailles visuelles inspirées de son esprit surréaliste.

Il peignait des tableaux qu'il était seul à trouver beaux
Fixant sur la toile la lueur des étoiles..

Lorsque nous répétions, Paul, métamorphosé en peintre, composait une grande fresque en figeant nos attitudes corporelles. Nous évoquions les personnages et même les chevaux de la chanson de Charles.

De ses paysages, des chevaux sauvages
Parfois même s'échappaient
Le roi savait les rattraper...

La chanson se terminait par une procession solennelle et une sortie avec Jo, devenu un immense « gisant » porté par toute l'équipe. Trénet nous avait fait un jour le plaisir de prendre la place du « gisant » dans une émission de télévision, après avoir chanté avec nous, ce qu'il n'hésitait pas à faire à l'occasion.

Quant à *La Java du diable,* elle avait un petit côté prémonitoire :

L'or se vendait au prix du plâtre
Et le cigare au prix du mégot...

De même, il nous avait écrit une intrigue de polar, dans lequel on cherchait l'assassin de la bergère : tout le monde était sur le qui-vive, même le curé arrivé à bicyclette, mais pas la maréchaussée, puisque :

Les gendarmes s'endorment sous la pluie...

Il nous a offert aussi une petite « bluette ».

Quelque part, deux amants

Et puis un hommage à son enfance.

Ma maison, volets gris, jardinets, vieilles portes
Ma maison, je la vois quelquefois rapid'ment
Quand je passe dans le train de la vie qui m'emporte
Ma maison me regard' tristement...

On sait que Trénet racontait ses années d'enfance chez lui à Narbonne, rythmées par le passage des trains. Sa mère ne disait-elle pas :

— Il est l'heure de déjeuner, le Perpignan-Sète de 12 h 15 vient de passer.

À propos de sa mère, charmante vieille dame, j'eus le privilège de la saluer sur le port de Saint-Tropez lorsqu'elle se promenait bras dessus, bras dessous en compagnie d'un autre personnage mythique, André Gide. Je sais que Charles avait un jour inquiété cette mère en lui donnant cette adresse étonnante à Québec :

— Tu écris simplement

Charles Trénet
Artiste Français
Chez Gérard
Soda Fountain
En face de la gare
Québec

C'est lui qui nous avait conseillé de passer à Québec Chez Gérard, un établissement qui connut un engouement étonnant. L'histoire de la naissance de Chez Gérard mérite d'être contée. Gérard Thibault se trouvait avec moi à une des stations de radio de Québec où je faisais la promotion des derniers concerts de la tournée d'adieu des Compagnons. Gérard, à qui je posai la question sur la naissance de cet établissement et qui avait vu défiler tous les plus grands noms français, québécois et même américains, me dit :

— C'est à Charles Trénet que je le dois.

Et il me raconta que Charles s'était arrêté un jour, de retour d'un voyage au Mexique, pour prendre un café dans ce petit *soda fountain* en face de la gare du Palais. Trénet demanda alors au garçon, le frère de Gérard, qui évidemment l'avait reconnu :

— Puis-je voir le patron de l'établissement ?

— M. Gérard Thibault n'est pas là, monsieur Trénet, mais si vous voulez lui parler au téléphone, il sera là ce soir.

— Dites-lui que Charles Trénet désire le voir.

À l'annonce du nom, Gérard peina à croire qu'un artiste aussi extraordinaire puisse venir dans son modeste café. Et pour quel prétexte ? Le soir à 6 heures, il resta tout éberlué, n'en croyant pas ses oreilles :

— Allô, monsieur Thibault, j'aimerais chanter chez vous.

— Monsieur Trénet, ce serait un grand honneur, mais je ne pourrai jamais vous payer, ma salle est bien trop petite.

— On s'arrangera. Vous me donnerez ce que vous pouvez.

— Je n'ai pas de piano.

— Je pense que vous n'aurez aucune difficulté à en trouver un à Québec ! Louez donc un piano accordé. Trouvez-moi un micro. Il me faut aussi une petite estrade. Demain, si cela vous convient, je serai là avec mon pianiste, Walter Egger, pour m'accompagner.

Il n'arrivait pas à croire que la plus grande vedette de la chanson française viendrait chanter dans son modeste établissement. Et c'est pourtant ce qui est arrivé. Gérard continua :

— J'ai immédiatement prévenu les deux stations de radio de Québec et c'est le cœur battant que nous avons fait les préparatifs. C'était tellement inimaginable que peu de gens y croyaient. « C'est un sosie ou un imitateur », disait-on. Vous pensez, Trénet à Québec !

Le lendemain soir, c'était la cohue devant la salle qui fut instantanément pleine à ras bord. Trénet, accompagné par Walter Egger, chanta tout son répertoire, avec un succès inimaginable, au grand dam des « laissés pour compte » piétinant dehors, dans le froid. Ils auraient aimé profiter de ce spectacle dont ils ne recevaient que des bribes. Devant l'affluence, Trénet, grand seigneur dit :

— On en fait un second.

C'est comme ça que naquit cette salle devenue mythique dans toute l'Amérique du Nord et en France où l'écho du succès est parvenu aux oreilles des artistes tels que Salvador, Pills accompagné par Gilbert Bécaud, Line Renaud, Roche et Aznavour, puis Aznavour seul, Joséphine Baker, les Compagnons évidemment, Piaf, Brassens, les Frères Jacques, Mouloudji, les Québécois Félix Leclerc, Gilles Vigniault, Monique Leyrac, Oscar Peterson et même le grand Duke Ellington venu avec quinze musiciens, casés, je ne sais pas comment sur cette scène exiguë.

— C'est comme ça que Chez Gérard est devenu un des lieux de spectacle les plus importants d'Amérique du Nord, ajoutait Gérard. Tout ça à cause de Trénet qui me téléphonait d'ailleurs de tous les coins du monde, me demandant . « Comment va mon Chez Gérard ? ».

Il avait apporté la magie avec lui. Voilà l'histoire de la naissance de Chez Gérard.

Notre dernière rencontre fut un sommet inoubliable pour moi. À la fin d'un repas somptueux aux Baux-de-Provence à l'invitation d'Aznavour, nous avons chanté en trio *Mes jeunes années*, nous passant le solo à tour de rôle, avec pour tout public des amis privilégiés, comme Gérard Davoust et Jacques Pessis. Mais les vapeurs alcoolisées empêcheront cette séance mémorable de figurer dans l'anthologie de la chanson française !

Il n'empêche que c'est une des belles émotions de ma vie.

74

Charles Aznavour

À tout seigneur, tout honneur. Qu'il est difficile de parler d'un ami qui n'est que talent et pudeur, sans tomber dans le dithyrambe et le compliment boursouflé.

C'est de Charles Aznavour que je veux essayer de parler, avec qui ma première rencontre date de plusieurs décennies, lors de cette tournée en Suisse pendant laquelle nous étions souvent plus nombreux sur scène que dans la salle.

Il est loin, le temps où nous allions disputer d'acharnées parties de *snooker* entre deux représentations dans une ancienne Belgique avec son public populaire qui consommait des tonneaux de bière en appréciant les chanteurs français, pour lesquels ce rendez-vous était toujours une partie de plaisir. Tout de suite, nous eûmes des atomes crochus avec Charles. Nous nous sommes trouvés sur la même longueur d'onde, car il faut dire que trois éléments nous rapprochaient. Le même âge, vingt ans lors de notre rencontre. La même taille... moyenne (eh oui, ça aide !). Et la même ambiance familiale de fils d'immigrés : lui, petit Arménien, et moi, petit Italien. Mais, comme l'a si bien chanté le grand Maurice Chevalier :

Et tout ça, ça fait
D'excellents Français...

Il nous est même arrivé, dans nos jeunes temps, d'aller prendre ensemble les conseils d'un très bon professeur de chant, un vieux ténor nous parlant de sa présence aux côtés des Grands de l'opéra... « Quand je chantais dans le *Quatuor de Rigoletto* avec X, Y ou Z... » Nous avons écouté sagement, mais en sortant, nous avons décidé à l'unanimité que ce serait la première et aussi la dernière leçon chez lui, et, dans le fond, nous ne nous en sommes pas trop mal sortis !

En parlant d'opéra, il me rappela cette anecdote étonnante sur Puccini, un de mes compositeurs favoris, qui avait choisi d'être enterré, en compagnie de sa femme et de son piano, derrière le mur de son salon de musique, dans sa maison du lac de Côme. Belle fidélité !

Depuis ces temps (« que les moins de cinquante ans... »), nous poursuivons une longue conversation, quelquefois terre à terre, avec nos problèmes de père et de grand-père, puis, faisant échange d'ouvrages, tous les deux dévoreurs de littérature et de poésie, nous aimons nous faire découvrir mutuellement des auteurs pour lesquels nous avons eu un coup de cœur.

Évidemment, il y a la chanson. Charles fut le grand fournisseur des Compagnons, depuis « l'époque Pierre Roche », avec *Il pleut, Je n'ai qu'un sou, Retour, Cinq Filles à marier, Le Mexicain, Que c'est triste Venise, Les Comédiens, Sa jeunesse, La Mamma...* La liste est longue, et chaque fois ce fut merveilleux pour nous, avec ces refrains qui sont devenus des classiques.

Je me heurtais quelquefois à l'entêtement de mes petits camarades, puisque la tradition voulait comme d'habitude qu'une chanson ne puisse être mise au répertoire que si elle était acceptée par la majorité. C'est ainsi que nous sommes passés à côté de la création des *Comédiens* dont j'avais entendu chez Charles le « départ » musical. Faisant suite à la proposition de m'écrire les paroles, Charles m'appela le lendemain matin, tout surpris de constater la présence de Jacques Plante, arrivé dans la nuit et qui avait écrit le texte.

J'ai fait entendre aux Compagnons une petite bande magnétique, comme on faisait à l'époque, sur laquelle Charles chantait sa version des *Comédiens.* Elle n'accrocha pas l'oreille de mes petits copains. Sur ces entrefaites, je me retrouvai chez Charles qui me demanda des nouvelles de la chanson et à ma grande honte, je lui avouai qu'il n'y avait pas la majorité, ce qui l'amusa.

— Ne t'inquiète pas, je vais la chanter, moi.

Et pour sa première émission publique de rentrée, en septembre, il la chanta avec le succès qu'on devine. Le lendemain, j'ai piqué une colère terrible quand Jean-Louis, qui savait en général renifler une bonne chanson me confia :

— Au fond, on s'est gourés. On va la chanter.

En colère, je lui dis :

— Je ne la chanterai jamais, jamais !

Évidemment, on n'a pas le droit de louper une bonne chanson. Elle fit depuis ce jour la carrière que l'on connaît, et nous accompagna fidèlement dans nos bagages pour nos tours du monde.

Chaque rencontre, puisque nous sommes voisins, est une fête, et, sans être passéistes, nous nous rappelons les personnages qui nous ont émus ou amusés, ou les aventures communes, comme celle de Marcel Cerdan venu au Madison Square Garden pour le championnat du monde de boxe. Nous avions vingt ans, Marcel était notre idole. Avec Charles, nous avions acheté des gants de boxe et transformé nos chambres de l'hôtel Langwell en *ring.* Au cours d'un combat acharné, il m'avait décoché une droite fulgurante qui m'avait crevé le tympan gauche et me rendit sourd pendant quelque temps ; mais il eut la gentillesse de me laisser une oreille valide ! Marcel venait quelquefois nous rendre visite et nous nous sommes même amusés à mettre les gants contre lui, sans évidemment réussir à l'atteindre... à notre grande joie à tous les trois.

Le directeur du Versailles, M. Prounys, devait être l'artisan d'un quiproquo amusant quand, quelques années plus tard, il s'étonna en découvrant la photo de Charles alors qu'il venait à Paris pour engager la grande vedette française dont « on parlait » :

— Vous voulez que j'engage l'électricien d'Édith Piaf ! ?

Il n'avait visiblement pas suivi l'évolution de Charles, depuis le temps où il était le régisseur qui s'occupait des éclairages au Versailles.

Chauffeur bénévole et amical, il vint un jour m'attendre à la gare de Montréal avec une énorme décapotable, alors que j'arrivais de Californie. Nous traversâmes la ville dans une voiture sans chauffeur pour les passants, car lui et moi dépassions à peine le tableau de bord. Charles a toujours vu grand : les voitures, les maisons, la famille, la carrière... Il faut reconnaître qu'il s'est rarement trompé.

Notre voisinage nous a permis de nous retrouver, entre nos tournées réciproques. En vacances, c'était dans ses grandes maisons si accueillantes, ou chez moi, pendant des fêtes familiales.

Un jour, à son invitation, nous fîmes un détour avec Suzanne pour aller déposer Jeanne, une de nos petites-filles alors âgée de sept ans, chez sa grand-mère paternelle, à Gap. Ce n'était pas l'itinéraire le plus direct, mais en amitié, on ne compte pas ! En arrivant dans sa maison de la Côte d'Azur, nous trouvâmes Charles en train d'improviser sur son piano et Jeanne, comme le fait n'importe quelle petite fille, se mit à danser, ce qui amusa Charles qui « joua le jeu ». Puis, Jeanne, curieuse, est venue demander :

— Dis-moi, grand-papa, qu'est-ce qu'il fait dans la vie, ton copain ?

Je me souviens alors qu'elle n'avait pas le droit de regarder la télévision, mais seulement les cassettes autorisées. C'était l'époque où elle passait, en boucle, *Fanfan la tulipe* avec Gérard Philipe dont elle était déjà tombée amoureuse

— Écoute, ma chérie, je t'expliquerai plus tard.

Le lendemain, nous avions rendez-vous au théâtre en plein air de Ramatuelle, dans lequel Jean-Claude Brialy organisait chaque année un festival « haut de gamme ». Le théâtre était plein comme un œuf. On avait même rajouté deux rangs de chaises sur la scène, alors que des centaines de personnes restaient à l'extérieur, faute de place, et que nous avions la chance d'être parmi les VIP. Jeanne était aux anges, car on venait nous saluer et puis les seize musiciens de l'orchestre prirent place et accordèrent leurs instruments. Charles fit son entrée, avec le public debout pour l'accueillir.

Impossible d'oublier le regard ébloui de Jeanne : ce genre d'émotion n'arrive pas souvent dans une vie.

Je pense avec amusement et tendresse au jour où Charles se mit au piano pour accompagner Laurence, ma fille, sa filleule, à son anniversaire. Elle jouait avec ses petits copains de l'école de mon village aux chaises musicales avec « le pianiste le plus cher du monde » ! Nous le disions en riant à Micha, son père alors que celui-ci interprétait pour nous dans sa maison de Mougins des chansons russes et arméniennes de sa belle voix d'ancien chanteur, avec, comme auditoire, maman Aznavour, sa sœur Aïda et Georges Garvarentz son mari, Suzanne, auxquels venait quelquefois se joindre un complice, Ted Lapidus.

Je n'ai pas besoin de mentionner l'immense talent de ce magicien des mots. Le public a prouvé son attachement à cet homme rare dont je suis l'admirateur le plus inconditionnel. Pas besoin de le lui dire, il le sait. Et, par-dessus tout, c'est l'ami.

75

J'aimerais ajouter

Il est un fait que je me dois de mettre en exergue, concernant la présence de nos compagnes dans la vie de l'équipe.

Alors qu'à l'exception de Guy, nous étions tous célibataires et d'invétérés coureurs de jupons, Édith nous avait, en grande sœur, mis en garde contre les influences féminines qui risquaient de chambouler la marche de cette bande de copains ayant en commun l'envie de chanter, avec enthousiasme et liberté.

Elle a très vite compris que, contre vents et gros orages, le « navire Compagnon », femmes comprises, allait tenir le cap, malgré le passage de tempêtes ou de cyclones qui est le sort commun de toutes les équipes.

Et pourtant, nous en avons vu défiler des passantes ! Mais tout cela s'est déroulé dans l'humour, l'admiration, les clins d'œil et quelquefois la réprobation ; avec une grande compréhension et une belle complicité. Je rends un hommage à ces sourires et à ce charme qui ont embelli ces jeunes années.

Nous avons eu la chance de toujours rester en osmose avec nos familles et nos parents qui ont « joué le jeu » malgré certaines réticences tout à fait normales en voyant leurs fils tenter l'aventure durant cette époque troublée. L'équipe s'est entourée de regards différents, avec des origines et des cultures plurielles, qui auraient très bien pu se révéler des obstacles à la cohabitation. Mais ça n'en a jamais été le cas. Il aurait d'ailleurs été un de mes plaisirs de réunir absolument tous ces personnages en une même soirée, eux qui auraient eu tellement de choses à se raconter ! Ce n'est, hélas, resté que du domaine de l'imaginaire. Au fond de moi, je suis convaincu qu'ils ont tous envié cette vie privilégiée qui a été celle de leurs fils.

Notre belle aventure devait prendre fin après quarante-deux ans de bons et loyaux services à la chanson française. Charles, qui avait toujours répondu présent, nous a offert cette chanson qui me noue la gorge à chaque spectacle, quand je suis accompagné par la voix enregistrée de mes camarades :

Un adieu, ce n'est pas un adieu
Mais non, c'est beaucoup mieux
C'est un entracte dans le spectacle
Ou plutôt, c'est un coup de chapeau
Qui veut dire à bientôt...

Merci à cette vie qui me permit les plus belles rencontres, ces merveilleux personnages, ces Maîtres Enchanteurs qui ont enjolivé des jours passés trop vite. Quand je me retourne, j'entends ces voix avec nostalgie. Je retrouve ces visages qui m'ont donné, par leur présence, des joies que je n'aurais jamais pu imaginer lorsque, jeune garçon, au sortir de l'école, pour gagner quelques sous, je ficelais des colis, dans la petite mercerie située au fond d'une rue sombre d'Annonay.

Je sais tout ce que je dois à cette famille et à cette bande de copains venus d'horizons si différents, du fond de leur province, qui forment en somme une superbe mosaïque à la française.

Mais je dois dire que mon plus merveilleux souvenir reste cette soirée à Montréal, lorsque j'aperçus la belle des belles,

Suzanne, une jeune comédienne venue au Monument-National pour écouter Édith et qui, par la même occasion, a découvert les Compagnons.

En amoureux, nous avons partagé les bons et les mauvais moments, toujours à la recherche de trésors souvent imaginaires.

Elle m'a donné en prime Michel et Laurence dont les enfants, nos petits-enfants, Hannah, Jeanne, Mattias, Léa et Olivia, installent un désordre sonore et musical dans notre grande maison de Goupillières qui a vu défiler tant d'amis très chers, dont certaines absences nous serrent le cœur, mais nous ramènent aussi à tant de beaux rêves.

Ainsi va la vie... *E la nave va...*

Remerciements

Mes remerciements à Stéphanie Chevrier qui m'a accordé une confiance souriante. Je ne peux oublier Pascal Brunet qui m'a aidé à domestiquer cet ordinateur qui me terrorisait, ainsi que la disponibilité de François Guillaume et Mario Poletti, sans oublier Suzanne, ma mémoire.

Consultez mon site Internet à l'adresse : www.fredmella.fr

Table

Cet ouvrage a été imprimé par la
SOCIÉTÉ NOUVELLE FIRMIN-DIDOT
Mesnil-sur-l'Estrée
pour le compte des Éditions Flammarion
en mars 2007

Composition et mise en page

NORD COMPO
multimédia

Imprimé en France
Dépôt légal : novembre 2006
N° d'édition : L.01ELINFF8883A004 - N° d'impression : 84554